グロービス

MBA
ミドルマネジメント
MIDDLE MANAGEMENT

グロービス経営大学院 【編著】
嶋田 毅 【監修】

ダイヤモンド社

● まえがき

　本書はミドルマネジャー、特に初めてその職位に就いた者が身につけるべきマネジメント（管理）に関する知識や知恵、避けるべき落とし穴などをテーマごとにまとめたものだ。MBA（経営大学院）で比較的体系的に教えられている内容や、さまざまな成功企業（例：グーグル、インテルなど）の現場で活用され、研究、体系化、洗練されてきた知恵も含まれる。

　経営に絶対的な正解というものはないし、業界や企業の成長ステージなどによってもあるべきミドルマネジャーの姿は異なってくるが、その中でも普遍性が高く、応用可能なものにフォーカスしている。

本書の特徴

　ミドルマネジャーという言葉は、直訳すれば中間管理職となり、広義には企業トップと現場スタッフの間の管理職、すなわち「事業部長」「部長」「課長」などさまざまなレベルの人々を含む。

　しかし、本書では特に断りがない場合、「マネジャー」「課長」という「最初の本格的なマネジメント階層」の人々を前提に議論を進める。それより一段下のアシスタントマネジャーや係長（通常は非組合員）といった名称のスタッフに権限が大きく委譲されている企業もあるが、本格的に企業の特定の機能（営業、マーケティング、製品開発など）やビジネスユニット（事業単位）、時には製品や地域などの損益に責任を持ち、また多くの部下を持って、彼らの仕事の管理や人事考課などに関わるのは、やはりミドルマネジャーという立場になってからということが多いためだ。

　さらに、シニアマネジャー以上になると、それまでに実践してきたマネジメントの知識や知恵がかなりの部分応用できるが、ミドルマネジャー、課長というのは初めての本格的な管理職経験である。そのため、何かしらの体系的な知識・知恵がより強く求められる立場の人々をより強く意識した。

　企業によってマネジャーになる典型的な年齢などは大きく差があるが、本書ではホワイトカラーが多い職場で、概ね30代半ばくらいの新任マネジャーを念頭に議論を進め

る。企業によっては「うちの会社ではこれは係長に相当する内容だ」あるいは逆に「うちでは部長でないとこの実践は難しい」ということもあるかもしれないが、その場合は適宜援用・微調整して活用いただきたい。

ミドルマネジャーの重要性

　ミドルマネジャーがしっかり機能している組織はやはり強いものだ。どれだけ経営陣が良いビジョンを掲げ、適切に戦略を立てたとしても、それを実行するのは現場であり、その最前線のスタッフを管理するのはミドルマネジャーだからだ。多くはプレイングマネジャーとして戦略に沿って業務を遂行する役も担うため、二重の意味で重要と言えるだろう。

　ミドルマネジャーが機能することによる典型的な効果を2つ挙げよう。まず、経営の意図が組織の末端にまで正しく伝わるようになり、組織が企業の戦略遂行に向けて機能しやすくなる。組織の最前線の現場にいる一般社員は、必ずしも経営や経営学に詳しいわけではないし、視座が低く、視界が狭い場合もある。そうした人々を戦略実現に向けて鼓舞しないと、経営者が求める数字（売上高や利益など）も未達となってしまう。仮に経営陣が適切にKPI（重要業績評価指標）やその目標値を設定し、評価報奨制度などを作ったとしても、それだけで現場が動いてくれることはない。制度はもちろん重要ではあるが、結局それを運用するのは人間であり、その裁量の多くを任されるのは現場に近いマネジャーである。身近な管理職であるマネジャーがそれらをうまく使いこなすからこそ、ビジョンや目標数値達成に向けて、現場が適切に動いていくのである。

　次に、ミドルマネジャーが機能すると、職場の士気向上や企業の組織文化（その企業の行動規範や価値観）の浸透とともに、組織風土（組織文化より狭い範囲での行動規範や価値観）が好ましい方向に向かい、職場の生産性が向上するというメリットもある。こうなると従業員同士の連携もうまくいき、無駄ないさかいなども起きにくくなる。ギスギスした職場はパフォーマンスも低いことが多いが、そうならないようにするのもマネジャーの腕の見せ所だ。昨今、AI（人工知能）がマネジメントの機能の一部を担うことが

期待されているが、人間関係を好ましい状態に保つことができるのは、当面はやはり人間だけなのだ。

　ここでは２つ典型的な例を挙げたが、その他にもミドルマネジャーレベルでの適切なマネジメントが実行されたがゆえに、個々の職場ひいては会社が業績を出しつつ好ましい方向に向かうようになったという例は枚挙にいとまがない。それだけミドルマネジャーは重要なのだ。だからこそ多くの企業では「新任マネジャー研修」などが行われ、管理職としての心得や必須の知識を植えつけようとしているのである。

　ただし、そうした研修でミドルマネジャーに必要なすべてのスキルや意識を一気に伝え切ることは難しい。本書をまとめた意図には、そうした「手の届きにくいところ」をサポートしようという狙いもある。

本書の構成

　構成について簡単にご紹介しよう。第１章から第５章までは基礎編であり、特に新任マネジャーの方に確実に理解していただきたい内容をまとめている。第１章が総論で、第２章から第５章までは各論となっている。第２章ではまず結果を出すために必要な業務（遂行）のマネジメントに触れる。そして第３章では一人ひとりの部下を意識した人のマネジメント、第４章ではチームのマネジメントについて解説している。マネジャーには部署の代表という側面もあるので、その要素に鑑み、第５章では部署の地位のマネジメント（部署の代表としての振る舞い方、さらにはマネジャーとして具備すべき資質）についてさらに解説している。

　第６章・第７章は応用編とでもいうべきもので、イノベーションと組織変革という、昨今ますます重要度を増しているテーマで、ミドルマネジャーが果たす役割について触れている。新任マネジャーの方には一見縁遠いテーマに見えるかもしれないが、これらが現場に近いマネジャー層から起こることもあるし、そうあるべきである。やや上級の内容であるが、ぜひ当事者意識を持って読んでいただければと思う。

　また、巻末付録の「ミドルマネジャーのためのキーワード30」ではミドルマネジャ

ーに実務上知っておいてほしいキーワードを30個紹介した。意思決定やテクノロジー
に関するキーワードや「労働基準法」「パワハラ」といった労務に関するものも理解し
ておかないと現代の管理職は務まらない。勘違いしているものはないか確認いただくと
ともに、初見の用語についてはしっかりご理解いただきたい。

　マネジメントについては、P.F.ドラッカーの一連の書籍など、名著は多々ある。本書
はそれらを踏襲しつつも、昨今の経営環境の変化を加味し、これからの時代のマネジャ
ーにとって必須の素養をまとめている。
「こんなことがすべてできたらスーパーマン／スーパーウーマンだよ！」と思われる方
も多いかもしれない。確かに「べき論」的な部分も多いだろうし、最初からすべてをそ
つなくこなせるミドルマネジャーはいないかもしれないが、その「べき論」を知り、そ
れに向けて自らを成長させられる人は、これからの時代を必ずリードできるはずだ。こ
れからの企業や日本を背負って立つ皆さんのご参考になれば幸いである。

◉ 目次

付録 │ ミドルマネジャーのためのキーワード30　213

基礎編

第1部のはじめに

　第1部ではマネジャーがマネジメントを行ううえで求められる基本的なスキルや心構えなどを解説していく。実際にすべてをそつなくこなすことは非常に難しいが、マネジャーである以上は、一定レベルの結果を残したいものばかりである。

　新任マネジャーにとって最初は戸惑うものもあるだろうが、そのほとんどは学べる体系的なスキルであり、メンタルについても意識して変容させることは、ある程度可能である。自分自身の実力をメタレベルから確認しつつ、何をすればマネジャーとしてのパフォーマンスが上がるか、考えながら読んでいただきたい。

　第1部では、第1章で総論を述べた後、第2章から第5章までで各論について説明していく。また、第2章から第4章までは「部下のマネジメント」の個別要素となるが、第5章は多少トーンが異なり、部署の顔としてのマネジャーの振る舞いについて述べている。マネジャーがなすべき仕事の多様性も再確認いただきたい。

第1章●ミドルマネジメントの役割

POINT

マネジメントとは、経営資源を適切に活用して業務を遂行すべく、そのための体制を作ること。特に配下の人材のスキルを伸ばし、動機づけを行い、正しい方向に導くことである。これらを的確に行えるミドルマネジャーが多い組織は強い。ミドルマネジャーは、ミドルマネジャーに特有の課題を理解したうえで、彼らが活用できるマネジメントのツールを理解し、それらを使いこなしてさまざまな面で結果を残すことが期待される。

CASE

河野絵美は困惑していた。「課長の仕事がこんなに難しいなんて…。課長になんてならなければよかったかもしれない」

河野は大学卒業後、中堅食品メーカーの山田フードにおいて、長年製品開発を担当してきた。山田フードは自社独自商品の開発を行うこともあれば、大手スーパーなどのプライベートブランド（PB）品の開発を共同で行うこともあった。その中で河野は、近年ではスーパー向けのPB総菜でいくつかヒット商品を開発し、商品開発部のホープだった。ゆくゆくは、開発部さらには山田フードを引っ張っていくことが期待されていた。

河野がその実績を認められ、開発部PB商品課の課長になったのは、この4月のことだ。すでにチームリーダーとして後輩の指導を行ってはいたが、課長として一部署のリーダーになるというのは、身の引き締まる思いであった。「これからもしっかり実績を残さなくては」という緊張も感じていた。

上司である開発部部長の定岡雄太からは、「おいおい慣れるからそんなに焦らなくていいよ」と言われたが、そういうわけにもいかない。幸い、下から持ち上がってそのまま課長になったため、PB商品課の位置づけややるべき仕事について、基本的に理解してはいた。しかし、課題と感じる仕事の進め方も多く、それらを改善するだけでも大変な仕事と思えた。たとえば、PB商品課に持ち込まれる案件は営業部がかなり厳しい条件（特にコスト面）で取ってきたものも多く、いつもそれをクリアするのに苦労してい

たのだ。「営業部との力関係をもっと変えていかないといけないと思うけど、自分にそれができるだろうか…」。悩みは尽きなかった。

　河野がまず苦労したのは、10人いる部下との四半期ごとのMBO（Management by Objectives：目標管理）の面談である。もともと河野は内向的な性格で、他人に指示するのはあまり得意ではない。特に、きつく注意したり、部下本人にとって耳が痛い内容のフィードバックをしたりすることには大きなストレスを感じた。部下に目標を与え、四半期ごとに人事考課も行い、納得してもらうという作業を行うのは、河野にとって非常に億劫な仕事であった。

　6月末に実施した部下の西本英二とのMBO面談では、評価に露骨に抵抗された。いくつかの評価項目で5点満点の2.5という評価にしたのだが、それに反発を喰らったのだ。

「この評価は納得できません」
「西本さんは今期、結果が出なかったのは事実だし」
「確かにそう見えますが、開発は当たりばかりでないことは河野課長もお分かりじゃないですか。自分なりには頑張ったんです」
「頑張っていないというつもりはないけど、私のアドバイスを振り切って、自分で進めて失敗した案件もあったじゃない」
「…あれは顧客が急に厳しい要求を追加で出したせいです。僕にはそれはコントロールできないので」

　西本はもともと我が強いタイプで、なかなか引かない。結局、MBO面談は再度行うことになった。定岡部長に相談したところ、「西本君の性格は君も昔から知っているだろう。そこを何とか説得するのが課長の仕事だよ。君が2.5と判断したのだったら、それをしっかり理解してもらわなくちゃ」
　2度目のMBO面談では何とか河野の意見を通したが、西本は明らかに不服そうにしていた。そうしたこともあってか、その後の仕事ぶりもあまり好ましいものではなかった。時には周りに対して横柄に振る舞うこともあり、他の課員から苦情が来ることもあった。そのたびに河野は西本にやんわりと注意を与えるのだが、一時は収まっても、またすぐに自分勝手な行動をとってしまう。「課長ももっと強く西本に言ってほしいのにな」という課員の声が、漏れ伝わってくることもあった。課員10人中7人は河野の期待通り動いてくれたが、西本を始め3人は河野の意のままにならないことも多かった。

　河野が頭を痛めた別の問題が、営業部との関係であった。営業部は、河野を「組みやすし」と見たのか、以前にも増して厳しい案件を持ち込むようになっていた。河野はカウンターパートである営業2課の鈴木龍太郎課長に談判した。

「鈴木さん、困りますよ、こんな案件ばかり持ち込まれても」
「顧客の望むものを作るのが商品開発の仕事じゃないか」
「それは否定しませんが、程度というものがあります。もう少し営業が粘ってくれないと、うちの課が疲弊してしまいます」
「そうは言うが、君たちの給料だって、元をただせばお客さんの財布から出ているわけだから」
「それとこれとは話が違います。お客さんを大事にするのは分かりますが、もっとこちらからの提案を先方に伝えるとか、そういう努力もしてもらわないと」
「こちらからの企画といっても、そんな企画力があるのか？」
「ポテンシャルはありますよ。たとえばもっと商談の初期の段階に同行営業させてもらうだけでも、より有意義な提案ができると思います」
「そうは言うけど、同行営業の手はずを整えるのだって調整が大変だし、かえって話がややこしくなるリスクだってあるだろう」
「ややこしくなんてしませんよ。うちのスタッフだってもっとお客さんとじかに話をしたいんです。メリットの方が絶対に多いはずですよ」
「うーん、僕の一存では決められないな。上司を通じて話をしてくれないか」
「…」

　PB商品課のスタッフももっと客先に出向くべきというのは、かねての河野の持論であったが、営業2課はその案に以前から乗り気ではなかった。おそらく、自社の提案を売り込むのは、「御用聞き」として顧客の要求を聞いて売上げを立てるより難しいからかもしれない、と河野は考えていた。しかし、面と向かってそういうわけにもいかず、まずは上司の定岡部長に相談した。

「君の言うことはよく分かるよ。ただ、僕も営業にいたことがあるから分かるんだけど、最近の小売業者は本当に強いからね。企画力もある。なかなか簡単にこちらの企画を売り込めるものでもない。うち以外にもベンダーは多いし、的を射た提案ができなければ、かえって切り替えられるリスクが増すかもしれない。現時点ではまずまず回っているんだから、当面はこのままいくのでは難しいかな」

「そこを何とか交渉していただくのが部長の役割では」

「君はそういうがね。うちの会社は伝統的に営業重視でやってきたから、なかなか商品開発の意見は通りにくいんだ。それは君も知っているだろう」

「では、私の案を通すのは難しいということですか」

「そうは言っていないけど、いまはそのタイミングではないということだ。もう少し様子を見て、営業がその必要性を感じるようになったら動けばいいんじゃないかな」

「それでは遅いと思います。まずは、実験的にやってみるというのはどうですか？」

「まあ、実験的にということであれば、折を見て沖田営業部長に話してみるよ」

「…よろしくお願いします」

　こうした談判が何度も行われたが、何だかんだ、かわされるということが続いた。河野にとって、上司が思ったように動いてくれないのは大きなストレスであった。一方で、開発件数や売上貢献度、顧客満足度といったKPI（重要業績評価指標）の目標はしっかり河野に課せられる。部署としてそれらをクリアしないわけにはいかないため、河野自身も商品開発の仕事にかなりコミットせざるを得ない状況であった。

　河野自身は勝手知ったる商品開発の仕事をするのは楽しかったが、一方で、マネジメントの仕事については、自分に合っていないようにも思い始めていた。何より、それに楽しさを見出せなかったのだ。自ら商品開発をしている時間の方が圧倒的に楽しかった。

「課長になったのはいいけど、スタッフのケアもしなければいけないし、部署全体として結果も残さなければならない。忙しいのは苦手ではないけど、好きになれない仕事をして忙しいのは本当にストレスがたまる…。管理職になんてならずに、好きな商品開発をずっとしていた方が、ストレスもなくてよかったかもしれないな。自分の性格的にもそっちの方が向いている感じもするし。でも、キャリアのことを考えればいつかは管理職にならなきゃいけないわけだし。なかなか楽な道はないものね」

　河野はここ数カ月、常に忙しい状態が続いていた。どれだけやっても仕事が減らないのだ。そして今日も夜遅くまで会社に残り、悶々と考え続けていた。

　（本ケースは実例をもとに脚色したものであり、名称はすべて架空のものです）

1節｜マネジメントとは何か

　ミドルマネジメントについて解説する前に、まずはマネジメント（管理）とは何か定義しておこう。マネジメントについては多くの識者がさまざまな定義をしているが、その最大公約数的なものを確認する。

1●マネジメントの定義

　マネジメントと言えば「マネジメントの父」とも言われるP.F.ドラッカーが有名だ。彼に先立ってマネジメントについて定義したアンリ・ファヨールは、いまからおよそ100年前に刊行された著書『産業ならびに一般の管理』（ダイヤモンド社）において、マネジメントを「計画し、組織し、命令し、調整し、統制すること」と定義した。これはいまだにマネジメントの本質を多く含んでいるといえるだろう。ちなみにファヨールは、企業の活動として技術活動、商業活動、財務活動、保全活動、会計活動、そして管理活動の6つを挙げたが、その中で管理活動を最も重視すべき活動としている。

　その後、数十年たった20世紀中葉にマネジメントについて研究し、数多くの論文、著書を残したのがドラッカーだ。彼による端的な定義は、マネジメントとは、組織に「成果を上げさせるための道具、機能、機関」である（『明日を支配するもの』ダイヤモンド社より）。最後の「機関」はやや視点が異なるが、行動としては、概ね「成果を上げるための活動」と考えていることが分かる。

　ドラッカーはまた、マネジャーの仕事について、以下のようなことを行うこととしている（『マネジメント──課題、責任、実践』ダイヤモンド社より）。

①部分の総和よりも大きな全体、すなわち投入した資源の総和よりも大きなものを生み出すこと
②自らのあらゆる決定と行動において、直ちに必要とされるものと、遠い将来に必要とされるものとをバランスさせること

　そして、マネジメントの対象として、事業、人と仕事、社会的責任の遂行を挙げている。これらを対象に、中長期的に安定した成果を残すことがマネジメントの役割である。

　マネジャー論についてドラッカーと並び著名なのはカナダ・マギル大学のヘンリー・ミンツバーグである。『マネジャーの仕事』（白桃書房）においてそれまでのマネジャー研究を「理想論にすぎる」「マネジャーはもっと雑多な仕事に追われている」などと批判したミンツバーグは、マネジャーの役割≒マネジメントを以下の3つ（細かくは10個）に分類している。

　　・対人関係に関わる役割を果たすこと（看板役、リーダー役〈メンバーを動機づけ、目
　　　標達成へと導く〉、対外的窓口役）
　　・情報に関わる役割を果たすこと（情報収集役、情報拡散役、スポークスパーソン役）
　　・意思決定に関わる役割を果たすこと（企業家役〈変革を起こし組織を改善する〉、問題
　　　対処役、資源分配役、交渉役）

　ただ、これらを見ると、ドラッカーの説く「べき論」と現実の差こそあれ、究極的にはドラッカーの言っていることとの大きな差はない。これらを勘案すると、結局は、マネジメントとは以下のような行動をすることといえるだろう。

　「企業や組織が短期、さらには中長期にわたって社会的責務を果たしながら結果を出すために、経営資源（ヒト、モノ、カネ、情報）を適切に活用して業務を遂行する。そしてそのための体制を作る。特に配下の人材のスキルを伸ばし、動機づけを行い、正しい方向に導く」

　なおこれは役職の話ではなく、行動である。「課長」や「マネジャー」という職種についているからといって、彼らがマネジメントを適切に行えているとは限らない。これは部長であろうが、事業部長であろうが、社長であろうが、同じである。自分の身近なマネジャーがしている仕事がそのまま理想的なマネジメントではないという点には留意したい。ほとんどの企業は役職者は多くても、真にマネジメントができる人材の不足に悩まされている。

　たとえば、よくある「間違ったマネジメント」に、過度な画一化の追求がある。業務プロセスや作業手順をある程度「標準化」してやり方を揃えること、あるいは属人化しないようにすることは、業務に要する余分な時間を減らすことにもつながり、組織の生産性を高めることが多い。しかし、こと人間については、過度な画一化を追うことは「金太郎飴」的な人材を作ることにつながり、組織としての多様性を奪ってしまう可能性も生じさせる。これは、変化の速い時代、すなわち組織も俊敏に変わらなくてはなら

ない現代においては、かえってマイナスだ。個々人の強みや性格などを正しく把握し、各人、さらには部署全体としての力を最大限に引き出すのが、あるべきマネジメントの姿である。

　本書では、概ね上記の行動をマネジメントの定義としたうえで、次節以降、さらにミドルマネジャー≒課長の果たすべき役割について考えていく。

　その前に、マネジメントと強く関連するいくつかの重要キーワードについて、その共通部分、差異などに軽く触れておく。

2●マネジメントとリーダーシップの関係

　近年、ますます注目を浴びている言葉に「リーダーシップ」がある。マネジメントとリーダーシップはどのような関係にあるのだろうか。結論から言えば、両者には重なる部分もあれば、異なる部分もある。

　共通するのは、両方とも「機能」や「行動」であり、役職と直結しないということだ（図表1－1）。つまり、企業のリーダー＝社長であっても、適切なリーダーシップ行動をとれているとは限らない。逆に、リーダーシップは職責が低くても、状況によって発揮すべきものというのが近年の考え方である。たとえば新入社員が宴会の幹事をするという場合、その仕事について、しっかりリーダーシップを発揮して上司を含む人々をリードしなくてはならないのである。そして、両者とも（先天的な要素も大きいが）後天的に伸ばせるスキルと捉えられている点も重要なポイントだ。

　次に差異を見てみよう。マネジメントとリーダーシップの差異について有名なものの

図表 1－1　マネジメントとリーダーシップの共通点

捉え方	求められる能力や態度
組織を動かすうえでの機能	意志の強さ
後天的に伸ばせるもの	意思決定力
	コミュニケーション力
	人を巻き込む力

図表 1-2　リーダーシップとマネジメントの違い①

リーダーシップ	マネジメント
変革の推進	**効率的な組織運営**
✓ 長期的ビジョンの提示	✓ 短期的計画・予算立案
✓ メンバーの統合	✓ 組織構造設計／人員配置
✓ メンバーの動機づけ	✓ 予実管理／問題解決

出所：ジョン・コッター『第2版リーダーシップ論』ダイヤモンド社、2012年をもとにグロービス作成

一つに、図表1-2に示したハーバード・ビジネス・スクールのジョン・コッターの定義がある。コッターは、組織変革（戦略のみならず、組織の人々の意識や行動を変え、好ましい結果をもたらすこと）に関するリーダーシップ論の第一人者であり、リーダーシップとマネジメントを対比して説明したことでよく引用される。

　コッターによれば、リーダーシップとは組織をより良くするための変革を成し遂げる行動であり、マネジメントとは複雑な環境に対処し、既存のシステムをうまく運営し結果を残す行動である。コッターの他にもドラッカーをはじめ、多くの人間がこの二者について比較をしている。それらを対比したのが図表1-3であるが、概ね趣旨は同様である。特に力の源泉やフィットする環境、人々に対する態度の差などが注目すべき点で

図表 1-3　リーダーシップとマネジメントの違い②

	リーダーシップ	マネジメント
力の源泉	人間性、ビジョン	地位、権限
意識する時間軸	未来	現在、近未来
フィットする環境	不確実性が高い	不確実性が低い／定常的
期待役割	創造と変革	秩序だった運営
	人や組織を率いる	組織に成果を上げさせる
人々に対する態度	共通の関心に注目	差異に個別対応
イメージ	柔軟で熱い	冷めている

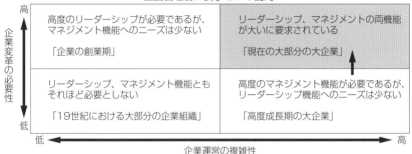

図表 1-4　リーダーシップとマネジメントの両方が求められるシーン

経営管理者に要求される能力

	企業変革の必要性：低 → 高	
高	高度のリーダーシップが必要であるが、マネジメント機能へのニーズは少ない 「企業の創業期」	リーダーシップ、マネジメントの両機能が大いに要求されている 「現在の大部分の大企業」
低	リーダーシップ、マネジメント機能ともそれほど必要としない 「19世紀における大部分の企業組織」	高度のマネジメント機能が必要であるが、リーダーシップ機能へのニーズは少ない 「高度成長期の大企業」

低 ←　企業運営の複雑性　→ 高

出所：ジョン・コッター『変革するリーダーシップ』ダイヤモンド社、1991年をもとにグロービス作成

あろう。

　注意が必要なのは、リーダーシップの重要性を説く人間も、マネジメントの重要性を全く否定はしていない点だ。コッターも、両者は同様に重要であると述べているし、図表1-4のように両方が大切となるシーンについても触れている。上記のような対比は多くがリーダーシップ研究者によって行われることが多いため、相対的にマネジメントがやや「冷めたもの」「静的な環境で結果を残すもの」として表現されることが多いが、組織はやはり良いマネジャー無しには回らないのである。

　優秀なマネジャーは良きリーダーシップ行動（あるいはそれと対になるフォロワーシップ行動）をとることが多いことも指摘しておこう。これは先述のミンツバーグによるマネジメントの定義に、「リーダー役」という文言があることからも推察できる。先述したように、マネジメントもリーダーシップも機能や行動である。当然、ミドルマネジャーも、リーダーシップ行動とマネジメント行動を状況に応じて適切にとることが求められる。

　一方で、ミドルマネジャーとして優秀だった人間が、そのまま組織の上位層に行っても有能なマネジャーであり続けるとは限らないこと、また組織を変革に導くような優れたリーダーになるとは限らないことは指摘しておこう。「マネジメントとリーダーシップは全く異なるもの」ではないが、やはり「同じもの」でもないのである。

3◉マネジメントとフォロワーシップの関係

　マネジメントというと、「下に対して行うもの」という印象があるが、ミドルマネジ

ャーにはその上司がいる。「ボス・マネジメント」という言葉もあるように、上司をうまく使うのもマネジャーにとっては重要な要素である。ケースの河野も、上司がうまく動いてくれない、言い方を変えれば上司をうまく使いこなせていないことで苦労している。

　それとも関連するが、ミドルマネジャーに求められる要素に、良きフォロワーシップがある。フォロワーシップはリーダーシップと対比される概念であり、リーダーに従い結果を残すうえで好ましい行動を指す。好ましいフォロワーシップの条件として、その分野の第一人者である、カーネギーメロン大学のロバート・ケリーが提唱したマトリクス（図表1-5）による分類がある。

　このマトリクスは、横軸に関与度、縦軸に独自のクリティカル・シンキング（健全な批判精神を伴う論理的思考）をとり、フォロワーのタイプを5つに分類している。言うまでもなく、最も好ましいのは右上の模範的フォロワーである。このタイプはリーダーに言われたことを鵜呑みにするのではなく、おかしいと思えば進言することもいとわない。この観点では、ケースの河野には独自のクリティカル・シンキングがあるといえる。

　また、組織に対する関与度が高く、組織の問題を「自分事」と捉える当事者意識が強い。ケリーの研究によれば、こうしたフォロワーシップを発揮するミドルマネジャーは、より上位の層のマネジャーになっても優れた業績を残せる可能性が高いとされる。つまり本書の対象であるマネジャークラスに照らして言えば、良きミドルマネジャーとは、適切なリーダーシップ行動と同時に、適切なフォロワーシップ行動をとることも求められるのだ。

　さらに言えば、マネジャーは、自分の部下をいかに模範的なフォロワーにしていくかが求められる。「部下に恵まれない」と嘆くマネジャーは世の中に多いが、それは自分のマネジメント行動やリーダーシップ行動が貧弱であるゆえ、ということが多いのが現実なのである。ちなみに、ケリーによる、フォロワーシップのタイプ分けのための質問が図表1-6に示した20項目である。部下をイメージしつつ、彼らが好ましいフォロワーたる回答をするように導くことがマネジャーに求められる。ケースの河野は、数人の部下から抵抗をされているが、それはそうした指導ができていないことも要因となっている。

　ここでは2つの関連用語を紹介した。ここまでの解説からも分かるように、マネジャーには、良きリーダーシップ行動と良きフォロワーシップ行動をとることが求められる。これらを理解いただいたうえでこれからの解説を読み進めていただきたい。

図表 1-5　フォロワーシップのマトリクス

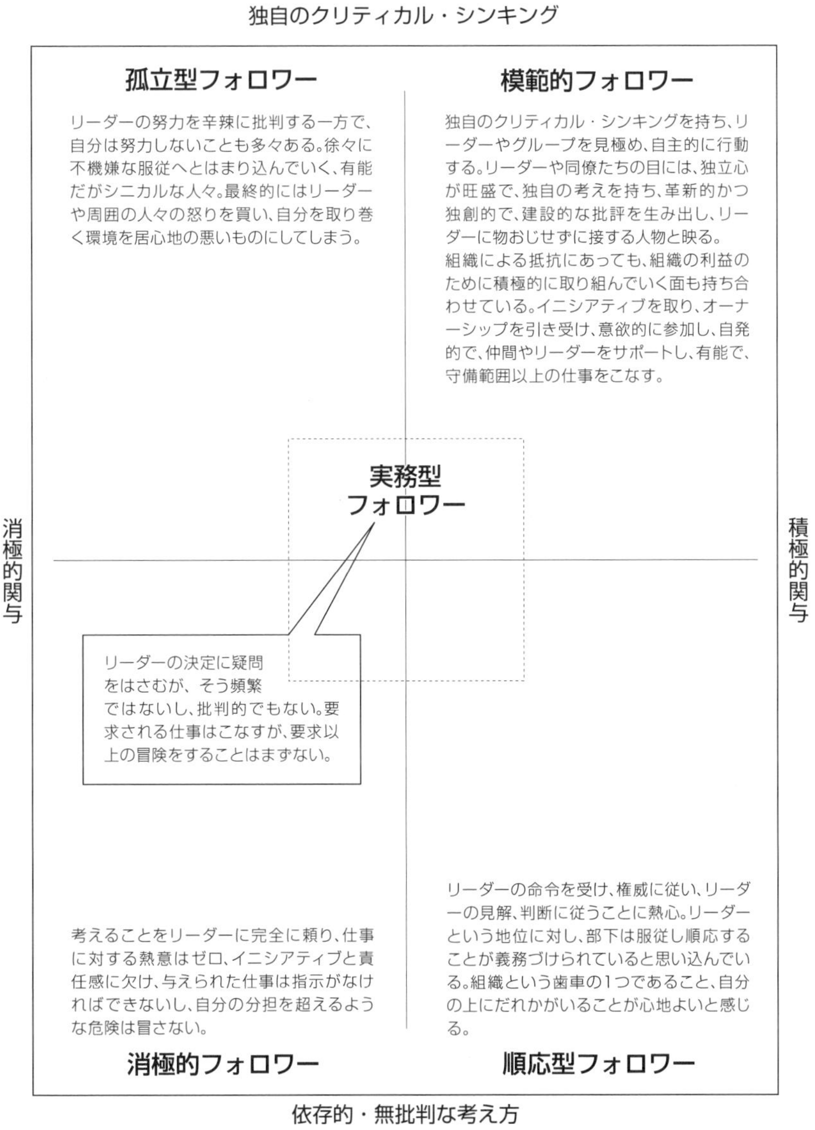

独自のクリティカル・シンキング

孤立型フォロワー

リーダーの努力を辛辣に批判する一方で、自分は努力しないことも多くある。徐々に不機嫌な服従へとはまり込んでいく、有能だがシニカルな人々。最終的にはリーダーや周囲の人々の怒りを買い、自分を取り巻く環境を居心地の悪いものにしてしまう。

模範的フォロワー

独自のクリティカル・シンキングを持ち、リーダーやグループを見極め、自主的に行動する。リーダーや同僚たちの目には、独立心が旺盛で、独自の考えを持ち、革新的かつ独創的で、建設的な批評を生み出し、リーダーに物おじせずに接する人物と映る。
組織による抵抗にあっても、組織の利益のために積極的に取り組んでいく面も持ち合わせている。イニシアティブを取り、オーナーシップを引き受け、意欲的に参加し、自発的で、仲間やリーダーをサポートし、有能で、守備範囲以上の仕事をこなす。

消極的関与

積極的関与

実務型フォロワー

リーダーの決定に疑問をはさむが、そう頻繁ではないし、批判的でもない。要求される仕事はこなすが、要求以上の冒険をすることはまずない。

考えることをリーダーに完全に頼り、仕事に対する熱意はゼロ、イニシアティブと責任感に欠け、与えられた仕事は指示がなければできないし、自分の分担を超えるような危険は冒さない。

リーダーの命令を受け、権威に従い、リーダーの見解、判断に従うことに熱心。リーダーという地位に対し、部下は服従し順応することが義務づけられていると思い込んでいる。組織という歯車の1つであること、自分の上にだれかがいることが心地よいと感じる。

消極的フォロワー

順応型フォロワー

依存的・無批判な考え方

出所：ロバート・ケリー『指導力革命』プレジデント社、1993年をもとにグロービス作成

図表 1−6　フォロワーシップのタイプ分けの質問

1. あなたの仕事は、あなたにとって大切な、何らかの社会的目的や個人的な夢を叶える助けになっているか?

2. あなたの個人の仕事の目的は、組織の最も重要な目標と同一線上にあるか?

3. 仕事、組織に心底のめりこんで精力的に働き、あなたにとって最高のアイディアや成果をもたらしているか?

4. あなたの熱意は広がり、他の社員をも元気づけているか?

5. リーダーの命令を待ち、言われたことをするのではなく、組織の最も重要な目標を達成するためには何が一番重要な組織活動かを、あなたなりに判断しているか?

6. リーダーや組織にとってより価値のある人間になるために、重要な活動の場においてきわだった能力を積極的に発揮しているか?

7. 新しい仕事や課題を始めるにあたり、リーダーにとって重要な手柄をいちはやくたてているか?

8. あなたが締切までに最高の仕事をこなし、必要とあらば"穴を埋めてくれる"ことを承知のうえで、リーダーはほとんど一任する形であなたに難しい仕事を割り当てているか?

9. 自分の業務範囲を超える仕事に対しても貪欲で、首尾よく成功させるためにイニシアティブを取っているか?

10. グループ・プロジェクトのリーダーでなくとも、ときには分担以上のことをして、最善の貢献をしているか?

11. リーダーや組織の目的に大いに貢献する新しいアイディアを自主的に考え出し、積極的に打ち出そうとしているか?

12. (技術面でも組織面でも) 難しい問題をリーダーが解決してくれるのをあてにせず、自分で解決する努力をしているか?

13. 自分がまったく認められなくても、自分以外の社員をよく見せるための手助けをしているか?

14. 必要とあらばあまのじゃく的批評家になるのもいとわず、アイディアやプランがかかえる上向きの可能性、下向きのリスクの両方をリーダーやグループが考えるのを助けているか?

15. リーダーの要求、目的、制約を理解し、それに見合うように一生懸命働いているか?

16. 自分の評価をはぐらかさず、長所も短所も積極的かつ正直に認めているか?

17. 言われたことをするだけではなく、リーダーの知識、判断を心の中で問い直す習慣があるか?

18. リーダーに専門分野や個人的興味とは正反対のことを頼まれたら、「はい」ではなく「いいえ」と答えるか?

19. リーダーやグループの基準ではなく、自分の倫理基準で行動しているか?

20. たとえグループ内で衝突したり、リーダーから仕返しされることになっても、大切な問題については自分の意見を主張しているか?

出所：ロバート・ケリー『指導力革命』プレジデント社、1993年

注) ケリーの原著では、20個の質問に対して0〜6のどのレベルに自分があてはまると思うかを回答させ、回答得点表に基づいてフォロワーシップのスタイルを分類している。

2節 ｜ ミドルマネジメントとは何か

　ここではミドルマネジャーに求められること、ミドルマネジャーが使えるツール、ミドルマネジャー特有の課題などについて見ていく。詳細は第2章以降で取り上げるが、まずは総論的に確認しておこう。

1● ミドルマネジャーとは何か

　ミドルマネジャーとは、部下を持つ、企業トップ以外のマネジャーである。「まえがき」にも書いたように、企業によっては非組合員の社員の下に多くの部下的な存在の従業員がいるケースもある。「現業系」の社員を多く抱えるメーカーや、派遣社員、アルバイトなどのエッセンシャルワーカーを多く抱えるサービス業の店長などはその典型といえるだろう。

　本書では、比較的ホワイトカラーの多い職場をイメージし、日本企業であれば「課長」に相当する、ヒエラルキー組織（ピラミッド型の組織）のマネジャーをイメージしながら議論を進める。

◉───── 階層別にみたマネジャーの役割

　その前に、社長も含め、マネジャーの主な役割を階層ごとに俯瞰しておこう。これについては、人材コンサルタントのラム・チャランらによる『リーダーを育てる会社　つぶす会社』（英治出版）などが参考になる。

　図表1-7からも分かる通り、抽象度を上げて表現すると、各マネジャーが果たすべき役割、期待される仕事は、1段階レベルが変わった程度では重なる部分が多い。大きく異なるのはその職責（仕事の結果や社員のパフォーマンスなどに関する）やバランスである。上位層にいけばいくほど、より戦略的な仕事、組織の顔的な役割を担うのが一般的だ。バランスは、単に業務時間の差を反映するだけではなく、その仕事に向けるべき意識レベルやエネルギーレベルの差も反映される。

　また、言うまでもなく、より上の階層にいくほど、求められるスキルレベルも高くなり、そのスキルのバランスも変わっていく。スキルのバランスの変化を示した有名なモデルが、ロバート・L・カッツによって提唱されたカッツ・モデル（図表1-8）である。1950年代に提唱されたモデルであるため、やや古いという批判もあるが、現代にも通じる部分が大きい。

図表 1-7　階層ごとに見たマネジャーの主な役割

経営
トップ　　ビジョン構築、全社戦略策定、組織文化へのコミット、次期の社長育成、組織構築、企業の顔として振る舞う、変革のリード、会社の業績に対する最終責任を負う

執行
役員　　全社戦略・事業戦略策定、組織文化へのコミット、事業部長の評価、組織構築、対外活動、変革のリード、会社の業績に対する最終責任を一部負う

事業
部長　　事業戦略策定、戦略的・組織的な計画、事業部レベルのPDCA推進、部長の動機づけと育成、組織構築、他事業部との連携、経営陣への報告、事業部の業績への責任を負う

部長　　戦略的・戦術的な計画策定、部レベルのPDCA推進、課長の動機づけと育成、組織構築、他の部との連携、事業部長への報告、事業部の業績への責任を一部負う

課長
（ミドルマネジャー）　　戦術的・オペレーショナルな計画策定、課レベルのPDCA推進、スタッフの動機づけと育成、スタッフをチームとして機能させる、他部署との連携、部長への報告

スタッフ　　自分の仕事で結果を残す、課内での協同、課長への報告

出所：ラム・チャラン、ステファン・ドロッター、ジェームズ・ノエル『リーダーを育てる会社　つぶす会社』英治出版、2004 年をもとにグロービス作成

　上位になるほど、ビジョン設計や制度の構想、重要な意思決定を行うためのコンセプチュアル・スキル（概念的な思考力）の比重が増す。それに対して課長クラスのミドルマネジャーは、戦術的、オペレーショナルな仕事をしっかり遂行することを求められる比重が高いため、現場に近いテクニカル・スキル（業務スキル）の比重が高くなる。ヒューマン・スキル（対人スキル）はどの階層でも同じくらい重要であるが、当然、上位のマネジメントほど、ステークホルダー（企業と関係を持つ人々。顧客、パートナー、株主など）も増え、またその重要度も増すため、高い質のヒューマン・スキルが必要になる。
　なお、テクニカル・スキルは、カッツは業務スキルと定義したが、現代では、ある程度の経営のリテラシーや、後述するITスキルやグローバルスキルも、マネジャーにとってのテクニカル・スキルの要素と言えるだろう。
　プレーヤーとしての業務の比重も通常は上にいくほど少なくなる。なお、マネジャーがどこまでプレーヤーとしても振る舞うべきかは、必ずしも絶対解はない。先述したラム・チャラン（特に2010年頃まで先進的な人事制度を導入してきたことで著名なゼネラル・エレクトリック〈GE〉をはじめ、多くの大企業の人事制度構築にコンサルタントとして関与した）などは、マネジャーは原則としてマネジメントに専念すべきであり、基本的に

図表 1-8　カッツ・モデル

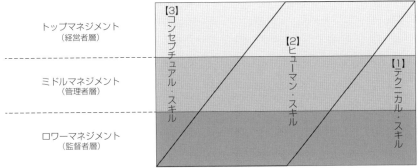

注）本書でいうミドルマネジャー≒課長はこの図ではロワーマネジメントとミドルマネジメントの中間に位置する

プレーヤーの仕事をするべきではないと主張している。

　一方で、世の多くのマネジャーは、一定の時間をプレーヤーとしても費やしている。営業課長であれば、自らも営業活動を行うということだ。個人としての目標売上数字まで持つかは別として、部下と一緒に営業の前線に出るのは当たり前の風景である。出版社であれば、一般企業の課長に相当する副編集長は、部下の仕事の面倒も見つつ、自分自身でもプレーヤーとして書籍作りを行い、「年間〇〇冊」といった個人の目標数値を持つのが一般的である。ヒエラルキー組織ではなくプロジェクトチーム型の組織（プロジェクトに応じてスタッフを組み合わせる組織形態）をとるコンサルティングファームや弁護士事務所といったプロフェッショナルファームも、マネジャーやパートナー（経営陣）クラスがプレーヤーとしても最前線に出るのは一般的である。

　このように見てくると、職種などによる差異はあるものの、プレーヤーとして振る舞い、結果を出すとともに範を見せるという仕事も、課長にとっては一定比率必要と言えそうだ。以降は、比重の差こそあれ、ある程度はプレーヤーとしても振る舞っているマネジャーをイメージしながら議論を進める。

◉───　比重を増すITリテラシーとグローバルスキル

　1950年代に生まれたカッツ・モデルでは触れられていないが、先述したように、現代ではテクニカル・スキルにはITに対するリテラシーとグローバル関連のスキルも含まれていると考えてよいだろう。

　ITの進化は凄まじく、指数関数的な機能向上やコストダウンを実現している。自分でプログラミングができる必要性まではないかもしれないが、ITの動向に目を光らせ、そ

れがどのように自分たちの働き方や業務プロセス改善に生かせるかを知っておくことも、昨今のマネジャーには必要な素養と言えよう。日頃からそれに関するニュースなどに触れ、「いまはこんなことができるのだ」という感覚を磨き続けることが求められる。

　なお、ITについては、部下のほうが詳しいという事態がよく起こることも特徴だ。たとえばマーケティングの部署であれば、「新しいSNSのインフルエンサー（影響力のある情報発信者）とコラボしてこの商品のプロモーションをしましょう」「A社に外注していまのアプリに新しい機能を実装しましょう。その方が顧客にとっても価値があるはずです」という提案が部下の方から上がってくるかもしれない。他の領域ではマネジャーの方が経験もあり、指導する立場に立つことが多いが、ことITの活用となると、マネジャーはむしろ教わる立場や、一緒に学ぶ立場になるということも理解しておきたい。

　グローバルスキルは、企業によってはあまり必要ないケースもあるが、トレンドとしては押さえておくべきだろう。世界でよく用いられる語学の力（通常は英語。場合によっては中国語など）を磨くことに加え、異文化理解や異文化コミュニケーションなどのスキル、さらには地政学に対する洞察力も必要だ。地政学は、歴史や政治、地理、経済学、軍事、文化、宗教などのさまざまな要素が絡み合うため、多面的に物事を見ることが必須となる。

2◉ミドルマネジャーの役割

　ではもう少し細かく、ミドルマネジャーに求められることとは何か整理してみよう。マネジャーの仕事については、ラム・チャランの前掲書の他、東レ研究所の佐々木常夫が著したベストセラー『そうか、君は課長になったのか。』（WAVE出版）なども日本の課長像の実態をよく反映しており参考になる。彼によれば、課長がすべき仕事とは、以下のようなものになる。

　・課の経営方針の策定と遂行状況のチェック（方針策定）
　・部下の直面している現実を正しく把握し、その仕事のやり方を指導し、組織全体を
　　最高の効率にもっていく（部下の監督と成長）
　・自分の課で起こっていることを経営に的確に報告するとともに、経営の意思・目標
　　を課全員に的確に伝える（コミュニケーション業務）
　・社内外の関係者を自分の目標どおりに導いていく政治力（政治力）

　ドラッカーは、課長クラスに限らず、あらゆるマネジャーが行う仕事として以下を挙

げている（『［エッセンシャル版］　マネジメント』ダイヤモンド社）。

- ・目標を設定する
- ・組織する
- ・動機づけとコミュニケーションを図る
- ・評価測定する
- ・人材を開発する

　これらに加え、他の論文なども参考に、最大公約数的なマネジャーの仕事をまとめると以下のようになるだろう。切り口や括り方、表現は多少異なるが、上記に紹介したものと異なるわけではない。本章では、これらについて総論的に簡単に触れ、詳細については第2章から第5章までで解説する。

- ・部署（課）の仕事（役割）の定義（第2章）
- ・部下のアサインメント（職務設計〈職務定義〉と業務配分）（第2章）
- ・目標の設定と結果の必達（第2章）
- ・部下の指導・支援とそれによる動機づけ、人材育成（第3章）
- ・効果的でハイアウトプットのチームを作る（第4章）
- ・部署の代表として他部署や外部との関係を構築する（第5章）

◉───　部署（課）の仕事（役割）の定義

　マネジャーが明確にする必要があることとして、自らの監督すべき仕事（役割）の定義がある。企業でいえば定款を明確にするようなものだ。これはどこまで自分が責任を負うかを明確にすることでもあるし、他部署との境界をクリアにすることでもある。

　これは簡単なようで意外と難しいケースもある。法人営業であれば、エリアや顧客の業種別に「営業1課」のように部署の名前が決まり、業務も「見込み顧客を見つけ、営業活動によって彼らを顧客とし、売上げを上げる」といったように定義づけしやすいことが多い。また、既存の部署であれば、新任マネジャーはいったんはそれまでの仕事を引き継ぎ、その後必要に応じて他部署との調整を行うことで、役割変更が比較的円滑に進む場合が多い。

　それに対し、新規で立ち上げられた部署や、それまでの部署を統廃合してできた部署などは、まずその役割を明確にしないと混乱を招きやすい。企業によっては上位のマネ

ジメント層からかなり細かく役割を明示されることもあるが、必ずしもそうとは限らない。むしろ、しばらくは多少曖昧なままいったん仕事を進め、状況を見ながら他部署との境界を定めるケースも多い。その場合は、マネジャー自ら、あるいは上司の手を借りてこれを行い、上位マネジメントにオーソライズしてもらうことになる。

　難しいのは、「営業企画課」や「人材活用推進室」といった、名前を聞いただけでは職掌が分からないような部署のケースである。「企画」や「推進」という言葉はいわゆるビッグワードであり、その意味する内容や活動イメージが人によって曖昧になりやすいのだ。そうしたケースほど、上司や他部署とのすり合わせが必要になる。「これは我々の仕事ですね？」「これは〇〇さんの部署の仕事ですね」といったことを明確にしていくことが必要だ。

　仕事の定義でしばしば起こる難しい問題として、ケースにもあったように、仕事の「押し付け合い」や「奪い合い」、業務プロセスに関する食い違いが生じることがある。官庁の「利権の奪い合い」ほどではないものの、企業にも「縄張り意識」は少なからずある。日の当たる仕事は自部署に欲しいし、面倒なことは他部署に任せたい。業務プロセスも、自部署の融通が利く形にしてしまいたいし、そもそも面倒が起きないような仕事の進め方にしてしまいたいものだ。

　こうした調整は通常、上司と相談して行うことが多いが、単に上司の提案を受け入れるのではなく、自分なりに視座を高く持ち、組織全体としての「最適解」を想定したうえで提案することが必要である。「こちらの業務も自部署で引き取ったほうが部全体としてはいいように思います」といった提案を、根拠を持って行えることが大切だ。

◉─── 部下のアサインメント（職務設計〈職務定義〉と業務配分）

　次に部下について、彼らの仕事のアサインメントを行う。広義の意味のアサインメントは、職務設計（職務定義）と業務配分の二つからなる。

　職務設計（職務定義）は部下の仕事の定義、言い換えれば部下にやってもらいたい仕事（特に定型業務）のエッセンスと言ってもいい。現実には、部下の人数や職務設計を勘案しながら部署の仕事の定義を決めることも多い。これらは一方通行のプロセスである必要はなく、行きつ戻りつしながら最適解を求めていくものである。

　それに対し、業務配分は量的な意味合いを含み、仕事量や繁閑の調整なども含意する。業務配分はまた、新たに、あるいは想定外に発生した業務を誰に担当してもらうかという意味合いも含む。営業であれば、新しく問い合わせのあった見込み顧客を誰が担当するかを決めるといったことだ。なお狭義にはアサインメントは業務配分のみを指すこともある。

　こうしたアサインメントは、以下の要件を満たすように行うことが望まれる。いずれも、「部分の総和より大きな全体、すなわち投入した資源の総和よりも大きなものを生み出すこと」というマネジメントのエッセンス（7ページ）から導かれるものである。特に最後の点は、不確実性が増している現代において、その重要性が増している。

・自部署の役割や目標に照らして過不足がない。また非効率を生む漏れやダブりもない
・個々人が強みを発揮し、個人の集合体よりも大きなアウトプットが出せる（適材適所）
・個々人の繁閑などに大きなばらつきがなく、部下の間での不公平感なども少ない
・部下が、自分の将来のキャリアに向けて希望が持てる
・組織として変化に対応しやすい

　ただし、これらは理想論であり、現実にはこれらをすべて満たすことはほぼ不可能である。なぜなら、経営者やマネジャーが現場の人々にやってほしいと願うことと、彼らがやりたいことは多くの場合、異なるからだ。また、あらゆる仕事が皆にとって面白いものであるということもまずありえない。時には当人にとってはやりたくない仕事を割り振る必要も生じる。だからこそ、そのジレンマの中で、「最大多数の最大幸福」的な落としどころを考え、仕事を割り振るのがマネジャーの仕事となる。それが実現すれば、結果が残るだけではなく、部下の成長も促進される。
　昨今は、ITやロボットなどの導入によって大きく業務プロセスが変わりうるという事

図表 1-9　SFAによる業務プロセスの変化

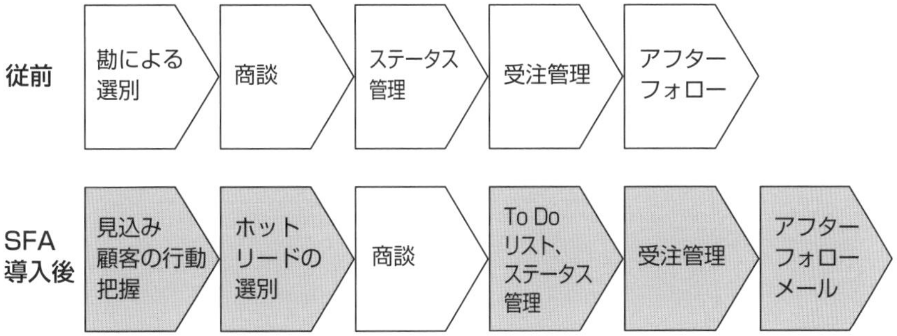

注）網掛け部分は自動化される箇所

情も職務設計や業務配分のあり方を難しくしている。営業であれば、SFA（Sales Force Automation：営業支援システム）を導入すれば、現場の動き方や、最適な業務配分は一気に変わるかもしれない（図表1−9参照）。「機械との分業」をどう行うかという発想を持つことも、いまのマネジャーには必要だ。変化の速い時代には、最適解は常に変わるというマインドセットを持っておくことが期待される。

◉──── 目標の設定と結果の必達

　マネジャーは、先に明確化した職掌において、しっかり結果を出す必要がある。部署としての目標は上司とすり合わせて決めるのが一般的である。そしてそれを各部下に割り当てていく（通常、先述のアサインメントと同時並行的に行うことになる）。

　結果を出せなければ、単に自部署の問題になるにとどまらずに、事業全体、場合によっては会社全体に悪影響が及ぶことになる。特にバリューチェーン（事業における機能の連鎖）においてボトルネック、つまり「そこの業務が滞れば、他の部署の業務も滞る」といった部署においては、その傾向が当てはまる（図表1−10）。課長レベルだと、「自部署の仕事が多少滞っても事業部や会社にそこまで影響はないだろう」と考えることもあるが、それでは意識レベルが低いと言わざるを得ない。すべての部署が機能して有機的につながるからこそ企業全体としての生産性が上がることを忘れてはならない。

　たとえば成長途上で、市場性は十分にあり、従業員の採用（すなわちサービス供給力の向上）が企業の成長上、非常に重要な意味を持つ企業を考えてみる。現在200人の従業員がいて、新たに50人は最低でも採用したいという状況がある。仮に採用担当のマネジャーがあまり機能せず、20人程度の採用しかできなかったら、（仮に採用当初から

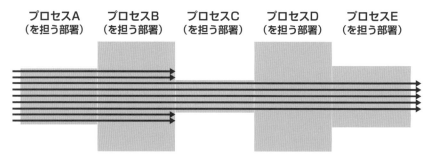

図表 1−10　ボトルネック

| プロセスA
（を担う部署） | プロセスB
（を担う部署） | プロセスC
（を担う部署） | プロセスD
（を担う部署） | プロセスE
（を担う部署） |

全体のスピードや仕事量は、最もキャパシティの小さいプロセスによって決まってしまう。上記ではプロセスCがボトルネックとなっており、他のプロセス（部署）のキャパシティを無駄にしてしまっている

既存従業員並みの生産性を出せるとすると）本来ならば25%の成長率が実現できたにもかかわらず、10%の成長で止まってしまう。こうした事態は避けなければならない。

　部署として結果を残すには、適切に部下の目標を設定することが求められる。先述した部署としての役割が変更になれば、それに合わせて部下の誰かの目標を追加/削減したり、変更したりするのが一般的である。

　人間は具体的な目標がなければ、それに向かって頑張れないものである。たとえばプロ野球の先発投手は、「年間150イニング、防御率3点以内、1年間先発ローテーションを守って2桁勝利を上げる」という具体的な目標を設定されるからこそ、それに向かって頑張ることができる。「とにかく監督の指示に従って頑張って投げろ」ではダメなのである。そしてその前提となるのが、この事例であればチームの目標である。優勝を目指すチームと、再建途上で負け越しでもいいけれど観客動員だけは落としたくないというチームでは、おのずと各先発投手に与えられる目標も変わってくる。

　この事例からも分かる通り、目標の設定は、上司や会社上層部からの期待と、部下からの「やりたい」「やれる」という声がかみあっていることが望ましい。近年はケースにも記述のあったMBO（目標管理。第3章84ページで詳述する）を行う企業が増えており、そこで目標のすり合わせが行われる。通常、ミドルマネジャーの部下はビジネス経験が浅いことが多いので、必ずしもポテンシャル通りに成果が出せているわけではない。またキャリアについてもまだぼんやりしていることが多い。そうした部下のポテンシャルを最大限に引き出す目標設定が求められる。

　目標が明らかになれば、それをより具体的な行動計画に落とし込む。マネジャーは大まかな方針を示し、詳細な行動計画作成は部下に任せ、それを確認、調整するのが一般的だ。そしてKPI（重要業績評価指標）を用いて計数管理を行いながらPDCAを回し、組織として目標を実現していく。PDCAのCAをないがしろにする「やりっぱなし」のマネジャーも多いが、それでは最終的な結果はなかなかついてこない。

◉─── 部下の指導・支援とそれによる動機づけ、人材育成

　ミドルマネジャーの役割として最初に想像されるのはこれかもしれない。本書でも第3章で詳しく述べていく。一般にマネジャーの目が直接的に届く部下の数は7人から15人程度とされるが、業務のタイプや業界によっては自部署にそれをはるかに超える人員を抱えることも多い。そうした場合にはアシスタントマネジャー（日本企業の役職名でいえば係長や主任など）の手を借り、彼/彼女に現場のマネジメントをある程度まで任せることになる。その役割分担も、アサインメント上は大切だ。

　個々の部下の指導・支援に当たっては、以下の4つを実現することが必要になる。こ

のうち①から③は京セラ創業者の稲盛和夫が提唱する、ビジネスパーソンが成果を出すための要素であり、④は他のスタッフや外部のステークホルダーへの影響を意識したものである。④は本来個々人が心掛けるものでもあるのだが、ビジネス経験の浅い部下を指導する課長クラスのマネジャーにとっては、シニアマネジャーに比べこの部分の比重は小さくない。

①正しい方向に向けて（正しい考え方を持って）仕事をしてもらう
②スキルを伸ばす
③モチベーション（やる気）を高める
④適切な態度をとってもらう

正しい方向とは、会社や事業の戦略に沿っていることに加え、経営理念（組織としての哲学や存在意義）やビジョン（企業として「こうありたい」「こうなりたい」と描く具体的な姿）、そして組織文化（その組織において推奨される行動を促す価値観）に沿った方向性である。遵法精神を持ち、社会的善に貢献する意識も含めていいだろう。これらは企業に長くいればおのずと身につく傾向があるが、現場の若手社員や、組織に参画したばかりの中途入社社員などは、すぐには身につかないケースも多い。しっかりコミュニケーションを行い、時には称賛したり指導したりすることで、組織と個人のベクトルを合わせていくことが求められる。

スキル向上は、直接指導したり、権限委譲して仕事を任せたりすることで実現するのが基本だ。それに加え、研修に参加してもらったり、書籍やウェブ教材などで学んでもらったりすることで、スキルを伸ばしていくという方法もある。どの方法がいいかは人によって異なるので、相手の状況に合わせて最適なものを選ぶこととなる。

モチベーションを高めてもらうことも非常に重要だ。その一方で、マネジャーは、人事考課は行うものの、報奨などを勝手に決めることは通常難しい。第3章74ページで後述する動機づけの理論などは一通り理解したうえで、何が相手のやる気を高めるかをしっかり見極めることが必要だ。そのためには、日常からの観察（例：どんな時に部下が楽しそうにしているかを見る）や日々のコミュニケーションが欠かせない。

皆にやりたい仕事をしてもらいながら部署の目標を達成することが理想だが、それは難しい。そこでカギになるのが先述のアサインメントだ。100％をやりたい仕事だけで埋めることはできないまでも、バランスよく仕事を割り振ることが必要である。

④の適切な態度は、①とも連関するが、職場の雰囲気やステークホルダーとの関係性を好ましく保つためのものだ。組織というものは、他の人々の態度に大きく影響を受け

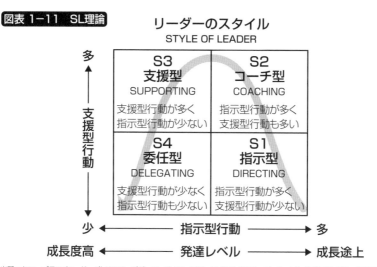

図表 1-11　SL理論

リーダーのスタイル
STYLE OF LEADER

出所：ケン・ブランチャード、パトリシア・ジガーミ、ドリア・ジガーミ『新1分間リーダーシップ』ダイヤモンド社、2015年

るものである。不平不満ばかり口にする人間がいたり、露骨に嫌な顔をしながら仕事をする人間がいたりすると、一気に職場の雰囲気は悪くなり、生産性も落ちる。冒頭ケースで書かれている部下の西本の事例もその例だ。

　顧客やパートナーに接する時の態度はさらに重要である。それが企業としての信頼・信用そのものともなるからである。たとえば顧客に横柄な態度をとるような部下がいたら、すぐに改めさせることが必要だ。また、コンプライアンスが重視されるようになってきた昨今、組織人として非常識な行動がないように指導・注意することも大切である。

　部下の指導に当たっては、相手の特性や置かれた状況を見極めることが非常に大切となる。リーダーシップ理論の中に、図表1-11に示したSL理論に代表される状況適合理論があるが、まさに部下に応じた指導法をとることが、組織の力を最大に高めるのである（なお、本書では図表中S1の指示型は扱わず、コーチ型、支援型、委任型を主にイメージしながら解説していく）。

◉────**効果的でハイアウトプットのチームを作る**

　特に近年では、部署がチームとしてのパフォーマンスを求められることが多くなっている。チームとは単なる人の集まりである「集団」ではなく、また仲間を意味する「グループ」とも異なる。同じ目標に向け、協力して成果を生み出すのがチームである。

　言うまでもなく、チームの力は必ずしもチームに属する個人の力の総和ではない。一

人ひとりの力量はあっても、向かう方向がバラバラでは当然、良い結果は生まれない。また、意識は同じベクトルを向いていても、相互に助け合ったり補完しあったりすることがなければ、これも良い結果につながらない。

　良いチームの定義はさまざまなものがあるが、以下の状況が満たされていればチームとして高いアウトプット、パフォーマンスを残す可能性が高まる。なお、「ハイアウトプット」や「ハイパフォーマンス」は好業績と言い換えてもいいが、経理や総務など「業績」という言葉が馴染まない部署もあるので、本書では基本的にアウトプットあるいはパフォーマンスといった言葉を用いる。

- ・適材適所が実現している
- ・個々人が自分の役割を認識し、当事者意識を持って仕事に取り組んでいる
- ・部署としての向かうべき方向性や到達点が共有されている
- ・スキルや個性が相互補完的になっている
- ・部署の規範が共有されており、凝集性も高い
- ・お互いに助け合う風土が根付いている
- ・必要な多様性が担保されている
- ・組織学習が根付いており、組織として学び変わろうという姿勢が強い

　最初の3つは第2章の「業務のマネジメント」と第3章の「人のマネジメント」で触れるが、残りの5つは、まさにチーム・マネジメントともいうべきものである。チームとして結果を残す必要性が上位マネジャーよりも高い、マネジャーの腕の見せ所ともいえる。これについては第4章「チームのマネジメント」で触れる。

　なお、チームの最も分かりやすい例に、チームスポーツのチームがある。その中でも、サッカーやバスケットボールといった、プレーヤーが主体的に考えながら、互いに連携を取りあって動くスポーツのチームは、ビジネスのアナロジーとしても用いやすい。上述の要素（7つ目の多様性はビジネスならではの側面が強い）が揃ったチームが強いことは容易に想像できるだろう。

◉────部署の代表として他部署や外部との関係を構築する

　マネジャーはその部署の代表者として、部下が働きやすくするためにも他部署や外部と良い関係を構築する必要がある。たとえば品質保証室であれば、生産部門や設計担当部署、あるいは営業部とスムーズに仕事が進むような状態を構築しなければ、部署全体として価値が出しづらくなる。経理関連の部署であれば、当然、外部パートナーである

会計事務所や税理士との良き関係構築は必須である。望ましいのは他部署や外部パートナー（顧客や仕入先というケースもある）と同じベクトルを向きつつ良き協力関係を構築できている状態である。

　特に「同士」でもある他部署とは、部門会議といった場、あるいは日常業務の中で、関連する部署のマネジャーとこまめにコミュニケーションをしておくことが求められる。日常から問題があった時などに協力してそれを解決していくといったことをしておくと、部署間の関係は非常に良いものとなる。

　他部署との良き関係構築のために、日々自部署のことをアピールしておくことも有効だ。たとえばメーリングリストのようなものがあるのであれば、マネジャーとしてそこに情報を発信するなどである。「○○という嬉しいことがあった」「△△という課題に取り組んでいる」といった情報共有は、承認欲求を満たしたい部下にとっても嬉しいものであるし、それがきっかけとなって他部署からの支援を得られることもあるからである。全員ではないものの、本能的に「他人の役に立ちたい、それによって自己肯定感を持ちたい」という意識も持っている人は案外多いものだ。

　また、他部署や外部とは意味合いが異なるが、自分の上司と良好な関係を構築し、必要な支援を引き出すこともマネジャーには求められる。さらに、上司に適宜起きていることを報告し、より上位のマネジメントレベルの意思決定に資する情報を提供することも大切である。マネジャーの上司以上のレベルになると、どうしても現場との距離が離れてしまうものだ。常に現場、言い換えればビジネスの最前線で何が起きているかを知り、それを上司に伝えたり議論したりして対応を考えることは、マネジャーの大切な役割である。

3●ミドルマネジャーがマスターすべきツール

　ここまで説明してきた職責をミドルマネジャーが果たすうえで適切に使いこなしたいツールや手法がある。それをまとめたのが図表1－12だ。詳細は第2章以降の各論に譲るが、まずはその全体感をつかんでいただきたい。

　図表からも分かるように、効用や狙いとツール／手法は必ずしも1対1対応しているわけではない。また、タイミングについても必要に応じてマネジャーの判断で用いるべきものも多い。ベン図（包含関係を表す図）を描けば、図表1－13のように一部が重なる組み合わせも多く、またその重なりの度合いも多岐にわたる。どのツールや方法をどのように組み合わせ、またどのタイミングで実施するかは、マネジャーの力量が強く問われる部分ともいえる。その巧拙により、部署のパフォーマンスは短期的にも中期的に

図表 1−12　マネジャーがマスターすべきツール／手法

ツール ／手法	頻度 タイミング	主な狙い／効用				
		部下に 結果を 出させる （2章）	部下を 動機 づける （3章）	部下の スキルを 伸ばす （3章）	効果的な チームを 作る （4章）	部署の 立場を よくする （5章）
計画策定	期初などの節目	○	△	△	△	△
アサインメント	ルーチン業務は節目 非ルーチン業務は随時	○	○	○	○	―
予実管理／KPI管理	予実管理は月次など KPI管理は週次など	◎	○	△	○	△
コーチング	随時必要に応じて	○	○	◎	○	―
エンパワメント	随時必要に応じて	○	◎	◎	○	―
コミュニケーション	可能な限り日常的に	○	○	△	◎	―
会議	定例会議は週次など 突発的な会議は随時	○	○	○	◎	―
ワン・オン・ワン・ ミーティング	週次、あるいは2週間 に1度など	○	◎	○	○	―
MBO	四半期もしくは半期 年間MBOは年に1度	○	◎	○	△	―
目標設定	期初などの節目に MBOに合わせて	○	◎	○	○	―
評価	期末などの節目に MBOに合わせて	○	◎	◎	○	―
フィードバック	随時、なるべく多く	○	◎	◎	△	―
社内発信	随時、なるべく多く	△	○	△	△	◎
他部署等との交渉	随時必要に応じて	△	△	△	○	◎

図表 1−13　経営ツールの重なり

ワン・オン・ワン・ミーティングとコーチングの例

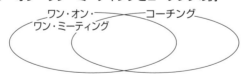

目標設定と評価の例

も大きく変わってくるのだ。

4◉ミドルマネジャー特有の課題

　ここまで見てきたようなことを正しく行うのは容易ではない。そもそもの「あるべき姿」が難しいうえに、ミドルマネジャー、特に新任マネジャーに特有の難しさもあるからだ。プレーヤーから「プレイングマネジャー」になった彼らにとって、典型的な落とし穴や独自の難しさに以下のようなものがある。これは、我々が人材教育ビジネスを行う中で典型的に寄せられる声でもある。新任マネジャーは、こうした課題を乗り越えていかないといけないのだ。なお、解決方法については第2章以下の各論で後述したい（中には容易には解決せず、「場数を踏み、慣れるしかない」というものもある）。

　　①プレーヤー意識が抜けない
　　②権限委譲（エンパワメント）がうまく行えない
　　③経営の視点が持てない（視座が低くなりがち）
　　④上司と現場の部下の板挟みになる
　　⑤ビジネス経験が浅い部下が多い

　ちなみに、マネジャーが抱えるジレンマについては、ヘンリー・ミンツバーグが『マネジャーの実像』の中で図表1−14のようなものを指摘している。必ずしも課長クラスのマネジャーについて述べたものでないものもあるが、これも併せてご覧いただきたい。

◉──── プレーヤー意識が抜けない

　これはあらゆるマネジメント層（時には企業トップ）ですら直面する課題であるが、特に新任レベルのマネジャーにとっては切実な問題となることが多い。そして、ここでつまずいてしまうがゆえに、「管理職失格」の烙印を押され、その後のキャリアに支障が出るケースも多い。プレーヤー意識が抜けない理由にはいくつかある。
　第一に、人間はそれまでに自分が結果を残してきた仕事に愛着を持ち、それを手放したくないと考える本能がある（これを授かり効果という）。たとえば営業で結果を出してきた最前線の営業担当者は、やはり顧客と会っている方が楽しいし、商談の醍醐味を味わい続けたいと思うものである。そうした「楽しい仕事」との決別は、その仕事で結果を残した人間ほど辛く（あるいは寂しく）感じるのだ。

図表 1-14　マネジメントの13のジレンマ

思考の ジレンマ

上っ面症候群…どうすれば、目の前の仕事を片付けなくてはならないという強烈なプレッシャーのなかで、ものごとの理解を深められるのか。

計画の落とし穴…多忙をきわめる仕事の場で、どうやって未来を見すえ、計画を立て、戦略を練り、ものを考えればいいのか。

分析の迷宮…分析によって細かく分解された世界をどのようにして一つにまとめ上げればいいのか。

情報の ジレンマ

現場との関わりの難題…マネジメントという行為の性格上、マネジメントの対象から乖離することは避けがたい。そういう状況で、どうすれば現場の情報を途切れなく入手し続けられるのか。

権限委譲の板挟み…関連する情報の多くが私的なもので、文書化されておらず、マネジャーの地位のおかげで入手できるものである場合、どのように権限委譲をおこなえばいいのか。

数値測定のミステリー…数値測定に頼れないとき、どのようにマネジメントをおこなえばいいのか。

人間の ジレンマ

秩序の謎…マネジメントそのものがきわめて無秩序な活動であるなか、組織のメンバーの仕事に秩序をもたらすために、マネジャーはどのように振る舞えばいいのか。

コントロールのパラドックス…自分より地位の高いマネジャーが秩序を押しつけてくるとき、マネジャーはどうやって、「統制された無秩序」を維持すればいいのか。

自信のわな…傲慢への一線を越えることを避けつつ、適度の自信を保ち続けるためには、どのように振る舞えばいいのか。

行動の ジレンマ

行動の曖昧さ…ややこしくて、微妙な差異が大きな意味を持つ環境で、マネジャーはどのようにして決断力を発揮すればいいのか。

変化の不思議…継続性を保つ必要がある状況で、どのようにして変化をマネジメントすればいいのか。

全体的な ジレンマ

究極のジレンマ…マネジャーはどのようにして、数々のジレンマに同時に対処すればいいのか。

私のジレンマ…マネジャーが直面する数々のジレンマは、すべて個別に論じられる半面、どれも根は同じに見える。この点をどう説明すればいいのか。

出所：ヘンリー・ミンツバーグ『マネジャーの実像』日経BP社、2011年

　多くの企業において、マネジャーへの昇格はマネジメントとしての適性以上にその職務で過去に出した結果によって決まることが多いという事情（例：ナンバーワンの営業成績を残した人間が営業マネジャーになる）もこの傾向を強めている。ケースの河野もこの事例と言える。また、マネジャーとはいえ通常はプレイングマネジャーでもあるため、いつの間にか好きな「プレーヤー」の仕事に重点を移しがちになるのだ。たとえば本来はマネジメント70、プレーヤー30の比重で業務を行うべきなのに、いつの間にかその比率が逆転してしまうのである。

　プレーヤー気分から抜け出せない第二の理由は、マネジメントの仕事とその価値をあまり理解できていない、または面白くないと感じてしまうということだ。マネジメントという仕事は、適切に行えば組織のパフォーマンスを上げ、会社にとっても顧客や社会にとっても価値をもたらす大事な仕事である。しかし、往々にしてそのことをあまり理解できていない新任マネジャーは多い。

　そこには実際のマネジメントの業務が、面白いことばかりではないという現実もある。アドミニストレーション（マネジメントに伴う事務作業）の仕事や、関係を悪化させている部下同士の仲を取り持つような仕事もしなければならない。他部署との面倒な調整の仕事も増えるし、部下の不始末について謝罪に行かなくてはならないということもある。こうしたことを差配するのが好きという人間もいるが、それは必ずしも多数派ではない（アドミニストレーションという言葉は、しばしば「管理」と訳されるように、マネジメントと近い意味で用いられることも多い。MBA〈Master of Business Administration〉の「A」もアドミニストレーションのことである。ただ、マネジメントがマネジャーの仕事そのものに近いのに対し、アドミニストレーションは事務作業や、企業でいえば総務や会計などに相当する業務を指すことが多い）。

　実際には、マネジメントのスキルを習得し、それに慣れてくるとマネジメントという仕事の辛さよりも、その面白さや醍醐味に目覚めるケースも多い。しかし、性格的にどうしてもそれが嫌いという人は一定比率いる。「最初にうまくいかない→嫌いになる→スキル習得に身が入らず、成果がなかなか出ない→ますます嫌いになる」といった悪循環も起こりがちだ。そうしたマネジャーほどプレーヤー的な仕事に「逃げてしまう」のである。

　これをすぐにクリアできる人間にとっては簡単なことなのだが、一部の人間にとっては、これが最初の難所になってしまう。企業によってはマネジメントとは別に専門職を志向する人のキャリアパスを設けているところもある。ただ、そうしたキャリアパスではなく、マネジメントの道を進みたいのであれば、この課題をクリアしないとそれ以上のマネジャーへの道は遠くなってしまうのである。

●───── 権限委譲（エンパワメント）がうまく行えない

　これは先述のプレーヤー意識が抜けないという問題とも関連する。権限委譲の方法論については第3章で詳述するが、多くの新任マネジャーにとって権限委譲は大きな課題である。

　権限委譲は、正しく行えれば大きなメリットがある。まず、部下が自分の判断で意思決定や行動するため、手間が減り、自分の時間をより付加価値の高い仕事（業務プロセスの改善や、新製品開発の陣頭指揮、新規顧客の開拓の指導など）に用いることができる。また、部下の成長にもつながるため、部署全体として出るアウトプットの量が増す。また、部下のモチベーションも上げるため、その意味でも生産性は増す。

　権限委譲がうまく行えない理由として、第一に、先述したプレーヤーへの未練がある。「自分の方がうまくできる」と思うと、部下を教育したりすることをまどろこしく感じ、ついつい自分でそれをやってしまうのだ。部署としての目標を達成しなくてはいけないというプレッシャーもこの傾向を強めてしまう。

　第二の理由は、部下の能力に対する不信である。最初から仕事を完全にこなせる部下などはいない。特に若い部下などはそうだ。部下のポテンシャルを信じて育てる必要があるのだが、権限委譲がうまく行えないマネジャーは、どうしても仕事のあらの方に目が行ってしまう。かつて優秀なプレーヤーだったマネジャーほどその傾向が強い。逆に、プレーヤーとして自分も権限委譲されることでスキルアップを果たしてきた原体験のある人間は、この罠には落ちない傾向がある。

　第三の理由は単純なスキル不足である。ここに時間を割いて研修を行ったり、マネジャーの上司が懇切丁寧にその指導をしてくれたりする組織は必ずしも多くない。現場で実践しながら身につけよという企業が多く、それゆえにスキルが定着しないのである。スキルが定着しなければ当然結果は出ず、それゆえに「権限委譲は難しい」「権限委譲をしてもうまくいかない」という意識を持ってしまうのである。

　権限委譲がうまく行えないマネジャーは、中長期的に結果が出ないこともさることながら、常に忙しくて疲弊し、身体的に辛い状態になることも少なくない。

●───── 経営の視点が持てない（視座が低くなりがち）

　コンサルティング業界などでは、「良い組織は課長が部長や経営者の視座（視点）で考えている。普通の組織は、課長は課長の視座で考える。ダメな組織は、課長がプレーヤーの視座でしか考えられない」という言い習わしがある。これは我々の実感値とも非常によく合う。

　マネジャーが経営陣の意図を理解したうえで動いている組織は、マネジャーの上司からの指示がなくても「どうすれば経営目標をより効率的に達成できるだろうか」「生産性を上げるには何をなすべきか」といったことをよく考えているものだ。また、そうしたマネジャーは積極的に他部署とも連携を取り、組織横断的な問題の解決（例：業務プロセスの改善や、機能間のベクトル合わせなど）に取り組むものである。これは当然会社や事業全体の生産性を上げる。

　逆に、マネジャーの視座が低い組織は、マネジャーは近視眼的になって目の前に与えられた業務にしか目がいかず、また他部門との連携なども取れなくなってしまう。これではなかなか結果がついてこない。

　こうしたことが起こる原因の第一は想像力の不足である。「経営者の発言の裏にはこういう意図があるのだろう。であれば、これをしよう」「自分が経営者の立場なら、自分の部署にこういう行動をとってほしい」などと考えられるマネジャーは、おのずとそうした行動をとるものだ。ただし、このような発想を持てる人は必ずしも多くない。特に新任マネジャーはそうである。経営者やシニアマネジャーが戦略や個々の施策の背景などもすべて丁寧に説明できれば、こうした問題も解消されるのだろうが、現実的には時間的制約などからそれは不可能である。それゆえマネジャーの想像力に頼らざるを得ない部分が出てくるのだが、そこには必ずばらつきが生じるのだ。

　第二の理由は、経営というものに関する理解の不足である。これが上記の想像力不足にも関わってくる。言い方を変えれば、経営大学院で教えられているような基礎的素養の不足である。たとえばワーキングキャピタル（運転資本＝在庫＋売掛金－買掛金）が組織のキャッシュフローを圧迫し、場合によっては資金調達を要するというのは、企業財務の基本中の基本である。しかしそうした知識がない小売店の店舗マネジャーであれば「店舗の在庫を削れというけれど、在庫を削るということは品揃えが悪くなるということだ。それでは顧客に来てもらえない。上は何を考えているんだ」といった経営学的にはバランスを欠いた不満を持ってしまうかもしれない。小売店の店長は通常、売上責任を与えられるものだが、それが過剰に強調されると、この不満はさらに増すだろう。

　こうした知識を学ぶのがMBAだが、あらゆるマネジャーがMBA的な素養を持っている組織は、投資ファンドなど一部のプロフェッショナルファームに限られる。また、個別の知識はあってもそれを体系的に紐づけながら理解している人間は多くはない。

　経営者の視座、少なくとも上司の視座を持つべきというのは、言うのは簡単だが、それなりの経験や勉強が必要なため、一朝一夕には解決しないのである。逆に言えば、だからこそマネジャーがMBA的な知識を理解し実践している部署は高いアウトプットを出しやすくなるのである。

●─── 上司と現場の部下の板挟みになる

課長クラスのマネジャーは、上司である部長クラスのマネジャーと現場で働く部下との板挟みになり、苦労することが多い。上司と部下の板挟みになるのはミドルマネジャーであればどの階層でも起こることであるが、新任のマネジャーにとっては初めての上下からの板挟み経験となるため、上司からの目標設定や指示と、現場からの要望や時には苦情の調整に戸惑ってしまうのである。

現場で働く部下は「現場のことは自分たちが一番よく知っている」という自負がある。一方で、往々にして上司の部長は現場から離れがちという状況も、板挟みの辛さを強めることがある。マネジャーは単なる伝達役ではないので、いずれの声も聴き、時には説得をすることも必要なのだが、そのバランスを適切にとることが難しいのだ。

これをバランスよく行うカギは、自分の仕事について自分なりの判断基準となる信念を持ち、毅然と立ち振る舞うことだが、皆がそれを実行できるわけではない。特にまだ勝手が分からない新任マネジャーは、判断軸が持てないがゆえに右往左往しがちとなる。

企業による特性もある。たとえば一般的に外資系企業（特に米系企業）は、人事考課で上司の考課の比重が高い。日本企業は人事部が強く調整機能を果たすため、上司の一存ですべてが決まるわけではないことが多いが、米系企業を中心に、上司に気に入られないと生き残れないという企業はやはり存在する。そうした企業では、心の中では葛藤を抱えながらも、上司に媚び、その目標設定や指示を下に押し付けざるを得ないことになる。当然、部下からは不満が出ることになるが、その不満に消耗してしまうことも多い。

比較的若いマネジャーは、世代ギャップに板挟みになるという側面もある。現在、マネジャーの部下には、Z世代と呼ばれる新世代がどんどん増えてくる。これは、新任マネジャーの多くが属するミレニアル世代とは異なる価値観を持つ。Z世代の特徴としてよく言われるのは、デジタルネイティブ、ダイバーシティ（多様性）重視、自分らしさ重視である。世代間ギャップはいつの時代にもあるものだが、変化の速い昨今は、その代謝スピードが増している。マネジャーの上司が仮にバブル世代だとすると、彼／彼女はいまだに「昭和的」な仕事優先の感覚を持っている可能性も高い。そうした上司の世代の価値観と、部下の世代の価値観をつなぎつつ、自分のアイデンティティを保つことは必ずしも容易ではない。

●─── ビジネス経験が浅い部下が多い

マネジャーが必ずしも経営の視座を持てないことは先述したとおりだが、彼らの部下

は通常、さらにその傾向が強い。ビジネス経験が浅く、スキル的にも意識レベルも低い「未熟な部下」を指導し、経営目標や経営戦略に沿って動いてもらうのはやはり容易ではない。

　マネジャーであれば、それなりに結果を残しているだろうし、ビジネスパーソンとして何かしらの経験値を積んでいるはずだが、部下の中には新卒の新入社員もいるかもしれない。新入社員とはいえ、社外に対しては「会社の顔」である。それゆえ、仕事の仕方にとどまらず、ビジネスマナーや組織文化に沿った行動を最初に正しく教える必要がある。それができないと会社にとってもマイナスになるだけではなく、彼らのキャリアにも悪い影響を与える可能性がある。「未熟な部下のキャリア（あるいはその可能性）に責任を持つ」というのは、実は重い責務なのである。誰しも「最初の課長に恵まれずに苦労した」などとは言われたくはないだろうが、そうしたマネジャーは一定比率発生するものだ。

　昨今では契約社員や派遣社員など、さまざまなタイプの部下が存在するという難しさも加わっている。彼らは、組織に対するコミットメントも低くなる傾向がある。そうした人々を指導し、動機づけて仕事をしてもらうのは、考えようによってはシニアマネジャーがミドルマネジャーに仕事をしてもらうよりも難しいともいえる。ある意味で、人を動かすスキルがシニアマネジャー以上に必要ともいえよう。

第2章●業務のマネジメント

POINT

　業務のマネジメントではPDCAを愚直に回すことがまずは基本となる。そのためにも、Plan：計画（目標設定、予算策定を含む）、Do：アサインメント、効果的な業務遂行、Check&Action：予実管理による結果の必達を確実に行う必要がある。これらに加えて、リスクを管理して業績や評判を安定させること、また横展開や仕組み化を通じて組織全体のパフォーマンス向上に寄与することも求められる。

CASE

　岡山康夫は業界では有名な中堅メーカー、ビーイングクリエイティブ社の新任マネジャーとして、人事部総務課を任されることになった。総務課という名ではあるが、その役割は典型的な総務業務──機器・備品管理、施設管理、安全衛生管理、文書管理、福利厚生業務、株主総会関連業務──に加え、「組織文化の維持促進」も入っていた。創業社長の柳井瑞貴は「良き組織文化こそ、企業の競争力の源泉」という信念を持っており、それに責任を持つ部署として総務課を指定していたのだ。

　岡山は、総務課長になる前は、同じ人事部の中で採用や研修の仕事を任されていた。総務課の仕事は横目で見る程度であったが、何となくは把握していた。人事部全体の会議が月に1度は開かれており、そこでさまざまな報告なども聞いていたからだ。

　とはいえ、通常の総務業務については疎い部分もあった。総務業務は会社を回すうえで必要なことは認識していたが、いわゆる「縁の下の力持ち」的な部署であり、詳細についてはあまり分かっていなかった。そのため、部下からのヒアリングも必要だと感じていた。

　総務課は岡山を含め、正社員4人、派遣社員1人の部署だった。部下とその主な職掌は以下のとおりである。

　須藤美佐江：機器・備品管理、セキュリティ管理、福利厚生業務、健康経営推進
　田中恵美：施設管理、安全衛生管理、文書管理、印章管理、取締役会・株主総会関連

業務、本社に来たクレーム窓口
　　河合総太：社内イベント企画運営、SDGs推進、社内トラブル対応
　　川崎優菜（派遣）：総務課スタッフのサポート

　前任の総務課長は部署の取りまとめに加え、適宜各人の業務をサポートしていたということである。特に「何でも屋」になりがちな総務に持ち込まれる面倒ごとは、率先して対応していたという。課長就任にあたり、最初の週にヒアリングで業務について聞いた結果は以下のようなものだった。

須藤「文房具や備品などの管理、福利厚生などはルーティン化していますが、最近はセキュリティ管理のトラブルが目立ちますね。その対応が結構面倒です。一昨年あたりから健康経営推進も始めていますが、これも役所向けの資料作りなどが大変です。その割に、効果がすぐに目に見えるというわけでもないので、苦労しています。健康経営を別にすれば、もう同じ仕事を3年やっているので、別の仕事をしてみたいという気持ちもあります。あとは残業も多いですし、有休は半分も取れていません」

田中「最近、オフィスを拡張しているので、不動産業者などへの対応が増えていますね。文書管理なども手間暇がかかります。その辺は属人技でしのいでいる感じでしょうか。あと、多くはないのですが、クレーム系は精神的に辛いですね。幸い、残業などは少なく、定時に帰れています。不満は特にないですが、須藤さんは忙しそうですね」

河合「幸いなことに、社内イベントには十分な予算もあり、好評です。SDGsも注目のテーマですし、やりがいはあります。時々仲裁を依頼されるパワハラ問題などの社内トラブルは、神経を使うので嫌ですが…。前任の大間課長がその辺は引き取ってくれていましたけど。問題意識ですか？　そうですね、いまは正社員が3人ですが、皆が自分の領域で粛々と仕事をしている感じですね。コミュニケーション量は少ないかもしれません。残業などは、突発事項がなければあまりしなくて済みます」

川崎「私は皆さんのサポートをするだけなので、特に自分で企画をすることはないですね。派遣ですし、粛々とこなせればいいと思っています。定型業務の方が嬉しいです」

　ヒアリングをして分かったのは、個人によって繁閑の差があること、担当業務が最近固定化しがちなこと、課内のコミュニケーション量が少ないことなどだった。予算も、

企業文化維持には大盤振る舞いされていたが、セキュリティ関係などはやや脆弱という
アンバランスがあることが分かった。そしてしばらく部下と仕事をする中で、以下のよ
うなことも分かってきた。

　・費用以外の計数管理はほとんどされていない
　・部下の評価は定量的なものではなく、勤務態度などが重視されている
　・業務が属人的になっている。マニュアルはあるが、あまり利用されていない
　・須藤の業務スピードが速くない。岡山の期待に比べ、8割くらいのスピード感

　岡山は考えた。「いくら社内に対するサービス部署とはいえ、計数管理がほとんどな
いのはどうなのだろうか。人事部でも採用には、面談数や採用人数などについて、明確
なKPIがあった。あと、業務の割り振りもいまのままがよいのだろうか？　専門性を持
つことは大事だが、もう少し分担を変えてみてもいいかもしれない」
　岡山は、各人が担当している仕事を改めて文書化してもらうとともに、それぞれの業
務にどのくらいの時間を使っているかを書き出してもらった。たとえば施設管理であれ
ば、「新しいオフィススペースの探索」「不動産会社との交渉」「リース会社やビルメン
テナンス会社とのコミュニケーション」「社内スペースの改善」「費用のチェック」とい
った粒度で、仕事を洗い出していったのである。
　その結果を見たうえで岡山は上司の人事部長、中井に相談した。

「確かにいまのやり方で回ってはいますが、アサインメントや業務プロセスをもう少し
変えていいですか？　その気になれば合理化できる業務は多いと思います」
「それは君の考えでやってもらっていいよ。ただし、総務が滞ると会社の生産性にも影
響が出るから、そこは注意してくれ」
「もちろんです。さっと見た感じだと、定型業務はもっとITツールなどを使って効率化
できるように思います。そこで余った時間を健康経営やSDGs、組織文化維持などの
企画系の仕事や、トラブル対応などの非定型業務に使うのが効果的だと思います。それ
から、セキュリティなどの問題が結構起きているので、その予算を増やすことはできま
せんか？」
「重要なら社長に掛け合ってみるよ。いくらくらい必要か、資料を作ってくれ」
「分かりました。一方で、社内イベントなどの予算は多すぎる気もするのですが…。そ
こから課内で融通してもいいように思います」
「うーん、組織文化は社長もこだわっているし、せっかく経営陣がつけてくれた予算を

自分から減らすというのはどうなのかな」

「…分かりました。あと、KPI管理をもっと行った方がいいと思います。営業数字のようにはいかないまでも、定性面と費用のチェックが中心ではPDCAも回しにくいです。たとえば最近は無料のアンケートソフトなどもあるので、総務課に対する満足度を四半期で追ったり、いろいろなトラブルについても『ヒヤリ・ハット』などはもっと可視化して発表したりして、社内に意識づけするのがいいと思います」

中井「満足度調査などはいいかもな。やって当たり前と思われるのも辛いものだし、もっと全社にアピールしてみる価値はあるかもしれない」

　こうして岡山は課内のアサインメントの変更と、定型的な業務プロセスの自動化に取り組むことにした。アサインメントについては、正社員の部下3人の職務を厳格には分けず、いくつかの重要な業務に関しては、希望を取って主担当、副担当を置くという形で調整した。当初こそ慣れていない業務については戸惑いもあったが、慣れ始めてからはこのやり方が機能し始め、職場のコミュニケーション量なども増えていった。何より、以前に比べても「サポートしあう」という雰囲気が生まれていた。一番変わったのは須藤であった。目に見えてやる気が高まり、業務効率も上がっていた。

　KPIを用いたPDCAも最初は懐疑的な見方も多かったが、徐々に効果は上がってきた。月次あるいは四半期に1度、社内に向けていくつかの項目についてアンケートをとり、満足度とともに定性コメントも集めることにした。そしてそれを積極的に社内に発表した。また、「ヒヤリ・ハット」の件数を社内に示したことは、セキュリティなどに対する社員の意識を高めることにつながった感触があった。組織文化維持のためのイベントなどは、毎回アンケートをとることにし、次のイベントにつなげるようにした。

　社長にも掛け合って1年に1度、カルチャーサーベイ（組織文化に関する調査）を行うことも決まった。組織文化維持のための予算を用いて人事コンサルタントを雇い、経営理念や社長のリクエストなどとも照らし合わせて詳細なアンケート項目が練られた。これを毎年測定していけば、組織文化が正しく維持できているかが、事業部ごと、属性ごとに定量面からも捕捉できるようになる。初年度のアンケート結果はまずまずで、いくつかの課題が示唆されたことも収穫であった。

　岡山は感じていた。「やはりやるべき業務を明確化して、数字で管理できるようにしたことは大きかった。勘に頼ったマネジメントではなく、仕事でしっかり結果を出すためには、やはり仕事の『見える化』としっかりしたPDCAが必要だ」

　（本ケースは実例をもとに脚色したものであり、名称はすべて架空のものです）

1節│業務をマネジメントする

　ミドルマネジャーの仕事にはさまざまなものがあるが、担当する部署が、経営陣の期待に応える結果を出すことがまずは必要だ。そこで必要になるのが業務のマネジメントである。俗にいうPDCAをしっかり回していくことがその中心となる。

1●業務のマネジメントとは

　現実のミドルマネジャーの仕事を考えた時、業務のマネジメントと人やチームのマネジメントは表裏一体であり、不可分である。これは28ページの図表1-12で示したツールや手法がさまざまな効果をもたらすことからも明白だ。ただ、本書では便宜上これを分け、まず業務のマネジメントから説明する。業務のマネジメントにフォーカスしているとはいえ、必然的に、人やチームのマネジメントの要素が入ってくることには留意いただきたい。

◉────業務とは

　業務のマネジメントについて説明する前に、業務の定義を明確にしておこう。まず、業務と類似の言葉である「仕事」は、非常に広い意味で用いられることもあれば、狭い意味で用いられることもある。以下のようなイメージだ。下に行くにしたがって、より狭義の意味になっていることが分かるだろう。

　①「これは自分の一生をかけてやるに値する仕事だ」
　②「Aさんに今年担当してほしい仕事は以下のようなものです」
　③「明日までにこの仕事を終わらせておいてよ」

　①でいう仕事を別の言葉で置き換えると「職業」が当てはまるだろう。一方、③は別の言葉で置き換えれば「作業」が当てはまりそうだ。本章では、主に2番目の仕事の意味が「業務」とほぼ同じ意味とみなして議論を進める（1番目と3番目の「仕事」を「業務」で置き換えることはできない）。言い換えれば、部署レベルで「何かをつくり出す、または、成し遂げるための行動」が業務ということだ。なお、マネジャーとしては、業

務のマネジメントに付随して、それをブレークダウンした「作業」の成果についても最終的に責任を負う必要があることは言うまでもない。ところで、②と③の意味を併せ持つ「タスク」という言葉もよく用いられるので、業務の意味で用いられているのか、作業の意味で用いられているかは文脈で判断していただきたい。

　業務は、大別して2つの軸で切り分けることができる。1つの軸は成果物であり、もう一つの軸はプロセスである。翻訳会社の例を考えてみよう。成果物の軸については、たとえば「英語からの翻訳物」「中国語からの翻訳物」といった切り口もあるし、「ビジネス関連の翻訳物」「学術関連の翻訳物」「文学関係の翻訳物」といった切り口もある。どの切り口を重視して組織が作られているかは、経営状況や経営者の意思次第であり、一意的に決まるものではない。

　プロセスの軸は、大きくはバリューチェーン（企業における機能の連鎖）に沿って考えることができる。たとえば、企画、調達（社員や下訳業者の選定）、翻訳、マーケティング、営業、顧客サポートといった感じである（バリューチェーンは通常、顧客から遠い方を上流、近い方を下流に置く）。

　プロセスはさらなる細分化も可能だ。たとえば営業であれば、見込み顧客の選定、アプローチ、提案、受注、納品などのより細かいプロセスに切り分けることができる。通常、マネジャーが監督する特定の部署は、成果物とプロセスの2軸のマトリクスで切り分けたうちのどこかの部分を担当する。

　図表2-1に示したのは、ある人材サービス企業の部署の業務範囲の例だ。成果物としてはデジタルコンテンツ、業務プロセスとしてはシステム管理を軸にしていることが分かる。そのうえで、営業は他の部署に委託していること、また一部、他部署のシステム管理についても引き受けている。

　なお、マネジメントそのものも業務の一つだが、通常は上記で示した業務とは別枠で考える。他の業務を統括するメタレベルの（一段高い次元の）業務と考えるとよいだろう。自部署内から持ち上がってマネジャーになった場合（第1章のケースのような場合）は、各人の仕事の詳細はともかく、大枠では部署の仕事全体が見えていることが多いが、本章ケースのように他部署からマネジャーとして新任となった場合は、各人の仕事が見えないことも多い。

　そうした場合は、面談などを行うことで、彼らがどのような仕事をしているのかを、早い段階で確認することが必要だ。場合によってはケースに示したように、全員に簡単に書きだしてもらい、どの仕事にどのくらい時間を使っているのか、あるいはどのような課題を感じているかを併せて聞き、業務の棚卸しや可視化（見える化）を行うとよい。

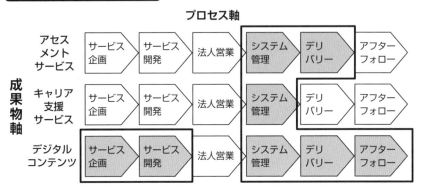

図表 2-1　ある部署の担当業務

◉―――**業務のマネジメント**

　部署としてなすべき業務を明確化し（部署の職務設計）、そのうえでなすべき業務を個々人に割り振り、それを円滑に進めていくのが、マネジャーレベルにおける業務のマネジメントである。具体的には、結果をしっかり残せるよう、以下のことを行う。個人やチームに対するケアももちろん同時並行的に必要となるが、それは第3章と第4章で述べる。

　・計画（予算策定、目標設定を含む）
　・アサインメント
　・効果的な業務の遂行
　・予実管理による結果の必達（PDCAの「CA」を行う）

これらは突き詰めればPDCAをしっかり回すこととも言い換えられる。つまり、

Plan：計画（目標設定、予算策定を含む）
Do：アサインメント、効果的な業務の遂行
Check＆Action：予実管理による結果の必達

という構造で整理することも可能なのだ。これらについて順次解説しよう。なお、上記は部下に仕事をしてもらうという意味合いが強いが、マネジャーの仕事として、マネ

図表 2-2　PDCAの入れ子構造

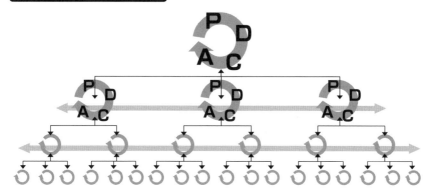

ジャー自身が他部署や上司、外部に対して部署の代表として振る舞い、部署の立ち位置を良いものにすることも重要だ。これについては第5章で解説することにし、本章ではまず部署内で部下を使って業務を遂行し、PDCAを回す部分にフォーカスする。

　なお、PDCAは入れ子構造になっており、比較的長い期間（1年など）のPDCAもあれば、週次レベルのPDCAもある（図表2-2）。たとえば、変化の速いビジネスでは、短いPDCAを回しているうちに、より長期のP（計画）を速やかに変更（ローリング）しなくてはならなくなることも多いということを意識しておきたい。また、特定部署の上位の組織レベルである部や事業部の目標が変われば、当然それも反映されてくる。

2●計画

　計画を適切に立てることは、PDCAを回す第一歩である。計画は大きく、部署としての目標やそれに伴う予算といった「ゴール（目標）」の計画と、それを実行するうえでの「行動」の計画に大別される。一連の行動計画が適切に遂行されることで目標が達成されることが望まれる（図表2-3）。逆に言えば、目標を達成するような行動計画を立てることが必要だ。

　行動の計画の立て方については、第3章2節のエンパワメントの項で触れる（第3章2節は厳密には部下の行動計画策定について説明しているが、マネジャー自身が部署の行動計画を策定する際も、基本的にそれが援用できる）。

　なお、変化の速い時代においては「計画」の意義は薄れつつあるという意見もあるが、全く計画無しでビジネスを進めることはやはり無謀だ。柔軟性のない計画は避けるべき

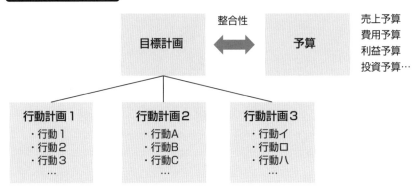

図表 2-3 計画の種類

だが、指針とするうえでもやはり計画を立てることは必要である。

◉─── ゴールとしての計画

　ゴール（目標）としての計画について見ていこう。計画を適切に設定する効用として
は以下がある。

　　・PDCAのサイクルを回す中心ツールとなる
　　　―問題点の早期発見・解決が容易になる
　　　―進捗・達成状況が分かり、適切な資源配分が可能となる
　　・業績評価に活用できる
　　・動機づけに活用できる
　　・経営資源の調達（特に人とお金）の目途が立てられる
　　・部署のメンバーに対するメッセージ性を持つ

　これらを年間、四半期、月次、週次など、PDCAのサイクルに合わせて適宜設定し
ていく。ここでは比較的長めの年間あるいは四半期の目標を念頭に議論を進める。「目
標は方向性ではなく到達地点で語れ」といわれることがあるように、部署の目標は「連
携する」「推進する」といったビッグワードではなく、到達点を明確にすることが基本
である。通常は、上司とのMBOなどを通じてすり合わせていく。
　好ましいのは、その過程で、企業や事業部の戦略や目標を踏まえたうえで（必然的に、
会社の戦略について正しく理解することがマネジャーにとっても必要となる）、数値で明確に

到達点を明示し、上司と認識を一致させておくことだ。ただこれは、営業などの数字が出やすい部署では比較的簡単だが、ケースに示したような社内サービス部門（経理部門や総務部門など）などは容易ではないことが多い。それでもケースに示したように、何かしらのKPI（重要業績評価指標）を設定し、PDCAを回しやすくする努力は必要である。KPIを設定することの効用は58ページで改めて触れる。

しばしば、上司の想定した目標以上の、高い目標を掲げるマネジャーもいる。それ自体はやる気や生産性向上への真剣度合いの表れを反映しており好ましいことだが、「先走り」には注意が必要だ。たとえば会社の戦略上の優先順位に沿っていない高い目標は、あまり意味がない。例として、営業現場である製品が5万台しか売れる見込みがないのに、製造の現場で7万台の目標を立てても価値は低い（営業が売るための提案などができれば話は別だ）。あるいは、本社の企画室などは、予算を削られるのを嫌うため、往々にして必要性の低い「為にする仕事」を作りがちだが、それも好ましくはない。その数字の妥当性を精査するのは上司ということになるが、独りよがりに計画を立てるのではなく、関連部署とのすり合わせなども必要に応じて事前に行っておくことが必要である。

部署の目標が明確になったら、次項で述べるアサインメントも意識しつつ、それを部下各人の目標に振り分けていく（厳密には、下に振り分ける前に、部下から暫定的な目標をヒアリングし、それをすり合わせていくというプロセスをとることも多い）。これについては第3章1節のMBOの項目で詳述する。MBOは仕事のマネジメントのみならず、動機づけやスキル向上にもつながる非常に重要な営みである。目標数値は、最終的には「低すぎもせず、高すぎもしない」数字とし、その実現を通じて部署のメンバーの達成意欲が満たされ、またスキルも向上する数字とすることが望ましい。

◉──── **プレイングマネジャーの難しさ**

中間管理職であるマネジャーの難しさに、マネジャーとしての自分の目標設定と、部下の目標設定のバランスをとるという点がある。本来、可能であれば、上長と自分とのMBOと、自分と部下とのMBOを何往復もして目標設定を精緻化できればいいのだが、実務的にそうしたことが行われる企業は少ない。時間的な余裕もないし、MBOは人事考課も兼ねているという側面もあり、1回きりで行われることも多いためだ。

その結果としてしばしば起こるのは、部下の目標達成＋プレーヤーとしての自分の目標達成が、上司が期待する部署としての目標達成とイコールにならないという事態である。こうした歪みが大きいと、皆が「自分はちゃんと仕事をした」と思っているにもかかわらず、部署の仕事の遂行がうまくいかないことになる。

起こりがちな好ましくないケースは、マネジャーがその差異を自分のプレーヤーとし

ての頑張りで埋めようと無理をしてしまうことだ。たとえば営業1課で、上司と決めた売上目標が1億円とする。5人の部下の営業担当者の合計は、現実には7000万円しか期待できないとする。すると、本来、マネジャーの仕事をしていては2000万円程度の売上げしか上げられない状況でも、3000万円を上げようと頑張りすぎてしまうのである。29ページで述べた「プレーヤー意識が抜けない」マネジャーの場合、その傾向がさらに強まる。

　1年、2年であればそれでも回るかもしれないが、このようなやり方を続けていては、バーンアウト（燃え尽き）してしまう可能性もある。ただ、多くの会社ではこうしたやり方が認められているどころか、そうした中で結果を残すマネジャーを高く評価する風潮もあり、それがますますこうした働き方を許容することにもつながっている。

　マネジャーとしては、部下にストレッチした目標設定をしたうえで、彼らを適切に支援することで結果を出す、あるいはそもそも達成不能な目標を軽々しく受けないといった、意識と発想の転換が必要である。意識を変えるためには、思い切って時間の使い方を変えることが有効だ。つまり、あえて自分でやるのではなく、部下に対するさまざまな指導に時間を割くように自らに強制するのである。

◉──── 予算

　部署の年間レベルの目標と同時に策定することが多いのが予算である。マネジャー個人レベルで決めるのではなく、上司である部門リーダー（部長など）と部門全体の予算を決め、各部署への割り当てを決めることも多い。通常は、1年というマネジメントサイクルの期初までに総額が確定され、それを月次の予算にまでブレークダウンする。ビジネスのタイプなどによって売上げや費用が生じるタイミングは異なるので（例：ビールは夏と年末年始に売れやすい）、過去のパターンも参考にブレークダウンを行うのが一般的だ。

　自分の管轄する部署がプロフィットセンター（利益責任を持つ事業単位）の場合には売上予算と費用予算、利益予算を立てる。それに対し、コストセンター（利益責任は持たず、会計面では費用にのみ責任を持つ事業単位）の場合は費用予算のみを立てる。これらに加え、投資計画と人員計画を作ることも多い。当然のことながら、数値目標と予算、投資計画や人員計画は互いに整合している必要がある（図表2−4）。たとえば、急には人の生産性が高まらないことが見込まれるなら、20%増の成果を出すためには20%の増員が必要ということだ。もし生産性のアップが10%なら、増員も10%程度で間に合うことになる。どちらが正解かは一概には言えないが、上司とも相談し、より好ましいやり方を選ぶ必要がある。

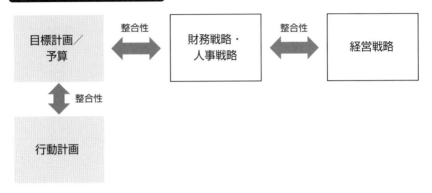

図表 2-4　目標や予算の整合性

実際によく生じる好ましくないケースは、うまく人材をやりくりすればこなせる業務量のレベルにもかかわらず、それを省いて短絡的に「人が足りないので欲しい」と言ってしまうことだ。まずは既存の人員でどこまでできるかを、日々のコミュニケーションや観察を通じて極力正確に見極めたうえで、人員増の必要性を明確にしなければならない。

3●アサインメント

誰にどの業務を割り振るかで業務の結果が大きく変わってくるのは自明であろう。サッカーであれば、メッシやクリスティアーノ・ロナウドは、やはりバックスではなくフォワードで使う方がいいということだ。基本は適材適所、適材に適切な業務であるが、その他にも考慮しておきたい点があるのでここで紹介しよう。

●———　個人に合った業務の割り振り

マーカス・バッキンガムは『ハーバード・ビジネス・レビュー』の論文「エクセレント・マネジャーの資質」において、「エクセレントマネジャーは、時には常識外れでも、その部下の個性を理解し、これを受け止め、全体の業績へと生かす」と述べている。そして業務アサインメントについて次のような例を紹介している。

——引用——
社員のなかに、頭の片側を丸刈りにし、もう一方を顔が隠れるくらい長髪にした、ロ

ック歌手のようなジェフリーという若者がいた。彼は面接でも相手と目を合わせようとせず、もし希望者の少ない夜勤を志願しなければ、採用されなかっただろう。

　数カ月して分かったことだが、ジェフリーに「すべての通路の商品を整頓して」といった曖昧な表現で指示すると、通常2時間で済む仕事が一晩中もかかり、出来もよくない。しかし、「クリスマス用のノボリの準備をして。お客様が正面から見えるように気をつけてね」と、より具体的な指示を与えると、てきぱきと完璧にこなした。つまり、細かく指示すれば、誰よりもうまくできることがジェフリーの持ち味だったのだ。（中略）

　すべての店舗で「入れ替え」と「更新」という仕事がある。入れ替えとは、シーズンの変わり目などにすべての商品を取り替えることで、その時期は決まっている。たとえば、夏が終わると、日焼け止めクリームがアレルギー予防薬に場所を譲る。一方、更新とは、歯磨きや洗剤を新商品に交換する作業で、入れ替えほど大がかりではなく、さほど時間もかからない。ただし、どの棚も週1回以上更新しなければならない。

　ほとんどの店舗で各スタッフは接客だけでなく、必ず一つの通路が割り当てられ、その整頓、清掃、値札貼り、入れ替え、更新を担当する。この方式は単純で効率がよく、スタッフたちに責任感を植えつける。ミッシェルは、ジェフリーが接客は苦手だが、入れ替えと更新が得意なことを考慮して、彼に店舗全体の入れ替えと更新を任せることにした。

　この仕事はかなりの重労働だった。1週間分の更新だけで、対象品目は優に7センチ厚のバインダーに上る。しかしジェフリーならやれるだろうし、また、他のスタッフもこの面倒な仕事から解放され、接客に専念できるというメリットがある。

　結果は上々だった。売上げと利益が増加しただけでなく、顧客満足度という重要な業績指標も上昇した。4カ月もすると、ミッシェルが担当する店は全店舗中、最高点を獲得した。

──引用終わり──

　これほどに、適切なアサインメントは職場に影響を与える。「適材適所」のアサインメントは洋の東西を問わず、マネジメントの基本といえよう。

　アサインメント（部下の職務設計と業部分担）を行うにあたっては、第1章でも触れたように、以下の条件を満たすことが理想である。

　　・自部署の役割や目標に照らして過不足がない。また非効率を生む漏れやダブりもない

・個々人が強みを発揮し、個人の集合体よりも大きなアウトプットが出せる（適材適
　所）
・個々人の繁閑などに大きなばらつきがなく、部下の間での不公平感なども少ない
・部下が、自分の将来のキャリアに向けて希望が持てる
・組織として変化に対応しやすい

　アサインメントの二つの要素、職務設計と業務分担のうち、職務設計はまさにその部
下に期待する役割や職責とダイレクトに関わってくる。本章のケースでいえば、須藤は
もともと、機器・備品管理、セキュリティ管理、福利厚生業務、健康経営推進の円滑な
運営や企画を期待されており、それに責任を持っていたということである（もちろん、
最終的に責任を取るのは上司であるが）。部署がなすべき仕事のうち、特に定型業務（ルー
ティンとしてこなさなくてはならない業務）については、基本的にこの職務設計に沿って
仕事が割り当てられる。
　一方、アサインメントのもう一つの要素である業務分担は、短期的な部下の業務量調
整などを意識し、より短い時間軸で考えることを含意する。特に非定型業務（新企画の
立案、緊急の顧客対応など）や、定型業務であっても突発的に仕事量が増えた時などは、
部下の得手不得手や忙しさなどを勘案し、適宜割り振るのが一般的である。
　また、チームで対応すべき大きな案件（例：新プロジェクト）などは、部署としては
年間や四半期の計画に盛り込みつつも、実際に誰にやってもらうかまでは当初には決め
ず、その時々の状況に応じて柔軟に対応することも多い。そのうえで状況を踏まえ、各
人に役割を与え、分担するのだ。
　職場や部下の仕事の内容によっても変わるので一概には言えないが、通常、ホワイト
カラーの組織であれば、ルーティンの定型業務だけで部下の業務時間の100%を埋め
てしまうのではなく、それは40%から80%程度とし、非定型業務に対応できるよう
なバッファーを設けるのが一般的だ。

◉─── 重要度と緊急度でアサインメントを考える

　比較的短期のアサインメントの際に気をつけたいのは、優先順位である。部署の生産
性を上げ高いアウトプットにつなげるカギは、「しなくてもいい仕事を止めること」そ
して「優先順位の高いものから着手すること」である。前者については後述する「定型
業務を見直す」のパート（53ページ）で触れることとし、ここでは優先順位について述
べよう。優先順位を正しく考えるためには、図表2−5に示した「重要度×緊急度」マ
トリクスなどが役に立つ。

図表 2-5　重要度×緊急度マトリクス

　現実的には毎回このマトリクスを書くわけではないが、ある程度はイメージしながらアサインメントを考えると、「緊急でも重要でもない仕事に部下が時間を使ってしまう」という愚を避けられる。

　一般に、より上位のマネジメントとは異なり、現場に近いマネジャーレベルでは、目の前の緊急度の高い仕事ばかりが目に付いてしまうことが多いが、だからといって重要な仕事——中期的な部署の計画の立案や業務プロセスの改善のためのミーティング、意識のすり合わせのための勉強会など——を後回しにしてもいいわけではない。それでは短期的には良くても、部署としての発展があまりないからだ。「緊急だがそれほど重要ではない仕事」と「重要だがそれほど緊急ではない仕事」のバランスを考え、どの仕事を（自身も含め）そもそもやるべきかを精査し、それを優先的にアサインすることが求められる。

　適切なアサインメントを行ううえでカギとなるのは、まずは関係者と適切にコミュニケーションを取ることである。部下から希望や問題意識を聞くことはもちろん、状況に応じて上司、他部署、場合によっては顧客や外部パートナーなどとのコミュニケーションが必要になることもある。たとえば営業のマネジャーは、自部署で扱っている製品やサービスの長所や短所を開発部門やサポート部門にヒアリングし、正しく把握することによって、効果的なアサインメントのヒントにできる。あるいは、物流部門の課長であれば、工場や取引先の業者と相談することにより、自部署のより適切なアサインメントが可能になる。

●———資源の配分

　ここまでは仕事の配分について見てきたが、アサインメントと同時並行で考えなくて

はならないことに、他の経営資源の配分がある。特に重要なのは予算（金銭）の配分である。営業であれば、交際費や出張費など、開発系の部署であれば資料や実験器具の購入費などがこれに該当する。アルバイトを多く使う企業であれば、その費用もここに含まれる。業務のアサインメントをにらみながら、冗費が増えないようにタイムリーにチェックしながらこれを行う必要がある。

　通常、課長クラスのマネジャーの場合、部下の一人ひとりにまで費用予算を設定することはしない。そこで、大枠の予算の範囲で、部下からの要望に合わせて都度その申請の是非を決めるのが一般的である。大枠の予算や予算残を部下に知らせたうえで、必要性の高いものに経費を使うよう意識づけするのが一般的だ。

　しばしば起こるのは費用予算について年度末に「使い切らないと来年、その予算がつかなくなる」ということで、いたずらに「消化」しようとすることだ。これが絶対的に悪いというわけではないが、企業は「お役所」ではなく、利益を追求する組織である。費用予算に余裕があるなら、上司とも相談のうえ、より費用対効果の高い仕事やプロジェクトにお金を投じることが望ましいだろう。その意味で、ケースに示した上司である中井の「組織文化醸成」予算に関する態度は適切とは言えない部分がある。

4● 効果的な業務の遂行

　業務の遂行については、日々のコミュニケーション（指示や相談、会議、ワン・オン・ワン・ミーティングなど）を通じて部下を動かし（時には駆り立て）、バランスよく部署のなすべき仕事が遂行されるようにすることが求められる。俗にいうQCD（Quality：品質、Cost：コスト、Delivery：納期・数量）のレベルがしっかり満たされているかを確認するのもマネジャーの仕事だ。人やチームのマネジメントについては第3章と第4章で紹介するので、ここでは業務そのものについて触れる。

●───── 業務の可視化

　業務を円滑に進めるカギに、業務の可視化がある。これは、PDCAを確実に回すことにもつながるし、部下同士の助け合いを容易にする効果もある。業務の可視化の方法にはいくつかのやり方があるが、複数人が関与する重要な業務については、図表2−6に示したガントチャートなどを用いて、納期や担当者を明確にし、部署内（場合によっては部署外）に共有すると効果的である。特にQCDのうちDelivery（納期・数量）を遵守することに役に立つ。これは年度や四半期の初期といった計画段階で行うことも可能だし、突発的な仕事の場合は適宜行うことも効果的だ。

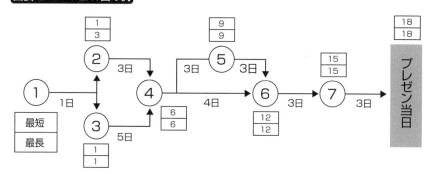

図表 2-6　ガントチャート

イメージ動画撮影スケジュールの事例

タスク	担当
プロット作成	河井・三田
アニメーション作成管理	伊藤（チェック河井）
当日登場	河井
当日撮影	丸田・近藤
動画編集管理	佐野（チェック三田）

図表 2-7　PERT図の例

出所：嶋田毅監修『ビジネスフレームワーク見るだけノート』宝島社、2020年

　納期の厳しい案件については、図表2-7のようなPERT図を書くケースもある。限られた時間の中で遅れが生じないように目標を達成するために、各業務の「最遅完了時刻」を把握し、進捗管理のポイントを知るためのものだ。用いているのはシステム開発会社など少数派であるが、素養としては知っておきたい。

　最近はスケジューラーのソフトが発達しており、その活用も日常的だ。部下一人ひとりに会議や作業のスケジュールだけではなく、「To Do（やるべきこと）」などを書き出してもらうようにすると、それぞれの部下がいまどのような仕事に取り組んでいるのか把握しやすくなる。

　なお、2020年のコロナ禍から増えた在宅でのリモートワークは、各人がどのよう

な業務に日々取り組んでいるのかを見えづらくしてしまった。企業によってその可視化をどうするかは悩みの種だが、チャットアプリなどを用いてその日にどのような業務を行い、どの程度進捗したのかを共有しているなどのケースも多い。

　部下個々人の短期的な行動計画は、与えた目標やアサインメントを前提に、基本的には彼ら自身に作ってもらい、チェックして承認するのが一般的だ。どこまで介入するかは状況にもよるが、マネジャー自身に負担がかかりすぎず、部下の自立や成長を促すように取り組むのが一般的である。

◉─── 上司の期待を超える

　ここまでオーソドックスな業務遂行の話をしてきたが、マネジャーには、会社や上司の「期待以上」の成果を残す努力をすることも時には必要だ。そのコツについて紹介しよう。45ページで触れたように、会社の戦略や方針に沿わない部分でアウトプットを出そうとしてもあまり意味はないが、戦略や方針に沿ったうえで高いアウトプットを出すことはやはりマネジャーの評価につながるし、さらに大きな仕事を任せられるきっかけになる。

　たとえばスマートフォン向けのアプリケーション販売の担当部署が目標の3倍の売上げを実現できれば、そのマネジャーの評価は一気に上がるだろう。また、それまでと同じアウトプットを少ない人数で実現し、そこで空いた人間を他部署に回したり、彼／彼女の時間を使って有意義な提案を行ったりすることなども、会社には嬉しい話だ。期待を超えるアウトプットを出し続けることは、より上位のマネジャーを目指す人間にとっては、特に重要な課題となる。実際に、課長から部長、事業部長と速いスピードで駆け上がる人間は、上司の期待以上の成果を出し続けていることが多いものだ。

　これは、これから述べる「定型業務を見直す」「業務プロセスを改善する」といったことに加え、第5章167ページで解説する「高い志」を持つといったことが複合的に重なって実現されていく。

● 定型業務を見直す

　マネジャーの大切な仕事に、定型的な業務、特に「することが当たり前と思われている」業務を本当にすべきかを見直して、業務プロセスを変え、生産性を高めるということがある。経営環境（市場環境やマクロ環境、使える業務ツールなど）は刻々と変化するし、部下のスキルなどもどんどん変わっていくからだ。これは1年単位の計画段階で行うことも可能だが、PDCAを回す中で見えてくる部分も大きい。

　まずはやるべき仕事と「止めるべき仕事」の精査について見ていく。時間短縮のため

に業務スピードを上げることも大事だが、それ以前に、やる必要のない仕事（自部署が
する必要がなく、他部署に任せた方がよい仕事も含む）をしないことはより大きな効果をも
たらす。

　会議などはその典型だ。多くの人間の時間を奪った割にはあまり結果につながらない
会議は多いものだ。あるいは、自部署の人間が出席しなくても、あとで議事録を読むだ
けで十分というケースも多い。出張を伴う打ち合わせなども、オンラインで済むのであ
れば、移動時間分が減るし、特に長距離の移動の場合は交通費や宿泊費の削減効果も大
きい。

　こうしたことができれば、そこで空いた時間をより付加価値の高い仕事に向けること
もできるし、無駄な残業を減らすことによって部下のワークライフバランスを維持する
とともに、コスト削減を行うこともでき、一石二鳥、一石三鳥なのである。日本企業の
生産性が低いと言われて久しいが、それはこの「止めるべき仕事を止められない」とい
うことに起因する部分が大きい（なお、低い生産性に関するそれ以上に重要な原因は、「そ
もそも生産性の低い事業を営んでいる」ということであるが、事業の選別はマネジャーには関
与できないことが多いので、ここでは議論しない）。

　やる必要がない仕事をしてしまう典型的パターンは以下のようなものだ。

　①何を止めていいか分からない
　②過去の職場のやり方にこだわってしまう
　③上司や顧客に指示・依頼されたことをそのまま引き受ける

　①②については、まず「これは本当に自部署の価値提供に結びついているのか？」
「このやり方はなぜずっとこうなのか？」を問いかけることだ。ゼロベースでそれまで
の前提や習慣を疑うことが有効である。それまで行っていたことを止めるのは勇気がい
るものだが、重要度も緊急度も常に低い仕事は思い切って止めてしまう方が効果は大き
い。たとえば営業などではずるずると不採算顧客と付き合い続けることがあるが、思い
切って切ってしまう方が、生産性とともに収益性を高めることにつながる。

　その時に役に立つのが当該部署の新入り社員のコメントだ。その部署に初めて来た人
間は、そのやり方に染まっていないため、素朴な疑問を持ちやすい。彼らの「なぜこの
やり方なんですか？」はヒントの宝庫なのだ。彼らはまた、別の部署でのベストプラク
ティス（うまい方法論）を持ち込んでくれることもある。そうした意見には耳を傾ける
価値がある。

　③には少し注意が必要だ。自分のわがままを言っているようにも見えるからである。特に、「どのくらいやればいいですか？」といった聞き方をすると、相手の要求はエスカレートするのが一般的だ。そうなると、本来必要のない仕事がどんどん膨張する可能性が増す。彼らの意図も汲み取り配慮しながらも、「私はこの仕事はここまでやらなくてもいいと思います。なぜなら…」「これよりもこちらをする方がいいと思います。なぜなら…」といった提案を行うことが大切だ。そのためにも、常日頃から自部署が任されている仕事の妥当性について考えたり、関連部署とコミュニケーションしたりして自部門の業務が質的・量的に過剰になっていないかを確認する必要がある。たとえば銀行の審査部などは、往々にして支店に注文をつけること自体が自己目的化しているといったことも多い。真にその仕事が価値を生み出しているか、過剰に人の時間を奪っていないかを意識すべきだ。

●業務プロセスを見直す

　業務プロセスを見直すことも効果的だ。その際、単なる効率化やスピードアップだけではなく、業務の質を上げることが必要である。これは特に、知識労働型のビジネスに当てはまる。質とは、最終的には企業にキャッシュをもたらす顧客に対する価値の高さである。営業であれば、御用聞き営業は価値が低いが、顧客の課題解決に結びつくようなソリューション営業は、高額の受注の可能性も増すため、やはり価値が高い。ゲームソフト開発企業であれば、顧客ニーズをうまく捉えた面白いゲームをより高い確率で開発できることや、「失敗する可能性の高い企画」を早期で振るい落とし、成功確率を高めることは、非常に大きな価値をもたらす。

　業務プロセスの改善に当たっては、ITの活用も強く意識する必要がある。21ページでも触れたように、営業であればSFAの導入により、特に付加価値の小さい業務はオートメーション化できる可能性も増している。経理であれば、いまや会計ソフトを使ってルーティン部分は省力化するのも常識だ。特に自部署である程度完結する仕事であれば、どのようなITツールが出ているのかなどについても、マネジャーとしては常日頃からアンテナを張っておきたいものである。

　業務プロセスの改善は、典型的には以下のような手順で行う。これはコンサルティングファームなどで用いられている問題解決の手法を応用したものだ（詳細は『グロービスMBAクリティカル・シンキング』〈ダイヤモンド社〉などを参考のこと）。

【1】業務を洗い出し、可視化する

　業務フロー図（図表2－8参照）など目に見える形に落とし込む。そのために、部署内

図表 2-8　業務フロー図

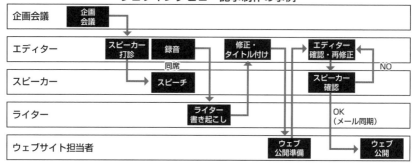

ウェブインタビュー記事制作の事例

はもちろん、関連する部署にヒアリングを行う

【2】問題の発見

業務の漏れやダブり、手順前後、待ち時間の長さなどの非生産的な部分を見つける。そしてその中でも特に改善感度の高い箇所を見極める

【3】原因の特定

いきなり対症療法的に施策に飛びつくのではなく、まずはそれが生じた原因を考察する。「なぜ？」という質問を何回か繰り返すと有効だ（トヨタ自動車では、「なぜ？」を5回繰り返すことが励行されている）

【4】施策の立案

ITの活用を意識しながら、いくつかの選択肢を検討する。その中で最も費用対効果の高い施策（あるいはその組み合わせ）を決定する

【5】実行とモニタリング

施策を導入し、その効果をモニタリングし、次に生かす。大がかりな施策の場合はテスト的に試行してみることも有効である

コラム：アジャイル型

ソフトウェア業界などでは、近年、アジャイル開発という手法が用いられている。

通常のウォーターフォールモデル（最初に全体の機能設計・計画を決定し、その計画に従って開発・実装していく）とは異なり、計画段階では厳密な仕様を決めずに、大まかな仕様と要求だけを決める。そしてイテレーション（反復）と呼ばれるサイクルを繰り返して開発を進めるのだ。つまり、小単位の開発を、計画、設計、実装、テストと進めながら、最終形に近づけていくのである。シリコンバレーなどで用いられ、最近有名になった「スクラム」と呼ばれる超高速のプロジェクト推進手法もアジャイルの1形態である。

図表　ウォーターフォール型とアジャイル型

アジャイルは基本的にはソフト開発の手法であるため、あらゆる業務に当てはまるわけではない。しかし、たとえば途中で顧客の要望が頻繁に変わったりする仕事、言い換えれば「最初に詳細に決めすぎると手戻りが発生して無駄が生じやすい仕事」などには効果的である。その意味で無駄取りの一種ともいえるが、そうした「仕事の進め方」の引き出しを多く持ち、適宜応用できないかを考えることは効果的である。

5● 予実管理による結果の必達

マネジャーは確実に結果を出すことが求められる。そこで必要となってくるのが、適切にPDCAを回し、計画が未達にならないように事前に手を打つことである。PDCAをタイトに回すことで有名な日本電産では、日次単位で結果が吟味され、翌日にすぐに取り返すことが求められる。

　たとえば週に50、すなわち月曜日から金曜日までに毎日10の成果を出さなければ
ならないとするなら、月曜日に8しかできなければ、火曜には12の成果を出して取り
返すということだ（ただし、月曜日に12の成果を出したから、火曜日は8でいいというわけ
ではなく、やはり10の結果を残そうというのが同社の厳しいところである）。通常の企業で
あれば「1週間かけて取り戻せばいいや」と考えがちなところ、それが許されないので
ある。こうした仕事の仕方が現場まで徹底している結果、日本電産は業績の下方修正が
ない企業としても名をはせている。

　日本電産の例はやや極端かもしれないが、利益をしっかり出している企業はこの
PDCA体質が根付いているものである。米系の企業の多くが日本企業よりも収益性が
高い原因の一つも、四半期ごとの厳しいPDCAが回っているからである。それゆえ近
視眼的になりやすいという批判もあるが、優良企業は高収益と長期的な成長を両立させ
ている。

　PDCAがしっかり回るかどうかは、もちろんトップがそれにどこまでこだわり、徹
底できるかにかかっている。とはいえ最終的に動くのは現場であるから、現場を預かる
マネジャーがこれをしっかり運用することが大切である。

　PDCAは感覚で回せるものではないため、数字を用いてしっかり行うことが望まし
い。そこで活躍するのがKPI（重要業績評価指標）である。

◉──── KPIの効用

　KPIとは、部署や個人が目標達成に向かって業務が順調に進んでいるかどうかを確認
するための重要な指標を指す。売上高や粗利額のような予算にも表れる財務数字だけで
はなく、顧客満足度や不良品率といった指標もKPIとなる。どのKPIを用いるべきかは、
当然自部署の仕事内容によって変わってくる。ウェブマーケティングを行う部署であれ
ば、クリック数やコンバージョンレート、翌日再訪問率、CPA（顧客獲得コスト）など
が重要なKPIになるだろう。生産現場であれば、1個当たり製造原価、納期遵守率、不
良品率などがKPIとなるかもしれない（図表2−9）。

　KPIの数は、業態や製品特性によっても変わってくるが、通常、特定の部署は10個
程度まで、個人レベルでは5個程度までのKPIが設定され、PDCAを回すのが一般的で
ある。

　仕事をマネジメントするうえでKPIを用いることの典型的な効用は以下だ。

● 業務の達成度合いが可視化されることで管理や問題解決がしやすくなる

「測定されないものは管理できない」という言い回しがある。全く管理できないわけで

図表 2-9　KPIによる達成状況の可視化

●2021年10月の資料抜粋(1)

KPI	ウェブ訪問数 ユニークユーザー数（UU数）		使用開始（会員登録） コンバージョン数		有料登録（クレジット支払い） 有料会員数	継続利用 継続率
9月実績	41,000	14.6% →	6,000人	60.0% →	3,600人	90%
9月目標（達成率）	35,000（117%）	16.0% →	5,600人（107%）	58.9% →	3,300人（109%）	93%
昨年9月実績（成長率）	20,000（205%）	20.0% →	4,000人（150%）	62.5% →	2,500人（144%）	86%

●2021年10月の資料抜粋(2)

目標値	広告経由	自然流入他	有料登録数	広告経由	自然流入他
3,300	2,000	1,300	3,600	1,800	1,800

（注）CPAは会員登録ベースで考えることも多いが、ここでは有料登録ベースで算出している。

広告媒体別CPA

	広告額	有料登録数	CPA（注）	【参考】第1四半期CPA
媒体A	8,000,000	400	20,000	22,000
媒体B	16,000,000	1,000	16,000	24,000
媒体C	8,000,000	300	26,667	18,000
媒体D	5,000,000	100	50,000	
計	37,000,000	1,800	20,556	22,000

出所：グロービス『KPI大全』東洋経済新報社、2020年をもとにグロービス作成

はないが、やはり測定され数値化されているものに比べると管理が難しくなる。また、KPIがない場合、仮に管理ができたとしても属人化しやすい。ケースに示した組織文化のような一見捉えどころがなさそうに見えるものも、アンケートなどを活用してKPIとして可視化しておくと管理が容易になる。

　問題の早期解決についていえば、自部署や個々人のKPIを適切な対象と比較し、問題発見やその解決に役立てることが大切だ。特に時系列比較（昨年度との比較なども含む）、対目標比較、部署間比較、個人間比較などは定番であり、確実に実行したい。そのうえで、マネジャー自らが先頭に立ち、55ページで示したような問題解決プロセスに沿って問題を解決したり、部下にアドバイスを送ったりすることが求められる。これを日常から行っておけば、年度末になって「売上げが全然足りない。コンティンジェンシープラン（緊急時施策）を発動しよう」などと土壇場で慌てふためくこともなくなる。

●人々の意識を集め、動機づけしやすくなる

　KPIは新しい方針を組織に落とし込む際にも威力を発揮する。たとえば顧客の声が厳しくなり、いままで以上に高い品質を出すことが会社の方針として出されたなら、KPIとしての不良品率の目標値が高くなったり、NPS（顧客推奨意向：「友人にその会社を推薦するか」という質問を行うことで測定する）のような新しいKPIが導入されたりするかもしれない。クレーム件数やヒヤリ・ハット数なども重要なKPIとなる可能性もある。そうしたKPIで自部署や自分が評価されると知ると、人間の行動もおのずと変わるのである。

◉─── KPIによるマネジメントの注意点

　KPIを用いて仕事のマネジメントを行うことは、本来は非常に有効なはずだが、意外な落とし穴にはまり、意図せぬ結果を招くこともある。運用上の重要ポイントを紹介しよう。

●KPIを正しく集める

　KPIは数字であるため客観的な意思決定などに大いに役立つが、そもそも集まった数字が信用できなければ意味がない。たとえば顧客満足度はマーケティングや商品開発の部署などでは重要なKPIとなるが、しばしば生じるのは、必ずしも顧客の全員が回答してくれないということだ。回答すらせずに去っていく「不満を持つ顧客」は多いものだ。商材による差はあるが、どうすればより実態に迫れるかはしっかり考える必要がある。

　タイムリーに数字を把握することも必要だ。たとえば、経費精算の甘い会社だと、年

度末になってたまった領収書を一気に提出する「つわもの」の部下もいる。これでは費用予算が計画通りに進んでいるのかのチェックができなくなってしまう。マネジャーとしては、たとえば経費申請は月次でしっかり行わせる、自己申告系の数字はタイムリーに正しく報告させる（営業における日々の電話営業件数など）といったことを、その意義の説明もしつつ部下に徹底する必要がある。

●KPIのバランスをとる

　人々の行動を望ましい方向に向ける場合、KPIの設定とその評価をバランスよく適切に行わないと、かえって人々の行動を間違った方向に向かわせる可能性がある。

　たとえば、最近は営業でも「受注額」「粗利額」といった結果指標だけではなく、「訪問件数」「RFP（提案書依頼数）」といったプロセス指標をKPIとすることがある。このようにKPIをきめ細かく設定することは、問題の発見や解決を早めることが多いが、こと評価となると話は変わってくる。

　人間は基本的に評価を気にして行動するものである。それゆえ、たとえば「訪問件数」というKPIのウェイトを評価上過度に大きくすると、最初から成約の見込みがないにもかかわらず、とにかく訪問件数だけは増やそうと考える営業担当者が一定比率出てしまうのである。

　そのため、通常は部署あるいは個人レベルで与えるKPIは、複数のものをバランスよく設定する必要性が生じる。たとえばカスタマーサービスの担当者であれば、顧客満足度などはもちろん、「早期対応率」「平均対応時間」「平均対応回数」「営業へのパス数（横展開数）」などを、戦略も意識したうえでバランスよく設定するということだ。これは自動的に答えが出るものではなく、試行錯誤しながら探るしかない。

　なお、企業によってはKPIが会社の方針としてトップダウンでマネジャーに与えられることも多いが、そこで思考を止めるのは得策ではない。会社として使うことが決められているKPIは意識したうえで、部署独自のKPIを設定して用いたり、他部署に横展開できないかを考えたりするのもマネジャーの仕事である。

　たとえば広報であれば、媒体ごとの露出数や企業の認知率、好感度といった定番のKPI以外にも、記事インタビューごとの好感度、あるいは仕込みから記事化まで（提案から完成物になるまで）の平均時間や、記事化された比率などをKPIとして測定しておくと、よりきめ細かい改善策につなげられる。

●KPIの限界を知る

　KPIを用いたマネジメントには限界があるという理解も必要だ。確かに特定のKPIに

評価を紐づければ、人々をそのKPI達成に向けて動機づけることは可能だが、それだけに頼った経営は非常にもろいものである。

　動機づけには評価を活用することもできるが、やはり本人の内発的動機が必要だ（第3章80ページ参照）。それは上司とのコミュニケーションによる部分も大きい。そうしたことを忘れて、数字を用いた評価だけで人を動かそうとするとギスギスした組織になってしまうことをマネジャーは理解しておく必要がある。

コラム：データをいかに活用するか

　IT、特にビッグデータやAIの進化は、人間の意思決定のあり方を大きく変えつつある。人間の「常識的に考えてこうだろう」という経験則が覆される例がどんどん出てきているのだ。

　人間は、「○○だから△△になる」という因果関係を非常に重視する。それがある方が自分でも腹落ちしやすいし、他人に説明する際にも説明が容易になるからだ。部下に対して、「これをすればこうなるから」と説明するシーンを考えていただくとよいだろう。

　しかし最近では、因果関係は不明ながらも、ビッグデータから、「自社のこの商品は、（想定とは異なり）大企業よりも中堅企業の社員に受けがいい」「この記事は、予想とは異なり、女性よりも男性からの評価が高い」といった、人間の直観に反する分析結果を機械が出したりするのだ。アマゾンのレコメンデーションの仕組みなどでも相関関係の方が重視されており、効果も上げていることから、「因果関係よりも相関関係が大事な時代」になったという意見は多い。

　アメリカのIT企業では、意思決定にあたって「それで、データは何て言っているの？」と聞くという文化もかなり浸透している。いわゆるデータ・ドリブンな意思決定である。人のマネジメントに関わる意思決定など、AIが苦手とする分野は多々あるが、ビッグデータがたまりやすい領域（例：ウェブビジネスにおける顧客のリアクション）については、AIの方が実際に良い結論を導き出す。

　しかも、今後もITは指数関数的に進化し、人間と機械の関係は日々変わっていく。どこまでを人間が考えて意思決定し、どこまでを機械に任せるかも変化していくことが予想される。それぞれの役割を使い分けることも、現代のマネジャーの課題なのだ。

●─── **フォローアップを行う**

　結果を出すうえで必要なマネジャーの行動にフォローアップがある。多くの組織にお

いて結果が伴わない大きな理由の一つがフォローアップ不足だ。フォローアップとは単なる進捗確認ではない。PDCAのC→Aに当たる問題の特定やその解決法を議論したり、適宜動機づけを行ったりすることもフォローアップの大事な要素である。これらを面倒くさがらずに行うことが、目標達成の可能性を劇的に高めるのだ。

　フォローアップの方法には大きく、ワン・オン・ワン・ミーティング（第3章98ページで詳述）と、多くの人数が参加する会議（第4章144ページで詳述）の2つがある。もちろん、メールや日々の対人コミュニケーションも併用するが、ポイントは同じだ。

　ワン・オン・ワン・ミーティングが向いているのは、個人レベルの問題解決について丁寧に議論したい時や、何かしらの好ましくない事柄について注意したい時などだ。フォローアップの頻度については、状況（相手の習熟度や仕事の緊急性など）にもよるが、極力こまめに行うことが効果的とされる。『経営は実行』（日本経済新聞出版）の著書で知られるアメリカの著名経営者ラリー・ボシディなどもその意見の支持者だ。「このくらいは普通にやってくれるだろう」といった思い込みで1週間も話をしないなどは禁物だ。

　会議では、議事録あるいはTo Doリストはしっかり共有し、次の会議までに誰が何をすべきかをしっかり確認することが効果的だ。達成意欲の弱い組織やマネジャーはこの部分がたいてい弱い。会議を活用し、結果へのこだわりを見せることは、マネジャーの責務といえよう。

2節 業務のマネジメント各論

　1節では、主にミドルマネジャーが部下に仕事を割り振り、部署として目標を達成することにフォーカスした。本節では、業務のマネジメントに付随する各論として、昨今重要度を増している①リスク管理、そして②横展開と仕組み化について触れる。これらは部下の仕事のマネジメントというよりも、ミドルマネジャーが部署のアウトプットのレベルを高めるうえで留意すべきポイントといえるだろう。

1●リスク管理

　業務のマネジメントにあたって、現場に近いところでリスクを管理するのもマネジャーの仕事である。特にミドルマネジャーが意識すべきリスク管理について触れよう。

◉───── リスクの分類

　まず、リスクのタイプを理解しよう。ここではハーバード大学のロバート・サイモンの分類を参考にする。サイモンは、大きく①オペレーション・リスク、②資産減損リスク、③競争リスク、④評判リスク（フランチャイズ・リスク）の4つのリスクを指摘している。

● オペレーション・リスク

　オペレーション・リスクは、営業や製造、サービスデリバリーといった身近な業務に関するリスクであり、ミドルマネジャーに最も近いリスクである。このリスクに無縁の企業はない。製造現場で欠陥品が生じることや、営業担当者が顧客を激怒させてしまい、「出入り禁止」などになるのはその典型だ。SIer（システムインテグレーター）が顧客の納期に遅れてしまう、経理部が間違った請求書を出してしまう、証券会社が価格と数量を間違えて発注するというのも同様である。近年では、情報漏洩やセキュリティに関するリスクもここに含めて考えてよいだろう。

● 資産減損リスク

　これは、銀行であれば融資先が不良債権化する、知財であれば訴訟などによってその価値が減じるといったリスクである。貸借対照表（B/S）の資産の保全に関与するミドルマネジャーが意識すべきリスクといえる。

● 競争リスク

　これは競争環境の変化によって生じるリスクだ。顧客の嗜好の変化によって、それまで売れていた製品・サービスが売れなくなる、予想しなかった代替技術によって自社の売上げが大きく落ちてしまうなどもここに含まれる。マクロ環境（政治・規制、経済、技術、社会、環境など）の変化や、マイケル・ポーターが提唱した5つの力（業界内の競争、買い手、売り手、新規参入〈参入障壁〉、代替品）の動きに敏感になる必要がある。

● 評判リスク

　これは、上記3つのリスクが複合して結果として起きることが多い。また、昨今では不正やコンプライアンス違反などに起因して企業の評判が下がるというリスクもある。不正やコンプライアンス違反は重要な課題なので、後ほど詳述する。

◉──── リスクに対するミドルマネジャーの心得①

　まず最初の3つについて触れよう。ただ、資産減損リスクは専門性を磨くことが1番の近道であり、また他の2つのリスク対応の方法論が援用できるので、ここでは主にオペレーション・リスクと競争リスクについて触れる。

　オペレーション・リスクは、言い換えれば、現場で予想通りに物事が進まないリスクである。その原因は大きく、目標が高すぎたというものと、目標は妥当だったがやり方がまずかったというものに二分される。前者は、目標設定が原因であるため、以降はそれを適切なものにすることが基本だ。しかし、社内での目標達成のプレッシャーが強すぎると、たとえば顧客に過度な約束をしてしまい、その結果それが実現できないということも起きがちだ。

　社内の目標達成のプレッシャーは一マネジャーレベルではどうしようもないことも多いが、上司に言うべきは伝えるとともに、部下が過度なプレッシャーに晒されていないかを監督する必要がある。成長企業などは特にこの罠に落ちやすいので注意すべきである。

　やり方のまずさについては、マネジャーはしっかり物事が計画通りに進むよう、きめ細かくPDCAを回し、監督する必要がある。先述したように、業務の進捗を部下にヒアリングするなどして極力何が起きているかを可視化することがやはり有効だ。業務が複雑になればなるほどその必要性は上げる。なお、サイモンは、オペレーション・リスクのモニタリングについて、下記のような項目を典型例として挙げている。

　　・システム停止時間
　　・エラー数
　　・説明のつかない製品のばらつき
　　・つじつまの合わない勘定
　　・製品歩留まり／品質基準
　　・顧客からの苦情

　マネジャーが、過去にどのようなトラブルが生じたかなどを上司や前任者に聞き、心の準備をしておくことも大事である。SIerのマネジャーであれば、「外注先A社は、時々、社内トラブルでスケジュールが非常にタイトになってしまうことがある」といった情報を知っておくと、いざ何か起きた時の対処もしやすくなるだろう。

　オペレーション・リスクの中でも起こさないに越したことはないのは事故的なトラブ

ルである。食品会社で異物が混入するなどがその典型だ。これの防止については、いわゆるハインリッヒの法則がよく当てはまる。大きな1件の事故の背景には29件の軽い事故があり、その背景には300の結果的に損害のなかった事故（ヒヤリ・ハット）があるという経験則だ。部下にヒヤリ・ハットを罰則無しで報告させることは、こうした事故の回避に役立つ。「罰則無し」にするのは、罰則ありにすると、部下がそれを報告しないようインセンティブが働いてしまい、かえって大きなトラブルを生じやすくさせてしまうからだ。「人を責めるのではなく、システムに原因を求める」というトヨタ生産方式の考え方は非常に有効である。

　競争リスクは、上位のマネジメントよりも現場に近いマネジャーの方が最初に異変を察知しやすいものであり、それゆえマネジャーの行動が重要になる。難しいのは、人間には正常性バイアスがあり、都合の悪い情報を無視したり過小評価したりしがちという点だ。

　たとえば自社ホームページの来訪数が前月に比べて20%減っていても、「まあたまにはこんなこともあるか」などと考えてしまうのである。ひょっとすると、競合に大きく食われている、あるいは自社サービスに対する顧客の関心が急激に薄れているという可能性に注意が向かないようではマネジャー失格だ。自分なりの解釈も加え、早期に上司に報告し、相談することが望ましい。

　事業戦略レベルの修正が必要な場合、マネジャー自身が新しい戦略構築をすることはほとんどないが、それでもマネジャーからの現場感のある情報は、上位マネジメントが戦略を修正する際にとても重要である。なお、サイモンは特に注目すべき競争リスクの兆しとして以下を挙げている。

　・競合による新商品発売
　・最近の規制変更
　・業界誌に報告された顧客購買行動の変化
　・流通システムの変化

◉─── リスクに対するミドルマネジャーの心得②

　次に評判リスク、特に不正やコンプライアンス違反に関するリスクについて触れよう。これは時に企業の価値を大きく減じることになるため、ぜひ防ぎたいリスクである。これらは「業務のマネジメント」以上に「人のマネジメント」の側面も大きいが、便宜的にここで触れる。

　現場を預かるミドルマネジャーとして避けたいのは部下の不正である。これは、業績

へのプレッシャー、機会、正当化の3つの要素が重なった時に生じやすいというのがサイモンの主張だ。部下の様子を注意深く観察しつつ、これらの要素がないか注意することが必要だ。

　ハイアウトプットの組織は一般的には好ましいが、高プレッシャー組織となる可能性が高いという落とし穴もある。そこで結果を出せない部下が架空売上げ計上や、要求スペック以下の原材料などを使ってのコストダウンに走ってしまうのだ。目標の達成に失敗すれば、悪い評価がつくという状況は人を恐怖に導くことがある。

　借金などの個人的な問題から不正に走ることもある。そうした場合でも、そもそも機会がなければ不正は起こらない。しかし、価値ある企業資産にアクセスできる機会を完全に封じ込めることは難しい。部下の働き方や勤務態度を丁寧に観察することが必要だ。

　部下が安易に不正を正当化することを戒めることも、時にはマネジャーに求められる。正当化とは、「この程度では、仮に見つかっても罰せられる可能性は少ない」「この行動は、組織にとってむしろ有益である」などと、自分の行動を合理化してしまうことだ。私用で使った金銭を会社の経費にしてしまうなどはその典型である。これらを戒めるのは、本来はより上位のマネジメントの仕事ともいえるが、一番身近で接するミドルマネジャーとのコミュニケーションが与える影響の大きさを軽視してはならない。現場を預かるマネジャーは、「アリの一穴」にこそ注意を向けるべきだ。

2●横展開と仕組み化

　1節ではしっかりPDCAを回して成果を出すことを強調したが、成果がしっかり出たら、その良い部分を組織で横展開していくこともマネジャーに求められる発想だ。特に良い結果が生まれた時に、その結果をもたらした要因を探るために「なぜうまくいったのか？」と繰り返し問い、それを他部署に展開することは、組織全体の生産性向上に貢献し、一目置かれるきっかけにもなる。

　たとえば商品開発担当者が大きなヒット商品を生み出したとする。そうした時に「なぜうまくいったのか？」を数回問いかけるのである。

　「なぜこのような大きなヒット商品を生み出せたのか？」
　→「ネットの情報にインスパイアされたから」
　→「なぜネットの情報にインスパイアされたのか？」
　→「事前にそれに関連する分野について、家人と話をしていたから」
　→「なぜ事前にそれに関連する分野について、家人と話をしていたのか？」

図表 2−10 仕組みの階層

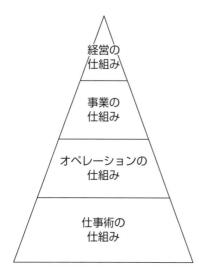

典型的な事例

経営の仕組み	ガバナンス・システム、人事制度、組織構造、管理会計制度 など
事業の仕組み	バリューチェーン、ビジネスモデル、投資判断基準、事業ごとのITシステム など
オペレーションの仕組み	工場のレイアウト、営業担当者育成法、接客マニュアル など
仕事術の仕組み	メールのひな型、Excelのひな型、スマホ活用術、アプリ活用術 など

→「家人が典型的なターゲット顧客のように思えたから」

　ここからは、気の置けない想定顧客と話をすることの重要性、ネットで情報収集することの重要性、そしてそれらを組み合わせることの重要性などが導けるかもしれない。それを仮説検証しながら再現性のある方法論として固めていくと、非常に大きなパワーになる。

　仕組み化も大切だ。そもそも「仕組み」とは、「再現性が高く、同じ成果が出せるための決めごと、構造、施策、工夫」などである。「仕組み」には多種多様なレイヤーがある。

　特にマネジャーが期待されるのは、図表2−10の下2つのオペレーションの仕組みや個人が働くうえでの仕事術の仕組みだ（もちろん、それ以上のレイヤーについて上司に提言することも望ましいことである）。たとえば新人営業担当者向けの模擬セールストークセッションによる指導をより効果的なものにできれば、新人の戦力化は早まるかもしれない。あるいは、それまでチャットアプリで管理していた情報をエクセルで管理するようにするだけで、その後の生産性が向上するかもしれないし、対外向けのメールの定型文のバリエーションを増やすだけで、スタッフの業務時間短縮ができるかもしれない。

　これらはもちろん部下に任せることも可能だが、部下は往々にして視野が低くなりがちでそうした部分にまで意識がいかないことが多い。部下の働きぶりを観察し、マネジャーがそうした仕組み化を実現できれば、価値は大きい。あるいは、部下に任せきりにするのではなく、部下からの提案を促し、一緒に考えることも効果的だ。

　仕組み作りの中でも特に「標準化」が実現できれば、組織としての規模化（スケール化）につながることになり、会社全体の成長に貢献できる可能性が増す。たとえばフランチャイズビジネスを展開する企業において、営業促進担当のマネジャーが「良いアルバイト採用時基準」や「良い接客マニュアル」を作ることができれば、サービス品質の向上と、そのばらつきの削減につながり、顧客満足度が増すことも期待できる。高速出店も容易になるだろう。

　会社というものは、どこかに非合理的な仕組みや、仕組み同士の非整合（例：リモートワークを推進しているのに、ITサポートが脆弱）があるものだ。それを属人的対応で回すのではなく、仕組み化してどんどん解消することも、優れたマネジャーの要件である。

　良き仕組みを作るポイントは、丁寧な対話と一人ひとりの当事者意識である。「仕組みを作るなんて、自分には関係ない」と考えているマネジャーは、会社に対して出せる付加価値が小さいということでもある。特にスピーディーな規模化を求められる、IPOを目指す企業のマネジャーなどでは、これができるのとできないのでは、その差は非常に大きなものがある。論理思考と想像力を働かせ、対話を重ねながら仕組みに落とし込んでいくマインドセットを持つことが必要だ。

第**3**章● 人のマネジメント

POINT

　部下一人ひとりのマネジメントでは、動機づけること、そしてビジネスパーソンとしてのスキルを高めること（育成）が特に重要な柱となる。動機づけを適切に行うためには、著名な動機づけ理論を理解したうえで、部下の状況に合わせ、適切な方法を用いる必要がある。育成については、特に重要となるのはOJTによる能力開発だ。エンパワメントやコーチングなどを活用し、必要なスキルを確実に身に着けさせることが期待される。

CASE

　木曽雄二は関東に拠点を置く地方新聞紙、関東新報の文化部副キャップである。ミドルマネジャーとして、数人の部下のマネジメントをする立場にあった。基本的に優秀で前向きな部下が多く、木曽は助かっていたが、1人だけ手を焼く部下がいた。入社3年目の五十嵐真一である。五十嵐は文化部の中で最も若い正社員記者でもあった。

　五十嵐は決して仕事ができないわけではないのだが、自分が気に入らない仕事にはやる気を出さないという傾向があった。その結果、五十嵐の書いた原稿を、木曽が手直ししなくてはならないということが多かった。

　そもそも、五十嵐は文化部への配属自体を快く思っていない節があった。もともと社会部か政治部に行きたいという要望を人事にも伝えていたということを木曽は聞いていた。そうした不満が仕事の態度にも出ているのかもしれない。

　ある日、以下のような会話がなされた。周りには数人の同僚、そして文化部長の太田薫もいた。

「五十嵐君、この前の山田高校の演劇部に関するインタビュー記事のことだが」
「ああ、あれですね。すいません、僕は演劇とか本当に興味がないので、表層的な記事になってしまって」
「だからと言って、適当に文章を書けばいいというものでもないだろう。報道記事じゃ

ないんだから、もう少し起承転結を意識するとか、彼らが苦労したことなどを聞き出すとか、読者の心を揺さぶる要素を入れないと」

「でも、演劇は本当に興味が持てないんです。紙面で演劇を扱うことは少ないので、そのために勉強するのもなんですし」

「君だってプロの記者なんだから、その姿勢はよくないよ」

「…。僕は取材があるのでこれから外出します」

「おいっ」

　木曽の上司でもある太田は、木曽に話しかけてきた。
「木曽さん、ちょっといい？　ここじゃなんだから、向こうで話しましょう」

　別室に移るなり、太田はこう言ってきた。
「木曽さん、あの指導はないんじゃないかな。ああしろこうしろと高飛車に言っても響かないわよ。もっとマイルドな態度で指導しないと」

「はあ、他の人間はこれで何とかなっているんですが」

「あなたもマネジャーなんだから、もっと人に合わせた指導をしないと」

「そういうものですか」

「あと、聞いた話だと、出来栄えの良くない五十嵐君の文章は、後から自分で全部直しているそうね」

「そうしないと、とても紙面には載せられませんから」

「それはそうだけど、そのやり方だといつまでも彼も成長しないわよ。もっと本人に任せてやり切らせないと」

「分かってはいるのですが…」

「彼のこれからのキャリアもあるし、もっとあなたの時間を彼の指導に使ってほしいな。彼には非常に高いポテンシャルがあることは分かっているでしょ？　それを引き出すのがマネジャーの仕事じゃない。いくつか役に立つ参考書を教えるから、それを読んで」

　そして木曽は太田から推薦された書籍を何冊か読んでみた。「なるほど、ワン・オン・ワン・ミーティングか、確かに彼とはそんなことはやっていないな。コーチングで質問をするというのもあまり自分のスタイルではないけど、成長を促すうえでは有効か。動機づけにもいろんなやり方があるのか。彼の場合、どう言えばあらゆる仕事に前向きになってくれるだろうか…」。木曽はその日、ベッドに入ってもずっと考えていた。

　そして翌日。木曽は五十嵐に話しかけた。

「五十嵐君、今日から君に対しては、もっと支援しながら指導するつもりだ」
「支援、ですか？…」
「ああ、ついては、週に1度、必ず1時間のミーティングをしよう」
「えっ、何を話すんですか」
「仕事についても話をするけど、君の話したいことは何でも話してもらって構わない」

　そして早速、MBO以外では初めてのワン・オン・ワン・ミーティングが開かれた。最初は当たり障りのない話がなされたが、いよいよ木曽は切り出してみた。

「五十嵐君は文章力があるし、気分が乗っている時の取材力も十分にある。ただ、むらっ気があるのは君も気づいているだろう。それはどうしてかな？」
「…自分でも分かりませんが、どうしても関心のないテーマには気が乗らなくて」
「人間だから仕方ない部分はあるよな。でも、やはり下調べなどもしないと、良い取材もできないし、良い記事も書けないのは分かるだろう」
「それはその通りです。だけど…」
「これからしばらくは、気乗りしないテーマの取材時は、僕に事前に質問項目やプロット案を見せてくれ。アドバイスするから」
「えっ」
「いままでは僕が最後に体裁を整えてきたケースが多かったけど、それも基本的に止める。もちろん、最終チェックはするし、他の記事との兼ね合いで一部をカットすることはあるけど、君の書く原稿がそのまま最終原稿になるつもりで取り組んでくれ」
「いいんですか？　とんでもない原稿になる可能性もありますよ」
「だから事前に相談しようというわけだ。君には才能はある」
「才能ですか？…」
「乗っている時の君の記事はベテラン社員以上だ。これは経験で何とかなるわけではなく、天性の部分が大きい。それをあらゆる記事で発揮してほしいんだ」
「なんだか照れますね。副キャップに面と向かってそう褒められると」
「（これは前向きになってきたかな。もう少し畳みかけてみよう）正直、文化部は面白くないか？　もともと社会部か政治部希望と聞いたけど」
「そんなことはないです。時間の融通は利きやすいですし、書評コーナーは好きで、海外アートも興味はあります。いつかは社会部とかに行きたいとは思っていますが」
「そう思っているなら、コンスタントに結果を出さないと。僕はもともと夜討ち朝駆けが嫌いなタイプだから、むしろ文化部は性に合っている。ただ、それだけでここに長く

いるわけではない。新聞記事が自分の人生を変えたからだ」

「新聞記事が人生を変えた？」

「ああ、高校生の時に文化面の記事を読んで、『こんなにアートの魅力をしっかり伝えることができるのか』と感動したんだ。自分でアートを制作するセンスはなかった。しかし、国語は得意で文章は自信があったから、自分もこうしてその素晴らしさを伝える立場に立ちたいと思ったんだ。そもそも新聞の役割って何だ？」

「まあ、まずは報道でしょうか。『事件は構造を明らかにする』とも言いますし。そうしたところに切りこむのがジャーナリズムの役割だと思います」

「まあ、そうだな。しかし、それだけが新聞の役割じゃないだろ。その国の文化のレベルは新聞のレベルを反映する。伝統文化をもり立てるという役割もある」

「そうですね…」

「君は担当していないけど、科学だってそうだ。新聞がしっかり科学のことを啓蒙すれば、必ずその国の科学レベルは上がる。自分がいま担当している仕事だけではなく、新聞や、その中で文化部が何を担っていくのかを考えてくれ。君は文化のもり立て役なんだ。政治部などでは味わえない醍醐味を君にも味わってほしいと思うんだ」

「おっしゃりたいことは分かりました。正直、社会部や政治部に行った同期に嫉妬していた面もあります。自分は遅れてしまったのではないかと思ったりして」

「（んっ。かなり心を開いてきてくれているぞ。しめた）そんなことはないだろう。僕の経験からも言えるけど、特定の部署一筋でやってきた人間より、書ける記事の幅も出る」

「分かりました。よろしくお願いします」

　それ以降、木曽は五十嵐の指導にかける時間を意識的に増やした。取材前には相談に乗り、また週に1度以上のワン・オン・ワン・ミーティングを定例化した。そこで仕事の話のみならず、将来のキャリアなどについても話をした。指導方法も、「どうすればもっと読者の心に刺さると思う？」という問いの形を多用することにした。

　最初の頃は相談に手間暇がかかったが、ある時期からはそうした相談の必要性もどんどん減っていった。難しい仕事をあえて任せるということもやってみたが、五十嵐は何とかそれもこなしていった。最初の頃は取材に同行することもあったが、その期間も長くはなかった。

　そして最初のワン・オン・ワン・ミーティングから1年、五十嵐は文化部の中でも期待のホープとなっていた。

　（本ケースは実例をもとに脚色したものであり、名称はすべて架空のものです）

1 節 | 動機づける

　人・組織のマネジメントには、大きく個人のマネジメント（上司対個人の1対1のマネジメント）とチームのマネジメントがある。本章では主に前者を扱い、後者については第4章で触れる。

　さて、24ページでは人のマネジメントについて、以下の重要性を説いた。

　①正しい方向に向けて（正しい考え方を持って）仕事をしてもらう
　②スキルを伸ばす
　③モチベーション（やる気）を高める
　④適切な態度をとってもらう

　このうち、①と④は結局は②③を適切に行うことで実現できる部分が大きい。そこで、本章ではまず1節で動機づけについて解説し、2節で人材育成（≒スキルを伸ばす）について触れる。

1●動機づけの理論

　ミドルマネジャーが部下に対して行うべき仕事の中で最も重要なのは、動機づけること、つまりやる気を出してもらうことだ。どのような方法で動機づけを行うかは後述することとし、まずは代表的な動機づけ理論を見ていこう。

　動機づけ理論は組織行動学の中心的テーマでもあり、多種多様な角度からの研究がなされているが、本書ではまず古典的な理論であるハーズバーグの動機づけ・衛生要因理論とアブラハム・マズローの欲求5段階説について触れた後、その後登場した期待理論、そして比較的最近の代表的な理論である期待−価値理論、達成目標理論、自己決定理論について触れる。また自己決定理論の延長にあるダニエル・ピンクのモチベーション3.0についても紹介する。

●───ハーズバーグの動機づけ・衛生要因理論

　フレデリック・ハーズバーグが提唱したこの理論（二要因理論とも呼ばれる）では、仕

事に対して満足をもたらす要因と不満をもたらす要因は異なると考える。彼の慧眼は、満足と不満足がそれぞれ反対の状態だとは考えなかったことだ。満足の反対は「満足無し」であり、不満足の反対は「不満無し」であると考えたところに独自性がある。

　満足をもたらすものが動機づけ要因だ。動機づけ要因としては、仕事の達成感、責任範囲の拡大、エンパワメント、能力向上や自己成長、チャレンジングな仕事などが挙げられる。これらは、直接的に部下の満足を高め、モチベーションを向上させることにつながる（図表3-1）。

　一方、衛生要因は直接的に人々を動機づけるものではない。不満は解消されるものの、そのことが満足感やモチベーションを高めるとは限らないのが衛生要因の特徴だ。

　仮に衛生要因が満たされていない状況で（例：賃金が安い、労働時間が長いなど）、どれだけ動機づけ要因を与えたところで、不満は解消されていないため、従業員のモチベーションは簡単には上がらない。逆に、仮に従業員のモチベーションが低いところに衛生要因だけを追加しても、これもモチベーションの向上にはつながらない。マネジャーとしては、自分の裁量の範囲で、適切なミックスを提供しなくてはならない。

　この理論は、動機づけに関する理論としては比較的古いものであり、反例も多数発見されている。それにもかかわらず、いまだに広く知られ、実務でも参考にされているの

図表 3-1　衛生要因と動機づけ要因

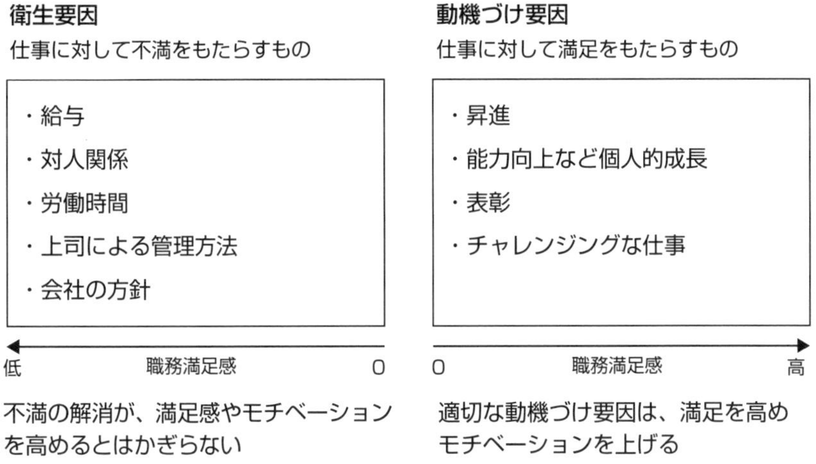

衛生要因
仕事に対して不満をもたらすもの

- ・給与
- ・対人関係
- ・労働時間
- ・上司による管理方法
- ・会社の方針

低　　　　職務満足感　　　　0

不満の解消が、満足感やモチベーション
を高めるとはかぎらない

動機づけ要因
仕事に対して満足をもたらすもの

- ・昇進
- ・能力向上など個人的成長
- ・表彰
- ・チャレンジングな仕事

0　　　　職務満足感　　　　高

適切な動機づけ要因は、満足を高め
モチベーションを上げる

出所：フレデリック・ハーズバーグ「モチベーションとは何か」DIAMONDハーバード・ビジネス・レビュー、2003年4月号をもとに
　　　グロービス作成

は、一定の普遍性があるからと考えるのが妥当だろう。

●─── マズローの欲求5段階説

　マズローによって提唱されたこの理論は、人間の欲求を5段階に分類し、重要性に従ってそれらが階層構造をなしているとした（図表3-2）。低次元の欲求が満たされれば、さらに高次の欲求を満たすべく行動すると考える。5段階の分類の詳細は、下位のものから順に以下のように説明される。

生理的欲求：生命を維持するための根源的な欲求。人間の最も原始的な欲求である、食欲や睡眠欲などが含まれる

安全欲求：経済的な安定や健康の維持、治安の良さや事故リスクの低さなど、安全で豊かな生活を求める欲求

所属と愛の欲求：社会的欲求とも呼ばれる。自分が社会に求められていると感じることや、良き組織やコミュニティに属して心の安定を得たい、人とつながって孤独感を忌避したいという欲求

承認欲求：他者から尊敬されたいという欲求。承認欲求には2種類のものがあり、低次な承認欲求は、名声や注目といった表面的なものである。マズローは、より高次の承認欲求である、自己肯定感や自律性、自分自身の評価の高さが重要とした

自己実現欲求：自己の存在意義を実現する欲求。自分の持つ能力や可能性を最大限発揮し、なすべきことを成し遂げたいという欲求

図表 3-2　マズローの欲求5段階説

　この理論も提唱されたのが比較的古く、反例も示されているが、納得性の高い部分が多く、一定の普遍性はあるものと考えられている。
　なお、マズローは自己実現欲求を他の4つとは異なる別格のものとも主張した。また若い世代はこうした自己実現を重視する比率が増えているとされ、ミドルマネジャーとしても意識したいポイントとされる。

●───期待理論

　期待理論を最初に提唱したのはエール大学の経営大学院などで教鞭をとったビクター・ブルームである。彼はモチベーションが生まれる心理的なプロセスに着目し、以下のように述べた。

　「頑張ればどれだけのことが成し遂げられ（期待）、それが成し遂げられたらいったいさらに何がもたらされ（用具性）、もたらされたものそれぞれにどれだけの値打ちがあると予想されるか（誘意性）、についての知覚、信念や態度という心理的過程がモチベーションを左右している」

　用具性という言葉がやや分かりにくいが、「それによって自分がさらにどのような機会に恵まれるか」「自分はどの程度成長できるのか」と考えると分かりやすい。そしてこのモデルに基づき、以下の3つがモチベーション向上のポイントであるとした。

　・魅力ある成果の設定（Reward）
　・成果を実現するのに必要十分な目標値の設定（Goal）
　・目標値を実現するのに必要十分な戦略展開（Efforts）

　目標設定（Goal）や成果（Reward）のみならず、どのようにそれを行うべきかというやり方（Efforts）に着目した点がポイントだ。この3つの要素に関する魅力の感じ方は人それぞれであるため、その人に合った成果、目標、戦略展開を与える必要性があるというのも理解しやすい。
　ブルームの期待理論を発展させたのがL.W.ポーターとE.E.ローラーである。彼らは、ブルームのプロセスをより詳細に解明するとともに、努力に対する評価がフェアであること、また非金銭的な報酬である周りからの称賛などが重要であるとした。これも実感値に合う考え方であろう。これはまた、マネジャーが公正に（正当に）評価を行うことと、マネジャー自身では決めきれない金銭的報酬以外の部分でも部下が喜ぶことを提供

することの重要性を示唆する。

●———— 期待－価値理論

　J.W.アトキンソンが提唱した期待一価値理論を特に学習課題への取り組みの観点から発展させたのがメリーランド大学のアラン・ウィグフィールドである。彼は以下の4つの要素が、課題に取り組む人々の姿勢を決めると考えた。

　　・内発的価値：その課題に取り組むことが楽しいか
　　・実用的価値：その課題に取り組むことが役に立つか
　　・達成価値：その課題に取り組むことが自己実現につながるか
　　・コスト：その課題に取り組むコスト（必要な努力や機会費用などを含む）の大きさは
　　　どのくらいか

　この理論に基づくと「コストが小さく、楽しめて役に立ち、自己実現にもつながる課題」に対しては人々は前向きになると考えられる。これも非常に納得性が高い。ただし、実際の仕事の中では、そうした仕事はなかなかない。とはいえ、マネジャーがそれをうまく見つけ、部下に適切な頻度で与えると、部下のモチベーションは高まると考えられる。

●———— 達成目標理論

　達成目標理論は、ある課題に取り組む際の動機や、その課題の質に注目した理論である。初期の達成目標理論の研究者であるスタンフォード大学のキャロル・ドゥエックは、達成目標には、学習目標と遂行目標の2つがあるとした。学習目標は、自身の能力を伸ばしたい、新しいスキルを身につけたいといった目標である。一方、遂行目標とは、自分の能力に対して肯定的な評価を得ることにつながる目標である。学習目標は、現在の自身の能力に関する自信がどうあろうと、積極的にそれに取り組む。一方、遂行目標は、能力への自信が高い場合は積極的に取り組むものの、低い場合にはその逆になると考える。

　後にイリノイ大学のキャロル・エイムスとジェニファー・アーチャーは、ドゥエックや他の研究者の理論を統合し、学習目標を「熟達目標」と呼ぶようになった。さらにアンドリュー・エリオットは、遂行目標を「近接的な遂行目標（自分の有能さを示したい）」と「回避的な遂行目標（自分の有能さを否定されたくない）」に分け、熟達目標と合わせ3分類に整理した。

　マネジャーにとってこの理論からの示唆は、「人は、自分の有能さを否定されそうな課題には積極的には取り組みたがらない」ということだろう。当たり前のことではあるが、業務のアサインメントなどを考える際や、部下にどのような支援が必要かを考える際などにヒントになるだろう。

◉─── 自己決定理論

　自己決定理論はロチェスター大学のエドワード・デシとリチャード・ライアンらによって提唱された理論である。まず、人間が自然に持つ以下の3つの欲求に着目する。

　・自身の「有能さ」を証明したいという欲求
　・周囲との「関係性」を良いものにしたいという欲求
　・自己の行動を「自律性」を持って自分自身で決めたいという欲求

　そのうえで以下の5つのステップを経て、内発的動機によって人は動くと考える。

　・外的調整：指示やそれに伴う報奨や罰によって動く
　・取り入れ：義務感によって動く
　・同一化：自身で感じる必要性によって動く
　・統合：積極的に動く
　・内発的動機づけ：やりがいを感じ、楽しんで動く

　内発的動機に近づくほど、人は強く動機づけられており、かつ高いパフォーマンスを残すと考えるのがこの理論である。そのベースとなるのは、他の理論ではあまり触れられなかった、自律的に自分で決めたいという欲求への着眼である。内発的動機の重要性については、次のモチベーション3.0で改めて解説する。これはデシらの研究の延長線上にある。

◉─── モチベーション3.0

　著述家のダニエル・ピンクは、モチベーション論に関する著書『モチベーション3.0』において、知識労働の比重がますます増えるこれからの時代に、人間が高い付加価値を生み出すにはモチベーション3.0こそが必要と説いた。
　彼は、オーソドックスな「アメとムチ」による動機づけをモチベーション2.0として対比しており、モチベーション3.0のベースに内発的動機づけを置いている（図表3−

3）。内発的な動機づけとは、「世の中をより良くしたい」「速いスピードで成長したい」といった内なる動機である。

　内発的な動機づけの特徴としては、長続きしやすいこと、創造的な仕事に向いているなどを挙げている。それに対して、アメとムチによる動機づけは、ルーティンな定型作業などには向いているものの、非ルーティンな創造的な仕事にはかえってマイナスという。彼は、アメとムチによる動機づけの弊害として以下の7つを挙げている。

- ・内発的動機づけを失わせる
- ・かえって成果が上がらなくなる
- ・創造性を蝕む
- ・好ましい言動への意欲を失わせる
- ・ごまかしや近道、倫理に反する行為を助長する
- ・依存性がある
- ・短絡的思考を助長する

　1つ補足すると、5つ目の「ごまかしや近道、倫理に反する行為を助長する」については、KPIの弊害（61ページ参照）としても指摘されている。たとえば営業担当者に売上高を過度に評価項目として強調すると、チャネルや顧客（特に気弱な顧客や判断力の低いお年寄りなど）に強引な押し込み営業をし、組織のブランドイメージを損なわせてしまう人間が生じかねないのである。一方、内発的動機（例：「自社の良い製品を多くの顧客に届けて社会を良くしたい」と考えている営業担当者）からは、そうした行動はとらない。

図表 3-3　モチベーション3.0

	モチベーション3.0	モチベーション2.0
人を動かすもの	ワクワク感を感じられるような内発的動機	アメとムチによって与えられる外発的動機
向いている仕事	イノベーティブな仕事、クリエイティブな仕事、社会的意義の高い仕事	定型的業務

出所：ダニエル・ピンク『モチベーション3.0』講談社、2015年をもとにグロービス作成

この差は非常に大きい。

　ピンクはまた、モチベーション3.0のカギとなる要素として以下の3つを挙げている。

　　・自律性：自由に好きなように仕事をすること
　　・マスタリー（熟達）：何か価値があることを上達させたいと思うこと
　　・目的：人生の意義

　最初の2つも重要だが、人生の意義である目的をより高い次元で持つことは、より高い内発的動機につながるという。

　モチベーション3.0をあらゆる部下に持ってもらうことは難しいかもしれないが、その比率が増せば、人は創造的で生産的な姿勢で仕事に向かうのである。

●──── 動機づけ理論からマネジャーへの示唆

　ここまで見てきた理論から、マネジャーは部下を動機づけるにあたって何を意識すればいいのだろうか。一つは、単純業務をする部下であれば、それほど内発的動機にこだわらなくてもいいということだ。フェアに評価を行う、仕事がきちんとできたら褒める（承認欲求を満たす）、居心地のいい職場づくりをする（所属と愛の欲求を満たす）といった、比較的オーソドックスな対応で十分にモチベーションは維持できるだろう。主に定型業務を行う派遣社員や、新卒の新入社員などは概ねこの対応で十分であることが多い。

　問題は、ある程度経験を積んだ、非定型業務に携わることの多い社員の動機づけである。上記の対応に加え、内発的動機を生じさせる手助けが必要となる。また、成長の欲求を満たすこと、適切な目標を設定し、必要に応じてその実現に向けた指導を行うことなどが求められるようになる。このうち、成長の欲求を満たすことや指導については、次節の「人材を育成する」のエンパワメントの項で触れる。また、目標設定については、本節次項のMBOのパートで触れる。ここでは内発的動機を生じさせる手助けについて簡単に触れよう。

●──── 内発的動機を喚起するための手助け

　そもそも内発的動機は個人の内から生まれるものであるため、これをしたからといって部下の中に確実に目覚めるものではない。上司ができることはその手助けだけである。ここではいくつかのティップスを紹介しよう。

●自己決定理論の3要素に配慮する

　まず、有能さを知らしめたい、他人との関係性を良いものにしたい、自律的に動きたいという部下の欲求を可能な限り満たすことである。これは内発的動機を喚起するというよりも、内発的動機が生まれにくい環境を取り除くという目的の方が大きい。

●仕事の意味づけを変える

　有名な寓話に「レンガを積む人」がある。これは、旅人がある町を訪れた時、3人のレンガを積む人に「何をしているんですか？」と聞いたというものだ。

1人目はこう言った。「見ての通り、レンガを積んでいるんです」
2人目は「建物を作っているんです」と答えた。
そして3人目は「大聖堂を作っているんです」と答えた。
（この寓話には、「石を積んでいます」「壁を作っています」「町を守っています」といった、さまざまなバリエーションが存在する）

　この中で最もイキイキと働いているのが3人目の職人であることはいうまでもない。目的意識や全体における自分の位置が理解できているか否かで、内発的動機も大きく異なってくるのだ。実際の行動も変わる。3人目の職人は、自分の仕事は大聖堂を作ることと考えているから、単にレンガを言われたとおりに積むのではなく必要に応じて創意工夫や提案もするだろうし、もし近くで別の仕事をしている人間が困っていたら、それを手伝うかもしれない。
　会社組織でも同様だ。先輩の営業担当者のためにアポ取りの電話の仕事をする社員が、自分の仕事をルーティンと捉えれば、苦痛な時間を過ごすだけだろう。しかし、自分の仕事を次の事業創出に向けたキャッシュ作り、あるいは業務プロセスの効率化（例：顧客になる可能性の低い見込み顧客を早期に排除するなど）の最前線で動いているなどと捉えてくれれば、内発的動機も高まり、さまざまな工夫も凝らすようになるかもしれない。当然、マネジャーとしてもそうした工夫を受け入れ、必要があれば改善の話し合いの場を持つといったことが必要になる。
　ケースの木曽も、新聞の文化部の仕事を「文化のもり立て役」と表現することで、部下である五十嵐の仕事に対する取り組み方に影響を与えている。

●期待を間接的に伝える

　マネジャー自ら相手に対する期待を伝えるという方法ももちろんあるが、あえて間接

的に伝えるという方法もある。たとえば部下のポテンシャルや志向を踏まえたうえで、「○○さんはこんなことを考えているようだ」という一段高いレベルの内容を他部署（場合によっては顧客や外部の関係者も含む）に伝え、外側からの期待を高めることで、部下の内発的動機を喚起するのだ。良い意味でのプレッシャーと期待の眼差しを周囲から向けさせるわけである。

●相手の自尊心に訴えかける

後に横浜市長に転じた林文子は、BMWの販売店に勤めていた頃、営業成績不振の部下に対して「残念だわ。あなたのような、できるはずの人が、こんな成績だなんて」といった趣旨のことを語りかけることで奮起を促し、業績不振店を次々に優良店に変えていったという。

これらはすべて日常から部下ときめ細かくコミュニケーションを行っているからできることでもある。相手の関心を知らなければ、どのような内発的動機が生まれるか想像もできないだろう。日常から、部下と頻繁にコミュニケーションを取っておくことが、それ自体も動機づけにつながるし、内発的動機を高める土台ともなり、一石二鳥なのである。

◉─── エンゲージメントの向上

部下のモチベーションを高めることは、同時に部下のエンゲージメントを高めることにつながることが多い。エンゲージメントとは、企業が目指す姿や方向性を従業員が理解・共感し、その達成に向けて自発的に貢献しようという意識を持っていることを指す。アメリカのギャラップやウイリス・タワーズワトソンなどの調査では、従業員のエンゲージメントと企業の業績には非常に大きな相関があるとされる。日本の人材コンサルティング会社の調査などでも概ね同様の結果が出ている。

エンゲージメントの高い従業員は、会社を信頼し、個人的な愛着を持つ。その結果、一体となって業務に取り組み、自分に求められている以上の貢献を果たしたいと思うようになるのだ。また、離職意向も低くなる。優秀な従業員ほど離職は企業にとって痛手となるため、彼らのエンゲージメントを高めることは、部署や企業全体にとっても非常に重要な意味を持つ。

エンゲージメントの測定は、以下の質問を投げかけることで行うことができる（https://www.meti.go.jp/shingikai/economy/jinzai_management/pdf/002_02_00.pdf、経済産業省のサイトより）

・私は、自分の会社全体としての目的・目標・戦略をよく理解できている

・経営陣は、事業の方向性について健全な意思決定をしている

・自分の会社はよい職場だと他の人にも勧めたい

・自分の会社で働くことに誇りを持っている

・自分の仕事について、給与や福利厚生など公正に報酬を得ていると思う

　このうち、2番目と5番目はマネジャー個人にはどうしようもない部分が大きいが、その他はマネジャーの手腕に左右される部分が大きい。仕事のアサインメントや本節で紹介している動機づけをうまく行うことで、部下のエンゲージメントを高めることが期待される。

2●MBO、目標設定、評価、フィードバック

　MBO（目標管理：Management by Objectives）はドラッカーによって提唱された手法である。テクニカルにはマネジメントの一手法にすぎないが、目標設定、評価、フィードバックと、動機づけのみならず仕事のマネジメントにもつながるさまざまなエッセンスを含んでいる。それゆえ、本書ではMBOについて紹介した後、目標設定、評価、フィードバックといった、部下のモチベーションを高める要素をこの項目でまとめて解説する。なお、これらは当然、動機づけのみならず、部下の育成にもつながる点に留意していただきたい。

●———— MBO

　MBOの制度は、会社によって運用はやや異なるが、通常、四半期ごとにマネジャーと部下が、仕事に関してじっくり時間をかけワン・オン・ワンで率直に話し合う場である。双方が知恵を出し合って、いかにして個人として能力を高められるか、業績を上げられるのかを考えることが求められる。設定した目標に対する振り返りと評価を行うのはもちろんだが、結果の評価そのものよりも、以下の3点のすり合わせをしっかり行うことが大事となる。

職務役割・期待感（ミッションレベル）のすり合わせ：四半期ごとに結果を振り返り、状況の変化、能力向上の度合いに応じて、双方の役割・期待感を再度すり合わせる

目標の設定（ストレッチした目標設定）：部署の目標を各個人に再度ブレークダウンする。

四半期ごとの経営環境の変化やプライオリティ変更などを踏まえ、目標を再設定する。併せて会社の経営戦略を再確認しておくと、自分の仕事の位置づけも分かり効果的

目標達成に向けた課題の相互共有：目標の重要度、難易度、特性などを共有し、達成のために解決しなければならない課題を明確にする。また、その解決策について建設的に議論する

　なお、第4四半期のMBOは年間のMBOと兼ねるケースも多いが、その場合、年間のMBOは評価の要素が強くなる。企業によっては年間のMBOは「アニュアル・インタビュー」などとして通常のMBOとは分け、別途行うこともある。そうしたケースでは、単に目標設定や評価を行うのではなく、キャリアについての相談や、新年度の報酬や待遇などについて合意をとるといったことなどを行う場合もある。
　この活動を四半期ごと、そして年間でしっかり行うことで、目標が達成され、能力も向上し、フェアな評価によってモチベーションが上がることが理想である（図表3−4）。3つ目の要素において、単に目標だけではなく、目標達成に向けた方法論について話を行うことは、77ページで触れた用具性の向上にもつながる。

図表 3−4　典型的なMBOのタイミングと内容

　仮に四半期レベルで目標が未達であっても、MBOをしっかり行うことで、年間、あるいは2年間程度で当初の期待目標が達成されることも期待できる。また、仮に目標未達であったとしても目標設定時に上記の議論が十分なされていれば、結果に対する双方の納得感、認識の一致度合いは高いことが期待でき、それが動機づけにつながる。

◉──── 目標設定

　個人に与える目標は、業績（成果）のみならず、能力や態度についても設定される。一般に、組織の中で上の立場に行くほど業績に対する評価、すなわち成果目標をクリアしたかどうかの比率は上がる。

　また、一般に外資系の企業は日本企業に比べ業績評価の比重は高い。それに対し、日本企業のマネジャーの評価では、能力と態度に対する評価の比重が増す。日本企業では伝統的にそれらを重視してきた背景があるうえに、マネジャーの部下レベルでは、成果を明確に測定しにくい部分も多く、部下個人ではコントロールできない要素によって左右されることも多いからだ（例：社内的な優先順位の変更など）。

　ただ、ビジネスは最終的には結果を出すことが重要であるし、昨今、成果主義の比重が高まっているので、まずは業績に関する目標設定から触れよう。

● 業績目標

　これは、第2章で示した部署の目標に沿いつつ、高すぎず低すぎず、部下個人のモチベーションやスキルを高めるものであることが望ましい。目標が高すぎると「最初からできない」と諦めてしまうし、低すぎるとモチベーションを削いで、スキル向上の機会を奪ったりしてしまうからである。

　走り高跳びに例えると、180cmを潜在的には跳べる選手でも、150cmの高さに置かれたバーばかりを跳んでいると、そのレベルの潜在能力に下がってしまうのである。意図してストレッチを心掛け、180cm跳べるポテンシャルがある部下なら、その付近に目標を設定することが望ましい。前提として、各個人の現在の能力レベルについて十分な理解が必要となる。そのためにも各部下の日常の業務やその進め方などについて、可能な限り詳しく把握していることが望まれる。

　個人に対する業績の目標項目は概ね5つ程度を目途とすることが多い（ただし企業によって運用の差は大きい）。1つ2つではおおざっぱすぎて問題解決や指導が難しくなって、結果がばらつきやすくなり、評価のぶれも大きくなる。逆に多すぎると、今度は個人が何を優先していいのか迷いやすくなる。そこで、マネジャーとしても管理しやすく、また部下にとっても意識しやすい5つ程度の目標が目途となるのである。

　これは、人間が覚えていられる数は概ね4プラスマイナス1という近年の研究結果とも合致する（ミズーリ大学のネルソン・コーワンらの研究より。かつてはハーバード大学のジョージ・ミラーによる論文「The Magical number seven, plus or minus two」より7プラスマイナス2とされた時代もあったが、最近では人間の脳はそこまで記憶力は良くないとされている）。

　目標設定に当たっては、単に選ばれた項目の数値について話し合うだけではなく、同時に会社や事業の戦略、そして部署の役割なども同時に話をすることが望ましい。そうすることで、なぜその項目について部下に目標が与えられるかが明確になるし、先述の「大聖堂を作る人」の寓話にあったように、組織における自分の存在意義を確認しやすくなるからである。

　戦略や部署の課題を同時に語る作業を省くマネジャーは少なくないが、それでは部下は、視座が大きく下がり、またその数字にしか目が行かなくなる。結果として、組織全体に対する貢献意識も弱くなる。また、往々にして「組織の歯車」的なメンタリティになりやすい。それではモチベーションも上がらないし、エンゲージメントも下がってしまうのだ。

　目標設定のコツについてはいくつかあるが、ここでは「SMART」を紹介しよう。SMARTは、図表3−5に示したように、5つの重要な要素の頭文字を取ったものである。もちろん、スマートに（賢く）目標設定を行うことの意味を含んでいる。

　逆に言えば、ぼんやりした抽象的な目標、達成したかどうかが測定できない目標、同意に基づかない目標、非現実的な目標、時間軸が曖昧な目標では効果が薄いということだ。ただし、往々にしてマネジャーは、このうちのいくつかのミスを犯しやすい。

図表 3−5　SMART

Specific（個別・具体的に）

Measurable（計測可能に）

Agreeable（同意に基づいて）

Realistic（現実的な）

Time−Related（時間軸を設定して）

注）AはAchievable（達成可能な）、RはRelevant（関連する）とするなど、
　　いくつかの別バージョンもある

出所：G. T. Doran, "There's a S.M.A.R.T. way to write management's goals and objectives," *Management Review*, 1981をもとにグロービス作成

　たとえば、部下が必ずしも納得していないのに、高い目標を与えてしまうといったシーンは多いだろう。マネジャー自身に高い目標が与えられるとおのずとそうなりやすい。しかしそこで高圧的に目標を与えてしまうようだと、部下のモチベーションは上がらず、結果として目標も未達になりやすい。組織の戦略上なぜその目標達成が必要なのか、それによってどのような将来展望があるのか、どのようなスキル向上が望めるのかといったことを丁寧に議論することが求められる。

　好ましいのは、最終的に合意に至った目標の数値を部下自身の口から言わせることだ。通常、部下の出す目標数値と、マネジャーが期待する目標数値では、前者の方が低い。それをすり合わせて妥協点を探っていくわけだが、最終的には、「これをやります」「このくらいをやります」と部下に言ってもらうように議論を運ぶことが望ましい。言質をとる、というわけではないが、自分で言った目標ほど、部下はコミットメントしやすくなるからである。そのためにも、部下に対する期待をしっかり伝え、内発的動機を促し、「これをやります」「このくらいをやります」と言わせるようにコミュニケーションを進めることが望ましい。

●能力、態度の目標

　能力や態度についても目標は設定される。能力や態度の評価項目数は、これも企業によって大きく運用は異なるが、通常は2つか3つ程度が多いようである。能力の目標は成果の目標とも連動させることが多いが、部下に期待する将来的な役割を意識することが多い。たとえば将来海外赴任を希望する部下であれば、早期に語学力や異文化コミュニケーションの能力を高めることが必要となるかもしれない。

　態度は、マネジャーの部下レベルの場合、社会人としての常識を守ることと、企業の組織文化を逸脱しないことが重要となる。企業によっては360度評価などを用いて、これらに対する周りからの評価がなされることもあるので、それを参考に課題のある部分をつぶすような目標設定をすることが多い。360度評価を行っていない企業の場合は、上司の印象ももちろん大切だが、独断では判断しないことだ。当該の部下が日常的に周りからどう思われているか情報を集め（目標設定直前にわざわざ集めるのではなく、日頃からのコミュニケーションによって集めておくことが望ましい）、業務が円滑に進むような目標を設定する。

　能力や態度の目標設定は、どうしても「SMART」にはなりにくいという難しさがある。もちろん英語力であれば「いつまでにTOEIC〇〇点をクリアする」といったSMARTな目標を設定することも可能だが、コミュニケーション力やプレゼンテーション力などは、どうしても到達イメージが曖昧になりやすい。とはいえ、なるべくイメー

ジが共有できるように言語化することが望ましい。たとえばコミュニケーション力であれば、「相手の立場を理解してコミュニケーションを行い、良好な人間関係を維持できる。また、必要な情報を伝え忘れることによるトラブルをゼロにする」などである。

　態度についても、たとえば勤務態度であれば「遅刻ゼロ、必要な報告は確実に行う。周りの人が迷惑に感じないような態度で勤務に臨む」など、部下の状況や課題を踏まえたうえで、具体的にイメージを共有することが大切である。

◉─── 評価

　人間の評価を行うのは難しいものだ。極端にいえば、それによって部下の人生を左右することにもなりかねないし、そこまで極端でなくとも、彼らのモチベーションを大きく左右してしまうからである。

　先述したように、企業によって運用は大きく異なるが、評価の対象は主に業績、能力、態度の3つがある。人事考課上のバランスをどうするかは、マネジャーは基本的には企業の人事方針に従うことになる。

　評価のポイントは、公平さ、正当性を意識することだ。特に数字で評価しにくい能力や態度の部分はそうである。業績についても、数値化しにくいものは同様である。人間は、自分がフェアに扱われていると感じられるかどうかを強く意識するものだ。「公平に扱われていない」と不満を持たれることは極力避けたい。えこひいきなどは論外である。マネジャーも人間である以上、完璧にフェアに人を評価することはできないが、それでも極力それに近づけることが期待される。

　そこで意識したいこととして、バイアスを避けることと、最終的な評価結果だけではなく、そこに至るコミュニケーションのプロセスを重視することがある。ここでは前者の、評価につきもののバイアスについて紹介しよう。バイアスとは思考の歪みであり、意識しないと陥りがちな人間の思考の傾向である。意識するだけでも大きく避けられるものは多いので、代表的なものは知っておく必要がある。

●好意

　自分が好意を抱いている人間に対する評価は、どうしても甘めになるものだ。好意は、単純に接触する頻度が高いといった要素でも上がるし（単純接触効果）、自分と共通点が多いといった要素でも上がる。

　たとえば自分と同じ県の出身者で高校・大学も同窓だとしたら、通常は好意のレベルは上がるだろう。褒めてくれる人に対しても、人は好意を持つ。上司に対して「すごいですね」などと言ってくれるような部下だ。それが評価を甘めにしてしまうことは起こ

りがちなのだ。あまりに好意が評価に影響を与えるようだと、えこひいきと見られ、部下の間の不公平感は増す。自分にとって耳の痛い正論を言ってくる部下に対して辛めの評価をするなども当然好ましいことではない。

●近日効果

これは最近あった出来事に意識が引っ張られてしまうというバイアスである。1年であれば1年通じて評価をすべきなのに、最近数カ月の印象で評価しがちというのも、よく起こる現象だ。改善や悪化も含めて、評価対象期間にどのようなことがあったかをしっかり記録しておくとこうしたことは起きにくくなる。1年に1回、いきなり評価を行うのではなく、四半期ごとのMBOが推奨されるのもこうした理由からだ。

●ハロー効果

何かの目立つ印象に全体の評価が引っ張られてしまうバイアスであり、非常に有名なものだ。たとえば「服装がちょっと派手だな」という印象が強いことに引っ張られ、仕事の評価が下がるなどがその典型である。逆に、1つだけでも目立つ仕事をすると、それに引っ張られ、他の仕事で結果が出ていなくても、甘めの評価になることもある。

●中心化傾向

たとえば5点満点の人事考課を制度化している企業であれば、3点あたりに評価が集中してしまう傾向である。部下に極端な差はつけたくないという意識が働くと、この傾向が現れやすくなる。

●寛大化傾向

人間は、自分が嫌われることを恐れ、本来低い点をつけるべき時でも甘めに評価してしまう傾向がある。特にその部下とこれからも長く仕事をすることが予想されると、この傾向が働きやすくなる。日本電産の創業者の永守重信は、「ダメな部下に（5点満点で）1をつけないようなマネジャーは失格」とコメントしているが、それは容易ではないのだ。日本電産のように、そうした評価をしてもいいということが組織文化として定着している場合はいいが、そうした組織文化がない企業で、辛めの評価を行うのは簡単ではない。

●対比誤差

これは不適切な対象と比較することにより生じるバイアスである。かつて極めて優秀

な部下がいたりすると、その人を基準としてしまい、辛めの評価になるというケースだ。自身がプレーヤーとして優秀なマネジャーは、自分と比較して辛めに評価を行うという現象も起きやすい。

　人間である以上、ここに挙げたバイアスから完全に逃れることは不可能であるが、それでも意識しておくのとしないのでは、大きな差につながることは理解しておくべきと言えよう。公正さをどのくらい維持できているかを自問してみるなどは有効だ。

◉───── フィードバック

　フィードバックは、狭義には評価に伴う説明やアドバイスなどを指すが、広義には、部下が何かを行った時のリアクション全般を指す。仕事をしっかり進め、次節で述べるスキルアップにもつながるが、モチベーションに与える影響も大きいため、ここで取り上げる。

● フィードバックの効用

　フィードバックにはいくつかの効用がある。典型的なものは以下だ。

業務遂行が円滑になる：部下が思った通りに動いてくれることは少ないものだ。手取り足取りマイクロマネジメントする必要はないが、節目節目で「あの仕事の進め方はよかったね」「今日のプレゼンテーションは○○のところがよかったよ」「お客さんに対してはもっと早く返信しないとダメだよ」などと意識的にフィードバックすることは、業務を円滑に進めることにつながる。特に褒めることはモチベーションの向上につながり、部下はさらにその業務を向上させようとすることが多い。

部下の「自分はうまくできている」という思い込みを防ぐことができる：人間は一般的に自分に対する評価は甘くなりがちだ。その結果、しばしば生じるのは、部下が自分では頑張ったという意識があったにもかかわらず、四半期や年に1度の公式のミーティングで初めて「物足りなかった」などの評価を聞いて不満を抱くといったケースだ。そうならないためにも、常日頃から短い時間でもいいので、期待値や評価をすり合わせておくことが効果的だ。それによって、部下のモチベーションを適切なレベルに維持することもしやすくなる。

強みを伸ばし、弱みを克服する役に立つ：著名なフレームワークにジョハリの窓がある

（図表3-6）。これは、「自分が知っている／知らない」という軸と、「他者が知っている／知らない」という2つの軸で該当者のスキルや特性などを分類し、改善箇所などを見極めるものだ。

　通常、すべての要素が左上の「開放の窓」のセルに入ることはない。部下の自己認識と、他者からの自己認識は異なるのが普通だ。特に右上の「盲点の窓」に入る要素については、それに気づいてもらうことは、当該の部下の成長にとっても大きな意味を持つ。

　日常のフィードバックで毎回このフレームワークを用いるわけではないが、こうしたことも意識したうえでフィードバックを行うと、育成を効果的なものにできる可能性が増す。また、そうした的確な指導を行うことは、部下のマネジャーに対する信頼感にもつながり、それがモチベーション向上にもプラスに働く。なお、マネジャーは個々の部下の仕事ぶりをいちいち観察しているわけではないので、判断が難しい箇所については、他の部下や、一緒に仕事をした人にヒアリングなどをして確認すると客観性が増し、説得力は上がる。

ミドルマネジャーとしての自分の指導力が伸びる：すべての部下がしっかり結果を残してくれていればフィードバックも比較的容易である。ただ、現実にはそのようなことは

図表 3-6　ジョハリの窓の例

	自分が知っている	自分が知らない
他者が知っている	**開放の窓** ・率先垂範　・全社意識 ・達成意欲　・顧客志向 ・多様性の受容　・成長意欲 ・情報共有　・外向的 ・組織文化の体現　・遵法 ・率直　・相互理解	**盲点の窓** ・公正さ ・傾聴 ・自責
他者が知らない	・権限委譲 **秘密の窓**	・リスクテイク ・論理思考 ・創造性 ・内省 **未知の窓**

ない。通常、業務遂行がうまくいっていない人間に対して適切なフィードバックを行うことは、技術的にも精神的にも負荷がかかる。その結果、フィードバックの回数が減り、ますます本来得られた上記の効用が得られないという悪循環にもつながるのだ。

　適切なフィードバックを行うには、観察力、コミュニケーション力など、多くのスキルが必要になる。フィードバックを行うことは、自分自身のマネジャーとしての能力向上にもつながるという点を意識すべきだ。

◉─── フィードバックの仕方

　コミュニケーションの方法としては、評価と連関した公式なフィードバックは文書化して本人に示すことが多い。それに対して日々のフィードバックはワン・オン・ワン・ミーティングなど、口頭で行われることが多い。メールも同時並行で使われるが、行間の真意を伝えにくいこともあるので、オンラインでもいいので対面で話すことが望ましいといえる。

　頻度については、『HIGH OUTPUT MANAGEMENT』（日経BP）の著書で知られるインテル創業者のアンドリュー・グローブは「多いに越したことはない」と述べている。

　さて、相手の良いところを褒めるフィードバックは比較的容易である。相手が「もっと頑張ろう」と思えるように、先述した動機づけ理論も意識したうえで、称賛の言葉をかけるとよい。往々にして、当たり前のようにいい仕事をしてくれる優秀な部下に対しては、それが常態化してしまい、褒める頻度が低くなることもあるが、それは好ましくない。やはり良い結果や取り組みに対しては、称賛することがモチベーションにもつながる。

　難しいのは、相手にとって耳が痛いことを話すフィードバック、俗にいう「ネガティブ・フィードバック」だ。そうしたネガティブ・フィードバックをうまく行うことがフィードバックの質を高めるコツともいえる。ネガティブ・フィードバックをうまく行うティップスとしては以下のようなものがある。いずれも相手の自尊心を満たしつつ、自己肯定感を持てるようにしている点がポイントだ。

●褒めることと同時に行う

　ネガティブなことしか伝えないフィードバックは、伝えるほうもやりにくいし心理的な負荷も増える。顧客訪問の時間を間違えたなどの明らかなミスであれば、それほど心理的ストレスなくできるものだが、多少複雑な仕事で部下のパフォーマンスが悪い場合などは、相手のモチベーションを落とさず、かつ自分自身の心理的負荷を下げる方法論が必要になる。

　その方法が、「まず褒め、その後で耳の痛いフィードバックを行う」という手法である。最初に褒めることでミーティングの雰囲気を良くするとともに相手の警戒心を解き、そこから本題に入るのである。同時ではなくても、普段から褒めるという行為を多少大げさでもいいので行っておくと、いざネガティブ・フィードバックを行う際にも、部下は心を開きやすくなる。

●成長のためのヒントであることを明示する

　フィードバックそのものが、相手にとって耳の痛いものであっても、成長のためのヒントであるという意識を持ってもらうよう、しっかり説明することも大切だ。部下を嫌っていたり、ダメだと思っていたりするからネガティブ・フィードバックを行うのではなく、期待しているからこそ、あえて相手にとって耳の痛いことを伝えているという姿勢を見せれば、少なくとも上司であるマネジャー本人に対する好ましくない意識は生まれにくい。

●ロジカルに説明する

　なぜそのネガティブ・フィードバックが必要で、それによってどのような効果が期待できるのかが明確になると、部下もそれを受け入れやすくなる。良くないのは、感情的になって相手を「叱る」ではなく「怒って」しまうことだ。そうなると部下は心を閉ざして以降のコミュニケーションが阻害されるし、当然モチベーションも上がらなくなる。

　感情的にならないためにも、「人」と「事象」を分け、「人」に対して辛く当たっているのではなく、あくまで仕事がうまく行くための方法論を一緒に模索しているのだということを自分でも理解し、伝えることも効果的だ。

●傾聴を心掛ける

　よくあるマネジャーの失敗は、自分の方が過度に多く話してしまうことだ。状況次第ではやむをえないこともあるが、部下とのフィードバックのコミュニケーションでは、仮に10の時間があるとしたら、部下が7しゃべり、マネジャーがしゃべる時間は3程度に抑えることがよいとされる。人間は、自分の言いたいことを言うとそれだけで不満が減るし、聞いてくれているということに安心感を持つからである。それゆえ、相手がぐうの音も出ないように「詰める」ようなコミュニケーションは好ましくない（意図を持って行うケースも皆無ではないが、通常は避ける方がいい）。相手に反論や改善提案の余地を残すような、質問による問いかけなどが有効だ。質問による問いかけについては、2節のコーチングの項で触れる。

● 言葉を選ぶ

　相手を傷つけないようにオブラートに包みつつも、「刺さる言葉」を選ぶことも効果的だ。あるプロ野球選手は、打った時に全力疾走を怠って、相手守備選手がもたついて1塁でギリギリアウトになった時、「しまった、全力疾走していればセーフだった。これは誰かに怒られる」と思ったという。ベンチに戻って肩身を狭くしていると、監督は「おい、○○（選手名）、背中に『しまった』と書いてあるぞ」と声をかけられたという。その選手は「しっかり走らないとダメじゃないか！」という叱り方よりも、その言葉の方が心に刺さったという。そうした語彙をたくさん持っておくことは、部下に対してネガティブ・フィードバックを行う時の大きな武器になる。

● 優しくコミュニケーションできる土台をあらかじめ作っておく

　よく営業成績を貼り出している職場などがある。それは、競争意識を煽るという側面もあるが、ネガティブ・フィードバックを行う際のマネジャー自身の心理的負荷を下げる役割もある。つまり、そうしたものが可視化されていないと、マネジャーはまず数字が他のメンバーに比べて良くないことを最初に説明しなくてはならないのだが、それだけでも心理的負荷がかかるのだ。ところが数字で皆に可視化されていると、もうすでに部下本人もそのことは十分に分かっている。そうすると、フィードバックの場においても、「君も分かっているよな。どうすればいいか一緒に考えようじゃないか」というところからスタートできるのだ。

　言い換えると、ネガティブな内容は何か別のものに語らせてしまい、マネジャー自身は前向きな議論からスタートするような工夫ができると効果的ということである。目標数値をしっかり定め、その進捗を週次の部署ミーティングでしっかりモニタリングするなどは、そうした効果も持っている。

● 自分が絶対的に正しいと思わない

　価値観が多様化する昨今においては、特に態度などに関するフィードバックは、相手の価値観を認めることも大切だ。平成の価値観と、令和の価値観は異なって当然である。「なるほど、そういう考え方もあるね。では、どうすれば、良い解決方法があるかな？」といったように、相手の価値観を尊重したうえで、好ましい妥結点を探っていく努力も必要である。

コラム：OKR

　昨今、IT系企業を中心に活用されている経営管理ツールがOKR（Objectives

and Key Results）である。あらゆる企業に応用可能というわけではないが、その重要性に鑑み、簡単に触れる。

● OKRとは

OKRは、明確で定性的な目標（Objective）と目標の達成度合いを判定する定量的な指標である主な結果（Key Results）を使い、全社のパフォーマンスをオープンに管理する仕組みである。O（目標）は「目的地」を示し、KRは目的地へ到達したかどうかの判断基準を示す。OKRは、1つの目標に対して3つ程度のKRを設定するシンプルな管理ツールである。

OKRにおいては、目標は野心的で、KRは達成率が60〜70％程度が望ましいとされる。また挑戦する姿勢を高く評価する。一方で、組織メンバーの活動の分散を避けるため目標の数は少なくし、焦点を絞るのが一般的だ。評価対象とする期間も四半期や1カ月と短い。活動の絞り込み、成果の測定、フィードバックを短期間で繰り返すプロセスを通じてメンバーに正しい行動を促す。

図表　MBOとOKRの比較

	OKR	MBO
役割/目的	・戦略の実行支援 ・業績評価	・適切な目標の設定 ・（部門/個人の）業績評価
達成すべき経営目標	・定性的目標	・定性または定量的目標
戦略と指標の関係	・戦略とのリンケージを重視	・戦略との関係は特に意識されないことも多い
運用における コミュニケーション	部門横断的なコミュニケーション（上司と部下のコミュニケーションも含む）	上司と部下とのコミュニケーション
見直し期間	・1カ月〜四半期に1度	・四半期〜1年に1度

OKRはまず事業単位で設定される。事業部のOKRのKRが部門の目標（Objective）となる。そして、部門のKRが次の階層の目標となる。それが繰り返

され、個人のOKRが設定される。これにより、全社としての目標から個人レベルのKRまでがつながり、全社の目標が個人の行動の評価指標にまで落とし込まれていく。この意味においては、MBOとの大きな差異はない。

　MBOとの大きな差異は、MBOにおいて設定される数値目標が結局は「必達目標」として設定されがちで、部下にはノルマと受け取られていることが多いのに比べると、OKRは必ずしもそうではないという点である。

　OKRにおける目標は、会社や事業部のミッションや経営理念を四半期といった一定期間に落とし込んだ目標であり、組織や従業員を鼓舞するような定性的な内容となる。ストレッチしたワクワクするような目標であるがゆえに、目標が未達となることをあらかじめ織り込んでいる。それゆえ、挑戦を促すだけではなく、目標未達となったとしても、挑戦した姿勢を評価するなど、挑戦することが尊重されていることを実感させることがマネジャーには求められる。

●OKRを用いたコミュニケーションの向上

　OKRの設定はトップダウンの場合もあれば、ボトムアップの場合もある。いずれにせよ、対話を通じて目標を最終決定することが重要視される。対話を通じてのストレッチした目標設定や現況を伝達・共有するプロセスが重視されるのだ。マネジャーと部下の定期的なワン・オン・ワン・ミーティングにおいても、OKRはトピックとして扱いやすいという側面もある。さらに、全員のOKRを部署内に公開することで他者の仕事を理解できるようにするなど、企業内の意思疎通の促進にも寄与する。つまり、OKRは個人間や部門間の相互理解にも役立つ。その結果、コミュニケーションコストが下がることも狙いの1つである。OKRのフォーマットがシンプルでオープンに運用しやすいという特徴が、このような効果をもたらすのだ。もちろん、それは自動的に生まれるものではないため、マネジャーがその趣旨を理解し、しっかり運用することが必要である。

　なお、もともとOKRは全社レベルあるいは事業部レベルで運用することが多かったが、最近ではもう少し小さい部署レベルでも「OKR的」な目標設定が用いられることも増えている。MBOとの併用をどうするかといった問題はあるが、部署レベルでも工夫して用いることは可能だ。

3●ワン・オン・ワン・ミーティング

　ワン・オン・ワン・ミーティングは必ずしもすべてのマネジャーが行っているわけで

はないが、部下と有意義なコミュニケーションを行ううえで非常に重要な機会である。個別のフィードバックやMBOもワン・オン・ワン・ミーティングの一環と言えるわけだが、ワン・オン・ワン・ミーティングは評価の時にだけ行われるものではなく、日常的に部下と実施するものだ。

◉───── ワン・オン・ワン・ミーティングとは

　ワン・オン・ワン・ミーティングとは、文字通り、マネジャーが部下と1対1の場で話し合うミーティングのことである。その効用を広く説いたのは、先述したインテル創業者のアンドリュー・グローブである。彼によれば、その主な目的は、情報を交換すること、あるいは特定の問題や状況について話すことによって、スキルやノウハウを部下に伝授したり、アプローチの仕方を提案すること、そして部下が懸念や心配事を伝えたりするなどである。これを部下にしっかり行うことは、動機づけのみならず、ビジネスに関する前提や目線、意識をすり合わせることなどにもつながり、ビジネスの遂行を非常に円滑なものにする。

　また昨今では、図表3－7に示したような社員を取り巻く環境の複雑化や、それに伴う、部下の「経験に学ぶ力」を向上させる必要性が増したことも、ワン・オン・ワン・ミーティングの効果を増しているとされる。

　本書では便宜上、この動機づけの節で説明をしているが、当然、第2章で触れた業務のマネジメントや、次節で説明する人材育成にもつながる。インテルはこの手法を用いて部下と上司のコミュニケーションを活性化し、非常に大きな成果を得たという。

　多くの企業でワン・オン・ワン・ミーティングがなされない理由は、「毎日顔を合わせているのだから、いまさらそのようなミーティングをしなくてもいいだろう」というマネジャーの思い込みであるというのがグローブの見解だ。確かにちょっとした仕事の進捗管理や相談事などは、会議室を押さえてまで2人で話をする必要もないかもしれない。しかし、公式にこのような場を設けることにより、人前では相談しにくいことも話せるようになるし、部下がどのような悩みを抱えているかといったことをより深く理解できるきっかけとなるというのがグローブの主張である。

◉───── ワン・オン・ワン・ミーティングの実施方法

　では、ワン・オン・ワン・ミーティングはどのように実施すべきなのか。グローブが提唱した内容を踏まえつつ、それに昨今のビジネス環境を加味して考えてみたい。

図表 3-7　ワン・オン・ワン・ミーティングが注目される背景

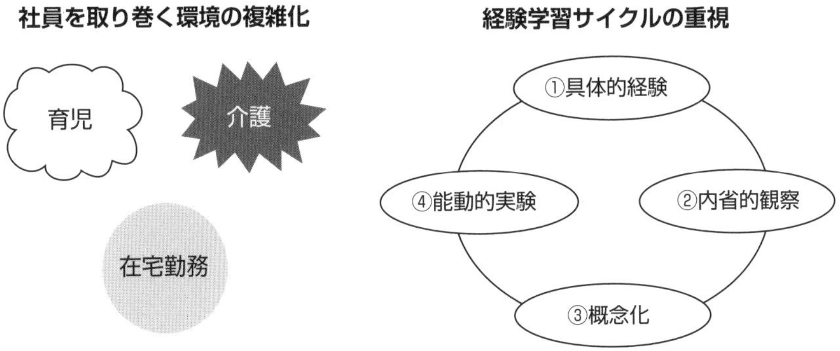

社員を取り巻く環境の複雑化

育児　　介護

在宅勤務

経験学習サイクルの重視

①具体的経験

④能動的実験　　②内省的観察

③概念化

●**心構え**

　ワン・オン・ワン・ミーティングは、基本的には部下のためのミーティングである。部下に寄り添う、部下に関心を示すということがまずは基本になる。忙しいマネジャーはどうしてもこうしたミーティングもルーティンワークになりがちだが、それでは効果は半減だ。忙しい中であっても、心理的比重を置き、部下と向き合うことが求められる。ケースの木曽がまずワン・オン・ワン・ミーティングを持ったのは、その意味でも正解といえる。

　その際、相手のやっていること（Doing）もさることながら、相手の存在そのもの（Being）に注意を向けると効果的というのが昨今の考え方だ。もちろんDoingについて確認することも必要だが、過度にそこに意識を向けると部下は急かされたような感覚になりがちである。部下の人格に敬意を払う姿勢を見せることが必要だ。

　コミュニケーションの基本は、2節のコーチングの項で後述するように、傾聴、質問、承認である。高圧的に何かを指示したりするのではなく、日頃の業務やミーティングの時間を取ってもらったことに対して労う、感謝の意を示すといった姿勢が求められる。「新しい仕事には慣れた？」「奥さん／旦那さんは元気？」といった、冒頭の「スモールトーク」も効果的とされる。

●**頻度、時間**

　頻度は部下に合わせて適宜変えることが望ましい。四角四面に同じ型にこだわる必要はない。長年一緒にやっていて権限委譲が進んでいる部下であれば1カ月に1回も必要ないかもしれないし、まだお互いに理解しきれていない部下や、熟練度合いが低い部下

については、1週間に1度、あるいは2週間に1度など、頻度を高く行うというのがセオリーである。

　また、業務内容によって頻度を変えることもある。営業のように変化の速いケースでは頻度は多いほうがいいが、基礎研究や物流、経理といった仕事ではそこまでの頻度は必要ないことが多い。

　時間については、グローブは1時間以上を提唱している。短い時間しか押さえないと、重要な相談はできないからというのがその理由だ。しかし昨今のビジネスのスピード化を考えれば、1時間は長いという見方もあるだろう。特に部下の数が多いマネジャーにとっては、それは重要な問題になる。そうした場合は、30分程度とし、重要な相談事項があるケースのみ1時間以上とするなどの柔軟な対応で行うとよいだろう。

　ヤフージャパンでは基本的にはワン・オン・ワン・ミーティングは30分ということだが、「短くてもいいので週に1回以上は行う」ということを励行しているという。これはスピードの速いIT業界ということもあるだろうが、企業や部署の特性に合わせ、柔軟なやり方を模索するとよい。

　意識しておきたいのは、ミーティングの終わりがけに部下がぽろっと本音を漏らしたり、重要なビジネス上の懸念を表明したりする場合があることだ。これは長く話すことの効用でもある。スケジュール次第ではあるが、そうした話がミーティング終了間際に出てきたら、次回まで放っておくのではなく、ミーティングを延長したり、近い日時でミーティングの続きを行ったりするなどの対応を考えるとよいだろう。

●場所

　場所は、同じオフィスにいるのであれば、そのオフィスの会議室を使えば済む。ただし、部下が地理的に遠くにいるのであれば、部下の職場で行うのがよいというのがグローブの意見だ。部下の仕事の状況を視察できるし、業務に無駄がないかといったことも把握しやすくなるからだ。近年はオンライン会議が容易になったため、わざわざ現地まで赴く必要性は減っているが、それでも時々は部下のもとに赴き、フェイス・トゥ・フェイスで話をすることが望ましい。実際にリアルで顔を合わせないと把握しにくい要素や（例：大丈夫と言いながら虚勢を張っている）、オンライン会議では見えない、顔以外に現れるボディー・ランゲージもやはり存在するからである。

●準備

　何を話したいかといった提案やその準備は、基本的に部下に行わせるのがよい。もちろん、せっかくの機会にマネジャーが話したいことがあればその限りではなくアジェン

ダに入れればよいが、99ページでも触れたように、マネジャーは極力傾聴に徹し、動機づけや能力開発のヒントを提供するのが好ましい。

　特に前回のミーティングからどのような変化があったかということや、懸念事項については、心理的安全性（129ページで詳述）を担保したうえで忌憚なく話せるような場づくりが大事である。部下からの要望については、「それを言ったからといって、部下に不利になることはない」「あらゆる要望には意味がある」という意識を持ってもらうことが必要だ。もちろん、可能な範囲ですぐに対応することがモチベーションにつながるのは言うまでもないが、現実的にはすべての要望を聞くことはできないものだ。しかし、「少なくとも上司はそれを聞いてくれる」という姿勢そのものが信頼感を醸成する。

●メモ

　通常の会議のような清書された議事録までは必要はないが、お互いにメモをとることは有効だ。マネジャーはそれによって部下に対する関心を強調することができるし、次回のミーティングのヒントにすることもできるからである。相手の状況によっては、相手のメモを後で送ってもらうことも効果的である。それを読み、部下と齟齬があれば、速やかに話をすることが望まれる。

◎─── 上司とのワン・オン・ワン・ミーティング

　ここまではマネジャーが部下と行うワン・オン・ワン・ミーティングについて触れてきたが、マネジャーはもちろん上司である部長などとのワン・オン・ワン・ミーティングを希望することもできる。そこで部下に対するアドバイス方法についてヒントをもらったり、悩みを相談したりするのだ。そうしたミーティングで悩みを吐き出すことは、マネジャー自身のストレス低減にもつながる。

　1人ですべてを抱え込むのではなく、上司をうまく使うことで、自分のモチベーションをコントロールしたり、スキルを伸ばしたりする意識を持つことも必要だ。

コラム：部下のメンタルヘルスをケアする

　社員のメンタルヘルス不調の中でも高い比率を占めるうつ病は、職場のストレスが原因で発症することが多い。これは職場の生産性を下げるだけではなく、労災などが起きると訴訟問題にもつながりかねない。つまり、会社としても無縁ではいられないのだ。マネジャーとして、前線で働く部下のメンタルヘルスを良好に保つことも現代では知っておきたいポイントといえよう。このコラムでは、それに対するマネジャーの基本的なアプローチを紹介する。

● 適応アプローチ

メンタルヘルスの問題は往々にして「医師依存アプローチ」に頼りがちだが、それは適切とは言えない。医療に過度に依存しすぎると、本来なら職場のマネジメントで対応できるケースでも、「職場問題の改善の怠慢をメンタル不調にすりかえる」という好ましくない考え方、行動が蔓延してしまうからだ。

そこで求められるのが「適応アプローチ」だ。このアプローチ法では、メンタル不調の原因をストレスに求める。部下がストレスにうまく適応できているかが重要なポイントとなる。またこのモデルでは、日常のマネジャーの行動の中で部下を勇気づけたり、相談に乗ったり、職務のサポートをしたりすることでストレス反応を軽減することを重視する。ここでもカギは日々のコミュニケーションだ。

図表　適応アプローチ

適応アプローチ

START

| メンタル不調の兆候 | → | 生命や健康に、危険を来す可能性があるか | NO → | 仕事の能率が極端に落ちているか | NO → | 職場の対応で改善が可能か | YES → | 具体的対処 |

YES ↓ ／ YES ↓ ／ YES ↓ ／ NO ↓ ／ プライベートに問題はあるか

対象者と医師との相談

出所：佐藤隆著、グロービス経営研究所監修『ビジネススクールで教えるメンタルヘルスマネジメント入門』ダイヤモンド社、2007年

適応アプローチの流れを表したのが上の図だ。メンタル不調は、無断欠勤が続く、情緒不安定になるなど、さまざまな形で現れる。健康や生命への危険を及ぼすような状況が見られ、上司として安全配慮義務を履行すべきならば、医師による健康診断を最優先で勧めることが望まれる。そこまでのレベルではなく、極端に能率が落ちることなく、日々の業務がしっかりこなせているならば、職場の改善で対応すべきメンタル不調と考え対策をとる。

ではマネジャーがそれに留意し、適切な人事施策を講じても部下のメンタル不調が改善しない場合はどうすればよいだろうか。そうしたケースで多く見られるのは、プライベート面で何らかのストレスを抱えているケースだ。

適応アプローチの考え方について、もう少し詳しく解説しよう。このモデルでは、

ストレス状態を、性格上の問題ではなく、原因は当人と環境との関係性（相互作用）の中にあると考える。たとえば、顧客からのクレームや高い業績期待というストレッサー（ストレスを引き起こす要因）があったとしても、すべての人が同じメンタル不調になるとは限らない。ストレスを受ける本人にとってそれが負担かどうか、負担だとしても対応するスキルがあるのか等によって、現れる症状も求められる対応策も異なってくる。

　適応アプローチにおいて、ストレスとはストレッサーに対する不適切な対処の結果であると考える。そのうえで、ストレッサーと当人との関係を見極め、ストレッサーを除去したり、対処能力を改善したりすることが基本となる。

　適応アプローチをしっかり行うことは、健康者にも好ましい影響をもたらすことが知られている。健康者に対する日頃からの能動的な働きかけにより、メンタル不調が予防されるだけではなく、部下が働きやすい環境が提供されるのだ。日頃から適応アプローチを念頭に、対人コミュニケーションなどを適切に行い、働きやすい職場を作る努力をすべきなのだ。

● うつ病とうつ状態の違い

　メンタルヘルスで重要なポイントに、うつ病とうつ状態の違いがある。うつ病は自傷や自死の可能性も高いため、すぐに医師に相談すべき病気である。基本的には薬物治療や休養、職場から離れることが必要になる。

　それに対し、うつ状態は客観的には分かりにくいため、仮病、わがまま、怠業などの誤解を受けてしまうことがある。うつ病との境界は非常に微妙で、専門医がしっかり診断しなければ分からない。ただし、部下の同意を得ずに受診させるわけにはいかないのが難しい点である。

　部下がうつ病か否かは、まずは部下の日常行動をしっかり理解・把握したうえで、典型的に現れる下記のポイントを見ることだ。

・勤怠管理上のポイント
　　―欠勤や遅刻など、時間管理の乱れが見られる（特に無断欠勤は注意）
・業務遂行上のポイント
　　―仕事上のミスが多くなる、時間が必要以上にかかるなど、仕事の能率が落ちる
・その他一般的な傾向
　　―些細なことで泣く、怒るなど、感情の起伏が激しくなる

　―会社を辞めたい、自分はダメだ、死にたいなど否定的なことを口にすること
　が増える
　―表情が乏しく、顔色が悪くなる

　マネジャーとしては、こうした些細なサインにどれだけ敏感に気づくことができ
るか、つまり、部下に日頃からどれだけ意識を向けているかが問われる。そのうえ
で、こうした症状が見られたら、人事部や顧問の医療機関などと適切に連携を取り、
大事に至る前にそれを防ぐことが求められる。また、いったん病から回復して職場
復帰する際にも、特別な配慮が必要とされる。詳細は専門書に譲るが、マネジャー
としては、常日頃から部下としっかりコミュニケーションをして、過度なストレス
がかかっていないか、かかっている場合にはそれによってメンタル不調が生まれて
いないか――こうしたことに意識を向ける必要があるのだ。

2節 人材を育成する

　マネジャーが部下のマネジメントを行ううえで、動機づけと並んで大事なのが、部下
を育成することだ。スキル、能力を伸ばすとともに、部下の志（117ページ）を高める
ことである。業務を遂行するうえでの通常のアドバイスや知識の伝達も大切だが、それ
以上に重要になるのがエンパワメントやコーチングといった技術だ。

1●スキルの種類とその伸ばし方

　マネジャーが部下に身につけてほしいスキルは多岐にわたる。それを理解したうえで、
それに相性の良い開発方法をバランスよく提供することが望ましい。

◉───ビジネスパーソンに求められる一般的なスキル

　さて、一般のビジネスパーソンが身につけるべきスキルも、15ページで触れたカッ
ツ・モデルの形に分類できる。ただ、マネジャーが部下を育成することを念頭に置くと、
もう少しブレークダウンしたスキル分類があった方がいいだろう。それが図表3－8に
示した分類である。特にホワイトカラーを意識しており、業界を問わず必要なスキルと
言える。30歳頃までには身につけたいスキルである。

　最後の2つ、テクノベート（テクノロジーとイノベーションを組み合わせた造語。グロービスが提唱している）の力と、異文化理解力は、近年のビジネス環境に鑑み、新たに追加したものである。特にテクノベートの力は、近年、あらゆる企業の競争力に直結するようにもなっており、組織全体としての底上げが望まれる。また、マネジャー以上に、デジタルネイティブ世代の若手が武器にしやすいスキルでもあり、マネジャーはむしろ若手から学ぶ姿勢も必要になる。

　なお、この図表に示したものは、ビジネスパーソン一般に必要なものであり、マネジャー層ではない部下の場合、より業務に紐づいた実務スキル、実務知識の重要度が当然高くなる。営業職であれば、見込み顧客の選び方、アポイントメントの取り方、提案書の書き方、商談の仕方、クロージングの仕方といったノウハウはやはり必須だ。あるいは不動産会社の企画職であれば、若手であっても（実際にその資格を取るべきかどうかは別としても）「宅地建物取引士」、「不動産鑑定士」、「土地家屋調査士」、「建築士」などで求められる基礎知識は知っておくべきだろう。

　その会社ならではの仕事の進め方も学んでもらう必要がある。これはアンポータブルスキルと呼ばれ、特定の会社を離れて「持ち運びできない」スキルのことだ。その会社ならではの製品知識などがその典型だ。「〇〇のタイミングで社長に話をすると通りや

図表 3-8　ビジネスパーソンに必要なスキルの種類

1）**論理思考力**：すべての基本となる「論理を成立させる」考え方
2）**コミュニケーション力**：論理思考をベースとしたわかりやすいコミュニケーション方法

3）**仮説構築力**：手あたり次第調べ、考えるという状況から脱するための仮説を作る力
4）**情報収集力**：作った仮説を検証するための情報収集の方法論
5）**データ・情報分析力**：収集した情報を分析、加工、表現する力

6）**次のうち手を考える力**：ビジネスにおける次の一手を考える力
7）**プレゼンテーション能力**：意思決定者に物事を効果的に伝える方法

8）**周囲を巻き込む力**：実際に社内で人を巻き込みながら実行していく方法
9）**チームを作る力**：8）をベースにチームを作る力

10）**志を育てる力**：自らのキャリアや志を育てる力

11）**テクノベートの力**：テクノロジーを活用しビジネスに生かす力
12）**異文化理解力**：グローバルで活躍する上で、多様性を受け入れ結果を出す力

出所：グロービス経営大学院『グロービス流ビジネス基礎力10』東洋経済新報社、2014年をもとにグロービス作成

すい」といった、その組織ならではの仕事の進め方のコツなどもここに含まれる。転職、特に他業界へ転職した際に価値が下がるとはいえ、組織人として結果を出すうえで、避けて通るわけにはいかない。

　また、視座を上げ、一段高い視点から仕事ができるようにするための経営学の知識なども身につけてもらいたいところである。法人営業であれば、それらが身につくと、たとえば単に自社の商品を売るというレベルを超え、顧客企業の戦略上、必要なソリューションを提供するといった、より付加価値も生産性も高い仕事に取り組めるからである。視座を高めることは自分の仕事の意味づけをより魅力的なものにすることにもつながり、また将来のキャリアを描きやすくなることも多いため、モチベーションの向上にもつながる。

◉───── スキルを身につける方法

　ではスキルを身につける方法にはどのようなものがあるだろうか。大きく分けるとOJT（オン・ザ・ジョブ・トレーニング）とOff-JT（オフ・ザ・ジョブ・トレーニング）がある。端的にいえば、仕事の場でスキルアップするのがOJT、仕事以外の場でスキルアップするのがOff-JTだ。

　このうち、マネジャーが大きな位置を占めるのはやはりOJTである（図表3-9）。Off-JTは自己研鑽の意味合いが強く、また研修などは多くは人事部の管轄であり、マネジャーが直接設計できないということも多いからだ。もちろん、関与できる部分もあるが、OJTに比べると、やはり比率は小さい。そこで、本節では、まずはOJTに注目し、その中でもミドルマネジャーが果たす役割が大きいエンパワメントとコーチングについて述べ、その他のスキルアップ手法は最後にまとめて述べることとする。

　なお、部下の育成は、第一義的にはマネジャーに任されているが、その伸ばす方向性や方法論は、マネジャーの上司や会社の意向も入ってくることは理解しておきたい。たとえば「彼／彼女は将来の経営陣になることを期待するから、早期から徹底的に鍛えよう」という会社の意図があるのであれば、マネジャーもその方針に従って動くことになるだろう。そうした事前のすり合わせを上司や会社と行っておくことも必要だ。逆に、「彼／彼女はポテンシャルが高いので、もっと育成を加速しましょう」といった提案を上司や会社に行うシーンも生じるかもしれない。

　マネジャーは部下と会社をつなぐ立場であることも忘れてはいけないポイントである。部下の成長の加速は、部下だけではなく、マネジャーやその上司にとっても好ましいことなので、うまく連携を取りながら進めることが理想だ。

図表 3−9　スキルの伸ばし方：OJT

仕事	困難・修羅場
エンパワーされた仕事 プロジェクト、タスクフォースへの参加 自ら提案したチャレンジングな仕事　他	ビジネスの失敗 ひどい仕事 既定路線からの逸脱 海外赴任　他
他者からの学習	**その他**
上司からの指導、**コーチング** ロールモデルの観察 メーリングリストなどに流れる情報　他	社内勉強会　他

出所：Maxine Dalton, *Learning Tactics Inventory: Facilitator's Guide*, Center for Creative Leadership,2016を
　　もとにグロービス作成

2●エンパワメント

　エンパワメントは、図表3−8に示したようなスキル（特に1から8までのスキル）を伸ばしたり、実務を効果的に回し高いパフォーマンスを残す力を上げるうえで非常に効果的だ。エンパワメントは権限委譲とも言われる通り、部下に権限を与え、仕事を任せることである。特にカギとなるのは、部下への信頼と適切な支援、そしてコーチング（後述）などによってしっかり結果を出してもらい、モチベーションを高めつつ、スキルを伸ばすことだ。

　好ましいエンパワメントは、部下の能力レベルよりも少し難易度の高い仕事や目標を課し、結果と成長の2つの果実を得ることである。なお、エンパワメントは単なる「丸投げ」ではない。権限を与えて仕事は任せつつ、最終的な責任はマネジャーが負うのが筋である。しばしば部署の目標未達の責任を部下に転嫁しようとするマネジャーがいるが、それは論外だ。もちろん、現実に部下が予想通りに働かないことが目標未達の原因であることもあるが、その場合でも、その責任は第一義的にはマネジャーにあるということをまずは理解しておくことが必要だ。

　エンパワメントを行ううえで実務的に重要なポイントをいくつか見てみよう。

◉─────── **具体的な行動計画を策定させる**

　与えた仕事の内容や目標を踏まえ、計画を立てさせることは、物事を筋道立てて考える必要性が生じることから、それ自体がスキルの向上につながるし、マネジャーが適宜指導を行ううえでの参考となることから、確実に実践したいポイントである。当然ながら、その実現性のチェックや、無駄の指摘などもマネジャーの仕事となる。

　計画のチェックに当たっては下記の5W1Hを意識するとよい。当然これは、計画策定にあたって部下に意識させるべきポイントともなる。

　　・目的を押さえているか（Why）
　　・誰が何をするかが明確か（Who）
　　・時間軸は適切か（When）
　　・何を行うかが明確か（What）
　　・相手を理解しているか（Whom）
　　・具体的にどう動くかが動画イメージで伝わるか（How）

　これをしっかり行えば、仮にうまくいかなかった時でもその原因が分かりやすくなるし、PDCAが回しやすくなる。たとえば、想定通りの結果が出なかった時、計画に沿って実行したのに想定外の結果になったのであれば、計画が悪かったのか、予想外に経営環境が変化したのに修正ができなかったのかなどの理由が考えられることになる。

　計画策定は、部下の習熟度に合わせてヒントを出すことも必要だ。熟練した部下であれば、ゼロベースで考えさせる方がスキルアップにつながることが多い。一方、社会人になってまだ長くない部下であれば、あるレベルまで雛形を与える方がいいだろう。前提となるのは、日々のコミュニケーションなどを通して、部下のスキルレベルや得手不得手を正しく把握することである。その部下にとって初めての仕事を任せる場合はポテンシャルの測定がやや難しくなるが、それでも過去の仕事の進め方などから推測することが必要だ。

　顧客の動向が分かりにくい、あるいは自社にとって初めてのチャレンジであるなど、難しい仕事の場合は、マネジャーも一緒に計画策定に関与するほうが好ましいケースもある。ただし、その場合でも自分の考え方を押し付けるのではなく、部下に主体性を持たせ、一緒に考えていくという姿勢を見せることが好ましい。

　計画段階（さらには実行段階）で特に難しいのは、部下が人を動かすという側面である。それは他部署の人間かもしれないし、外部のステークホルダーかもしれない。彼ら

は当然、自分たちの部署にとって都合のいい「機能」ではない。彼らには彼らなりの仕事や役割があるし、当然感情もある。彼らが何をされると嬉しいのか（逆に嫌なのか）、さらには彼らのスキルレベルはどうなのか、どのような価値観を持っているのかなどをしっかり考え（潜在顧客など、未知のステークホルダーの場合は想像力がさらに求められる）、動画イメージを頭に描きつつ、どうすれば彼らが自分たちの望むように動いてくれるかを考え抜くことが必要だ。その意味でも、1節で紹介したモチベーション理論を知っておくと、人を動かすための計画を立ててもらう際の武器になる。

◉──── 実行のモニタリングと振り返りを行う

　実行については、ある程度の柔軟性や即興的な対応は許容しつつも、基本は計画に基づいて物事を進めてもらうことを徹底する必要がある。日常からのコミュニケーションや、1節で説明したフィードバック、ワン・オン・ワン・ミーティングを活用し、進捗度合いや直面している課題などについて率直に話し合うことが求められる。

　そして重要なのは、やりっぱなしではなく、計画した仕事が一段落したのちに一緒に振り返りを行うことだ。これは定型業務の場合などは公式の人事考課的な評価と同時に行ってもいいが、それではタイミングが遅くなることもある。特に非定型的な業務については、節目節目にタイムリーに行うとよいだろう。部下の内省ももちろん必要だが、自分で考えるだけでは見えない部分は多い。そこで上司であるマネジャーが手助けをするのである。振り返りの内容としては下記が典型である。

　　・出来栄え、部下の自己評価
　　・得たもの
　　・今後に向けての課題、反省点

　すべてを文書化して残す必要はないかもしれないが、重要なものについては、後から見直せるよう部下に文書化してもらうようにしておくとよいだろう。文書化を通じてスキルが向上するし、書いたものを読み返すことも、成長のための材料となるからだ。

　これをしっかり行うことで、伸びたスキルや新たに得たスキルの再現性が高まり、また同じ失敗を繰り返さないようになる。同じ失敗を繰り返さないことや、失敗を未然に防ぐ手だてを講じられることも、成長の一環なのである。よく「終わりよければすべてよし」とばかりに振り返りをサボるケースもあるが、それはお勧めしない。どのような成功の中にも反省点や課題はあるものだ。また、成功したとしても、より良いやり方は必ず存在する。それらについてしっかり話をすることも、部下の成長を助ける。

●───── 部下自らに機会を創出させる

　ここまでは、マネジャー自らが部下の適性に合わせて業務を割り振ることを前提にエンパワメントについて説明してきた。しかしそれ以上に効果的なのは、図表3−9にも示したように、部下にどんどん新しい成長機会を見つけさせ、そこで成長させることである。

　創業者である江副浩正が在籍していた頃のリクルートには、「自ら機会を創り出し、機会によって自らを変えよ」という社訓があった。言い換えれば、成長したいのであれば、自ら機会を作り、そこで結果を出すことで力をつけるのが一番早道ということだ。事実リクルートは、この旧社訓がなくなった後もその精神を受け継ぎ、どんどん新しいビジネスを作ることで、人材が育っていった。

　マネジャー本人にもこの精神は必要だが、部下にもこの精神を持たせたいものである。ミーティングの場などで、「〇〇にチャレンジしたい」といった提案が部下から出てきたら、単に会社や部署に対する短期的な費用対効果だけで判断するのではなく、その人間の成長につながるかも含めて判断し、適宜アドバイスすることが求められる。内容によっては、マネジャーの上司に相談して是非を仰ぐ必要性も生じる。

　むしろ、ワン・オン・ワン・ミーティングなどでは、そうした行動を促すよう、励ますのもマネジャーの仕事と言えるだろう。

　特にそれが効果を生みやすいのは、「テック職」などともいわれるエンジニアである。エンジニアの世界には、オープンソース化によって知恵をどんどん共有し、企業の垣根を越えた協業を好むといった文化がある。最新の技術事情には、マネジャーよりも彼らの方がむしろ精通しているケースも多い。そうした部下に対してチャレンジを促すことは、組織にとって予想以上のリターンを生み出すこともある。

●───── エンパワメントを妨げるもの

　エンパワメントを妨げる原因として多いのが、32ページでも触れたように、最初はまどろこしく感じるというものだ。特にプレーヤーとしても優秀だった新任マネジャーはこの罠に陥りやすい。部署として結果を残さなければならないというプレッシャーもある。しかし部下に任せられなければ、自分ばかりが忙しくなるし、部下のスキルも伸びない。これは二重の意味で組織に悪影響を与える。「長い目で見れば、任せた方が自分も楽になるし、マネジャーとしての評価も上がる」と意識し、プレーヤー的な仕事は最初に決めた一定レベル以上はしないと自らに制限を課すなどが効果的だ。

　もう一つよくあるのは、部下の可能性を信じきれないというケースである。こうした

マネジャーは、難しい仕事は自分で引き取り、部下には比較的容易な仕事を与える傾向がある。ただ、これもやはり望ましくない。人間は適切に機会を与えられれば何とかそれを実現しようとするものだ。動機づけをしっかり行いながら、部下の可能性を信じ、適宜支援することも念頭に、いまの実力よりも高いレベルの仕事を与えるのが基本である。

　部下を信頼して任せることは、「信頼して仕事を任せる→部下が自分を信頼してよい結果につながる→部下が成長する→さらに信頼度が増し、よりチャレンジングな仕事を任せる→…」という好循環を生み出すことにもつながる。

　最初のうちは結果につながらないことも多いだろうし、手間暇もかかるかもしれない。そこで我慢し、適切な支援を与えることこそが、部署のパフォーマンスを中長期的に高める。逆に言えば、自らの支援の技術を高めることが、自分の忙しさも減らし、部署全体のパフォーマンスを高めることにもつながり、一石二鳥なのである。

　なお、手とり足とりのマイクロマネジメントも全否定されるわけではなく、時には必要だ。ただ、まずそれありきで考えるのではなく、本当に必要な時の手段と考えておく方がよいだろう。

3◉コーチング

　エンパワメントした部下の指導で有効なのがコーチングである。コーチングは、ワン・オン・ワン・ミーティングの場などで行うと効果的だ。逆に、コーチングを主目的としたワン・オン・ワン・ミーティングを開催してもいい。機微情報などがないのであれば、会議室ではなく、デスクで行ってもよい。コーチングの内容が他の部下の耳にも入るようにすることで、間接的に彼らに気づきを促す副次的効果もあるからだ。

　能力開発手法としてのコーチングにはさまざまな定義があるが、エッセンスは概ね以下のようなものだ。

　・促進的、指導的なアプローチで、傾聴、質問、承認を基本としたコミュニケーションを用いる
　・相手の学習や成長、変化を促す
　・相手の潜在能力を引き出し、最大限に力を発揮させる

　上記に示したように、コーチングの方法論として特に重視されるのは、傾聴、質問、承認というコミュニケーション手法である。以下、これらについて簡単に触れよう。

◉───── **傾聴**

　文字通り聞くことであり、部下からさまざまな情報を聞き出していく。まず必要なの
は、部下が話しやすい雰囲気をつくることである。マネジャーの話し方から身振りに至
るいろいろなことが近寄りやすさにつながる。物理的にも感情的にも、部下にとって安
心できる雰囲気をつくることが大切だ。煩わしいと感じる場面もあるかもしれないが、
それを露骨に顔に出すようではいけない。

　そのうえで、コーチングの場面においては、適宜質問や相槌なども交えながら、部下
の話を丁寧に聞くことが望まれる。相手を理解しようとする努力が必要だ。まずいのは、
相手の言うことを頭ごなしに否定することである。これでは部下もなかなか本音を語っ
てくれない。相手の立場や自尊心を尊重し、丁寧な物腰で話を促すことが期待される。
話が分からなかった時には、高圧的な言い方は避けながら、「それはこういうことかな
？」といったように確認しながら傾聴を進めるとよい。相手の話したい気持ちを促進す
るコミュニケーションが基本である。

　傾聴はしつつも、時々、共感を促すべくマネジャー自身のことを語ると効果がさらに
増す。ケースで、木曽が自分の若い頃の体験が、新聞社に入るきっかけとなったことを
話すシーンなどはその典型だ。マネジャーは部下から見たら上司であるが、人生の先輩
であることも多い。上司も等身大の人間であり、苦労してその立場に立ったということ
を伝えることは、動機づけにつながると同時に、「どうすれば上司のようになれるか」
という課題意識を喚起することにもつながる。

◉───── **質問**

　コーチングというとこの質問をイメージされる方も多いかもしれない。事実、コーチ
ングのコミュニケーションの中でも質問は重要な位置を占めており、狭義のコーチング
は、「質問によって相手に気づきを与えること」と表現されることもある。

　コーチングの姿勢として大事なのは、「答えは相手が（気がついていないだけで）持っ
ている」「質問をすることによって一緒に答えを考えていく」という姿勢である。

　前者の「答えは相手が（気がついていないだけで）持っている」と想定される場合には、
視点や視座を変えて、「そうか！」と気づきを与えるような質問が有効である。具体的
には以下のような質問である。

「この企画書だけど、お客さんから見て分かりやすいかな？」
「大事なのはそこでの結果だけかな？　他に大事なことはない？」

「どうしてA課は君の意見に反対なんだと思う？」
「もし君がBさんだったなら何を感じるかな？」
「なぜあえてこの順番で仕事を進めたの？」

　最初の質問でいきなり答えが出ない場合には、質問の仕方を変えたり、物事を見る角度を変えたりしながら繰り返し質問を行う。「そうか！」と閃いてもらうことが大事だからだ。自分で答えを言ってしまいがちなマネジャーもいるが、時間的な余裕があるのであれば、辛抱強く質問を続けることが望ましい。相手の口から答えを言わせることが、スキルの向上や定着に効果的だからだ。

　もちろん、時間的に余裕がない場合など、状況によって柔軟に指示を与えることも必要だ。たとえば若い外科医が手術中に間違った箇所にメスを入れようとしているのであれば、先輩の外科医も「そんなところを切っていいのかな？」などと悠長に質問している場合ではなく、「そこは違う！」とすぐに指示を出すことも必要だろう。状況の緊急性や重要性を理解したうえで適切なコミュニケーションを行うのが基本である。

　後者の「質問をすることによって一緒に答えを考えていく」、つまり、相手にも自分にも答えがないと想定される場合には、協力しながら発想を広げていく必要がある。有効な質問の例は以下のようなものだ。

「この前提って本当かな？」
「これがOKなのなら、こっちも考えられると思わない？」
「何か組み合わせると面白いものってないかな？」
「いままでに考えたことのない価値の軸はないかな？　我々が見落としているものだけど」

　この場合も、マネジャー自身の方がたくさんアイデアが出る可能性は高いが、可能な限り部下にしゃべらせ、彼／彼女の口から意見を引き出すことが育成上は効果的だ。

◉───　承認

　人間にはもともと承認欲求がある（76ページ参照）。相手である部下の存在そのものもさることながら、部下の意見や考え方を尊重し、「上司に認められている」という感覚や自己肯定感を持ってもらうことが必要だ。

　また、部下の成長や出した結果を一緒に喜ぶことは、マネジャーに対する信頼にもつながるし、さらなる成長に向けて頑張るというモチベーションにもつながる。「そんな

アイデアが出せるようになったんだ。すごいな」「自分でもそんな発想は出ないよ」といった褒め方をされることは、通常は非常に嬉しいものだ。

　もちろん、部下の発言を修正したり、否定したりする場面もあるだろう。そうした場面であっても、いったんは受容し、そのうえでそれが不適切であることを気づかせる質問をしていくことが望まれる。以下のような言い方である。

「確かにその案は面白いね。ただ、現実的にやるうえで難しい点はないかな？」
「なるほどね。ただ、社内の皆がこれで喜ぶかな？　ちょっと考えてみようか」

4◉その他の育成方法

　ここまでエンパワメントとコーチングについて見てきたが、その他の人材育成方法についても簡単に見ていこう。なお、スキルと育成手法には相性があるので、それも意識しておきたい。

●率先垂範
　まずマネジャーが自分でやってみせ、部下に学ばせるというのは古今東西、よく用いられる手法である。山本五十六の有名な言葉に、「やってみせ、言って聞かせて、させてみせ、褒めてやらねば、人は動かじ」があるが、率先垂範は上司が利用しやすい育成方法でもある。

　ちなみに、山本五十六の上記名言の全文は「やってみせ、言って聞かせて、させてみせ、褒めてやらねば、人は動かじ。話し合い、耳を傾け承認し、任せてやらねば人は育たず。やっている姿を感謝で見守って、信頼せねば人は実らず」である。先述したエンパワメントやコーチングのエッセンスも入っており、マネジャーにとっては普遍性の高いアドバイスと言えよう。

●ティーチング
　先にコーチングについて触れたが、ティーチング（教えること）が必要な場面も当然ある。特に部下が全く新しい仕事（かつ、部署にとっては馴染みのある仕事）をする際には、最初に一通りの業務知識を教えるのは当然である。相手が若手社員の場合は、しっかりメモを取る、報連相をしっかり行うなど、社会人としての基本を指導したりすることも必要となる。

　効率的にティーチングを行うためには、なるべくノウハウや手順を文書化しておくこ

とだ。そうすれば、再現性も高くなるし、いちいち思い出す手間暇も避けられる。教えられる側の部下もその資料に目を通せばよくなるから定着も容易だ。

　直接自分が教えるのではなく、別の部下に教えさせるという方法もある。「教えることは学ぶこと」という言い方もある。人に物事を教えるためには、自分はその何倍も勉強してさまざまな質問に答えられるように準備する必要性が生じる。教え方にも工夫が求められる。こうしたことを部下に任せることで、その「教える側」の部下の成長も促すことができるのだ。

●ロールモデルの紹介

　上司がすべてのことにおいて模範となれるわけではない。そこで、上司自身は必ずしも得意でないことについては、それをうまくこなしている人間を紹介することも有効だ。「これはAさんのやり方を見るといいよ」「この話はBさんに聞くといろいろと教えてくれるよ」といったやり方である。身近な模範のヒントを出し、真似てもらうことは、自分の手間も減って一石二鳥なのだ。

●勉強会

　特に先端の知識（例：AIの進化とその応用など）の習得に関しては、複数の人間で勉強会を開いて議論することが効果的だ。それによって部署の関係スタッフの目線や知識レベルを合わせることも可能となるし、そうした勉強会における議論からビジネスヒントや業務上の課題が得られることも多いからだ。また、他部署と合同で行って、外部から人を招くことも、視野を広げるうえで有効だ。

●書籍などの読み物、オンライン教材

　（スキルとして定着するかはまた別の話だが）特に知識の習得に関しては、書籍や雑誌、企業が独自に出すホワイトペーパーなどを読んでもらうことは効果的だ。書籍であれば、自分が学びが大きいと感じたものを紹介することも有効だし、良いホワイトペーパーを出している企業を紹介するのもよいだろう（IT業界であればアドビ社のものなど）。

　近年は有料・無料のオンライン教材や動画なども多数あるので、それらを紹介しあう環境を部署内で作ることも効果的だ（有料のものの受講などについては、予算と相談する必要はある）。

●研修、セミナー

　人事部や事業部が企画している研修やセミナーに参加してもらうという方法もある。

図表 3-10　スキルと育成方法の相性

	率先垂範	ティーチング	ロールモデル	勉強会	書籍、オンライン教材	研修、セミナー	MBA通学
1）論理思考力	○	△	○	△	△	○	◎
2）コミュニケーション力	○	△	○	△	△	△	◎
3）仮説構築力	○	△	○	○	△	○	◎
4）情報収集力	△	○	○	○	○	○	◎
5）データ・情報分析力	○	○	○	○	△	○	◎
6）次のうち手を考える力	○	△	△	△	△	△	◎
7）プレゼンテーション能力	○	○	○	△	△	○	◎
8）周囲を巻き込む力	○	△	△	―	―	○	○
9）チームを作る力	△	―	―	―	―	○	○
10）志を育てる力	○	△	△	―	―	○	○
11）テクノベートの力	○	△	△	○	○	○	◎
12）異文化理解力	△	△	○	○	○	○	○
A）実務知識	○	◎	○	○	◎	○	△
B）アンポータブルスキル	○	○	○	○	―	―	―
C）経営学の知識	○	△	△	○	○	○	◎

研修は指名型のものと本人が手を上げないと参加できないタイプのものに大別される。過去に自分が参加して効果的だと思ったものは、適性や習熟度などを勘案したうえで、部下に推薦するといいだろう。人事部の研修担当者などに相談し、良い研修を推薦してもらうことも効果的だ。

　新しい研修やセミナーを探すことも場合によっては必要だ。特に進化の速い業界では、カンファレンスなどに参加することは、先端の知恵を部署にもたらすだけではなく、外部識者や潜在顧客とのネットワーキングにもつながることがある。

●MBAなどの取得

　ビジネスの知識を体系的に学んでほしいのであれば、経営大学院に通い、MBAを取得してもらうことが費用や時間はかかるが有効だ。かつては2年間仕事を休職しなくてはならないといった制約もあったが、近年では働きながら夜間や週末に学べる学校も多い。また、経営学に限らず、最近であればプログラミング系の学校などもある。

◉───部下の学習意欲を促す

　ここまで育成のさまざまな方法論について述べてきたが、そもそも人間の成長という

のは、本人が自発的に行うことが望ましい。マネジャーとしてはそれをいかに喚起すべきだろうか。

　よく用いられるのは、学んだ先にある果実を説明すること（利益実感を持ってもらうこと）、あるいは、学ばない時のダメージをホラーストーリーとして語ることだ。「この仕事はいずれはAIがやるよ」などと日常から伝えておけば、新しいことを学ばなくてはならないという意識は高まるものだ。

　モチベーション理論でいえばやや古典的な「アメとムチ」的なやり方に近くなってしまうが、人を動かす大きな要素として「明るい未来」と「恐怖心」があることは否定できない。組織変革論においても、最初に必要となるのは危機感の醸成である。ダイエットに例えるなら、「痩せると昔の服がもう一度着られるよ」というのは利益実感に訴えかける方法、「痩せないと若いのに生活習慣病になるよ」というのは恐怖心に訴えかける方法である。内発的動機という意味では前者に重心は置きたいが、どちらが響くかは人それぞれである。だからこそ個々人の特性に応じ、うまく使い分けをしながら成長を促すことが必要となる。

　なおこの話は、当然、通常業務におけるOJTにも当てはまる。成長≒変化こそがこのVUCAの時代を生き残るカギであることを折に触れて強調したいものである。

5◉部下の志を高め、人間力を磨く

　ここまでは主にスキルの向上について触れてきたが、人材育成という観点でいえば、第5章167ページで後述するような、ビジネスパーソンとしての志を高めたり、人間力を磨いたりすることも求められる（第5章ではマネジャーの資質として解説しているが、ビジネスパーソンであれば一定レベルはやはり持ってほしいものである）。これらは基本的には内発的動機による部分が大きく、マネジャーができるのは主にその支援である。81ページで触れたような、内発的動機を高めるようなアプローチに加え、志や人間力についても、ワン・オン・ワン・ミーティングなどで折に触れて議論してみるといいだろう。ここまで説明してきたことを組み合わせることで、それが実現する。なお、図表3−8、3−10では「志を育てる力」もスキルの一環にしているが、これは他のスキルとはレベル感が異なるため、より多面的なアプローチが必要となる。

　たとえば志を高めるようなコミュニケーションには以下がある。

「結局、この会社で何になりたいの？」
「この会社に入った時にやりたいと思っていたことは実現できそうかな？」

「○○さんが思う10年後の姿から逆算すると、いまどんなことをしておくべきだと思う？」

　こうした問いかけにより、より高いキャリアのイメージを喚起していくのである。「それはいいね」といった合いの手を入れることでより高い志を持ってもらうことが有効だ。

　内省してもらう習慣をつけるのも、人間力≒人間としての器を大きくするうえで効果的である。内省は英語ではreflectionと呼ばれ、仕事の進め方といった身近なことにとどまらず、自分の存在意義や他人からの見られ方を見直すきっかけになる。

　内省のための有名な自問リストに以下の五省がある。旧海軍で用いられたものであり、アメリカ軍の担当者が感動して英訳して本国に紹介したという逸話もある。マネジャーが部下に対する問いかけとして用いてもよいだろう。

一、至誠に悖るなかりしか
　　（誠実さや真心、人の道に背くことはなかったか）
一、言行に恥づるなかりしか
　　（発言や行動に、過ちや反省するところはなかったか）
一、気力に欠くるなかりしか
　　（物事を成し遂げようとする精神力は、十分であったか）
一、努力に憾みなかりしか
　　（目的を達成するために、惜しみなく努力したか）
一、不精に亘るなかりしか
　　（怠けたり、面倒くさがったりしたことはなかったか）

　もちろん、これらをしつこく言ったからといって、変わらない人間は変わらないものだ。しかし、成長意欲のある部下にこれらを問いかけると、ある程度は仕事に対する姿勢なども変わっていくものである。マネジャーとしては、自分自身の人間力を磨き「背中で見せる」ということも意識しつつ、部下の人間としての器も大きくしていきたいものである。

第**4**章●チームのマネジメント

POINT

　チームのパフォーマンスは個々人のパフォーマンスの単純な和ではない。チームならではのプラスαを生み出すために、マネジャーは、良いチームの条件を理解し、それを実現していく必要がある。昔から指摘されてきた適材適所や凝集性の高さ、助け合う風土作りに加え、近年では多様性を積極的に活用すること、また組織学習を根付かせることによって、変化に俊敏に対応できるようにすることの重要性が増している。

CASE

　EZ-Speak社（以下EZ社）は、業界でも成長中の英会話教室である。教室を持つ競合他社とは異なり、初期からオンラインにほぼ特化し、海外のネイティブスピーカーによる指導を導入してきた。

　EZ社が新規事業として立ち上げようとしているのが、オンラインの新しい教材、「EZ-Learn」だ。AIなども活用し、英語学習をオンライン上で行う。たとえば、ビデオを見た後、その質問に答え、それをAIが採点するといった具合だ。これによって、講師集めというボトルネックを気にせずに、規模化できる事業の比重を増やすという狙いである。受講生の発音を聞き取って採点をするというのは、技術的にも大きな挑戦であった。

　EZ-Learnは経営陣の肝いりということもあり、部署「EZ-Learn推進室」が立ち上げられることになった。そのリーダーとなるのは、マネジャーの瀬島大樹である。37歳で穏やかな性格の瀬島は、EZ社に転職して1年半が経ち、1カ月前にマネジャーに昇進していた。過去に研修企業でオンライン教材の開発に携わったこともある。帰国子女であることから、英語も堪能であった。そうした経験が買われてEZ-Learn推進室のマネジャーとして抜擢されたのである。

　EZ-Learn推進室はコンテンツ開発とシステム開発、マーケティングという3つのサブチームで成り立っていた。瀬島はEZ-Learn推進室においてコンテンツ開発チームのリーダーを兼務し、その下に30歳の若手ホープ川崎優と、27歳の最年少メンバー、

大坂瑞奈が配属された。文字レベルのコンテンツ開発そのものは社内の専門部隊に委託するが、その企画とオンライン対応を行うのがこのチームのミッションである。

　もう一方のシステム開発チームは、EZ-Learn成功のカギを握ると目されていた。そのリーダーとなったのは、社内でもAIやプログラミングに対する造詣が最も深いとされる深沢一郎だ。深沢は自然言語処理にも詳しく、もともとはメーカーに勤務していたエンジニアである。年齢はまだ32歳と若かったが、社内では最も頼りになるエンジニアだ。深沢の下には、システムやハードに詳しい中堅の西本要と、若手のエンジニア数人が配属された。このサブチームは、外部ベンダーとのやり取りも担当する。

　3つ目のサブチームは、大原喜美子が率いるマーケティングチームである。大原は、マーケティング畑が長く、BtoC、BtoBともに知見があった。彼女の下には若手の大下正雄が配された。

　2月1日、社長も列席しての新部署発足のオンライン会議が行われた。メンバーは早速、会議でそれぞれの担当を決めた。

瀬島「まずは、各自が担当の分野を検討して、2週間後までに概要を決めよう」

深沢「では、僕のところがシステム周りを一通り考えますよ。なかなかハードルは高そうだけど」

大原「課金・認証も深沢さんの方にやっていただくという理解でいいですか？」

深沢「それはマーケティングがやった方がいいんじゃないのかな？　我々は本体のシステムを考えるだけで手いっぱいだし」

大原「でも、我々のところでは、システムの話は分かりません」

深沢「我々だって、何でもやるのは無理ですよ」

瀬島「まあまあ。じゃあ、うちのチームで付加サービスの検討は引き取るよ。もちろん事業計画の作成も。我々のチームはヒアリング役、取りまとめ役というところだ。大原君、マーケティング関係は全面的にお願いしていいかな」

大原「…分かりました」

瀬島「3週間後には、社長にプレゼンテーションをするように言われている。まずは1週間、各チームが動いてその検討結果を持ち寄って議論しよう。その後は、随時ミーティングをするということで3週間後を目指そう」

　こうして各サブチームは作業を進めた。1週間後、初の進捗報告ミーティングを召集した瀬島は、メンバーのポテンシャルを感じた。瀬島のチームの若手2人は、使えそうな過去コンテンツをピックアップするとともに、オンライン化にあたっての課題や、社

内のコンテンツ部門との協業体制案を提出してきた。大原からは、類似のアプリのマーケティング施策をまとめた一覧が提出され、その「良いとこ取り」のマーケティングの素案が示された。深沢のチームからは、EZ-Learnの機能要件と、必要なAIの概要案が出された。

瀬島「深沢君、この案は良いね。ただ…。これだけの機能を持たせるには、開発費は相当かかるんだろう？　どのくらいを見込んでいるのかな」
深沢「それはまだ分かりませんよ。特に瀬島さんからの指示もなかったので。社長のイメージをまとめたらこうなったんです。予算などのやりくりは、今度の社長ミーティングで話し合うのでは？」
瀬島「まあ確かに…。では、次のミーティングまでに見積もってくれるかな」
深沢「僕がですか？　僕は開発の方しか分からないし、コンテンツの方とすり合わせないと見積もりも出ませんよ」
　川崎が場の空気を読んだのか、合いの手を差し出した。
川崎「では、私と大坂さんが、何とかやってみます。いいよね、大坂さん」

　瀬島はこう思った。（深沢君は優秀だけど、チームプレーは重視しないのかな…。彼に活躍してもらわないことにはこのプロジェクトはうまくいかないし、どうしたもんだろうか…）

　3つのサブチームは、それぞれ検討を進めていった。メンバーは毎日のようにオンラインでミーティングをし、構想を議論しあった。
　しかし、ミーティングはだんだん混乱するようになってきた。各メンバーは自分のサブチームの案を提出したが、これらが必ずしもかみ合わない。深沢のサービス機能案には、どんどん新しい機能が追加されていった。そして西本はそれを実現するために、毎回精緻なシステムの構成案を作り直してくる。素案はどんどんクリアになっていったが、もともとエンジニアではない瀬島にとっても、なぜそれらの機能が必要なのか、分からない部分も多かった。
　瀬島のチームの川崎と大坂は、キーとなるコンテンツの決定と制作体制の構築に予想以上に戸惑っていた。いざ詳細の話になると、どのようなコンテンツがEZ-Learnに適切なのか、社内のコンテンツ制作部署と意見がなかなか一致しなかったのだ。そして社長へのプレゼンテーションを控えた5日前、大原は唐突に大きな提案をしてきた。

大原「これまでもGI社、グローバルインタラクション社とよく情報交換をしていたの

ですが、GI社も似たようなことを考えているようです。ご存じの通り、向こうは英会話よりも異文化コミュニケーションや論理思考に強い会社です。そこでぜひ一度、協業の可能性はないか、話をしたいとのことです。先方はIT化もかなり進んでいるので、そのプラットフォームも活用できそうです。コストも減らせて一石二鳥です」

深沢「おいおい、大原さん。そんな話は聞いていないぞ。システムや開発の仕様も共用にするのか？　それによって我々がやるべきことも全く変わってくるんだけど」

大原「深沢さん、何かが決まったわけじゃないですよ。検討を始めてまだ2週間ちょっとですから、もっと自由に考えましょうよ。瀬島さん、いかがですか？　コスト削減もできるし、マーケティングも共同でできるから一石二鳥だと思うのですが」

瀬島「まあそうだが…。ただ、新しいアイデアが出てきたら、それも柔軟に取り込んでいけばいいと思う」

深沢「それは分かりますが、唐突すぎるでしょう。もう少し相談をしてくれないと」

瀬島「まあまあ深沢君、君が一番検討を進めてくれているのはその通りだし、みんな認めているよ。大原さんの件は、それはそれで良い話だし、まず話を聞いてみようよ」

深沢「僕は反対です。少なくとも社長プレゼンの後まで待ってください」

瀬島「じゃあ、大原さん、その話はもう少し待ってくれ」

大原「こういうのはタイミングものだと思うのですが…」

瀬島「その通りだけど、数日遅らすのならいいだろう。まずはGI社の話抜きで社長に報告しよう」

大原「…」

　メンバーの間では瀬島に対する不満が徐々に高まっていった。深沢率いるエンジニアチームは、瀬島が方向性を示さないことが、議論がまとまらない原因と考えていた。大原と大下は、GI社との打ち合わせがペンディングになったことに愚痴を漏らしていた。川崎はメンバーの間を行ったりきたりして調整しようとしていたが、各チームの言い分を聞いていても、平行線の話が多かった。そして、いつの間にか膨れ上がる費用見込みに不安を抱き始めていた。

　そして、3日後が社長プレゼンという日の夜になった。翌々日のうちにはプレゼン資料をまとめなくてはならないのだが、いまだに議論はまとまらなかった。

瀬島「困ったな。各チーム、全然話がかみ合っていないね。みんな、それぞれの案が走りすぎじゃないかな」

　メンバーは、この発言にさすがに切れた。散々不満の声が噴出した後、大原の「今日は終わりにしましょう」という言葉を合図に、散会となった。
　大原は、川崎に漏らした。

大原「正直、瀬島さんはこういうのをまとめていくタイプのマネジャーではないんじゃないのかな。チームが機能していないよね。明日にでも社長に直訴しましょうか」
川崎「それは先走りしすぎでは…」
大原「でも、当日になって恥をかくよりはましでしょう。上から強く言ってもらわないと、瀬島さんは何も変わらないよ。あと、正直、深沢さんとはどうも反りが合わないし」

　川崎は似たようなことを感じつつも、同意の言葉は避けた。そして、この部署の将来を案じ、憂鬱な気持ちを抑えられなかった。
　「瀬島さんは、人間は温厚でいい人なんだけど、マネジャーとしてはどうなんだろうか。ここまでかみ合わないチームは、この会社に来て初めてだ…」

　（本ケースは実例をもとに脚色したものであり、名称はすべて架空のものです）

理論

1節 ハイアウトプットのチームを作る

　第3章ではミドルマネジャーがいかに個々の部下に対応するかについて触れた。もちろんそれは非常に重要な活動だが、マネジャーの役割はそこで終わりではない。単に個人のポテンシャルの総和ではなく、部署全体がチームとしてその総和以上のアウトプット、パフォーマンスを残すことが求められる。
　本章では、1節でそうしたハイアウトプットを出せる良きチームの要件と、その要素をいかにミドルマネジャーが満たしていくか、そのポイントを解説する。そして2節では、各論としてチーム・マネジメントの重要な手法となるコミュニケーションのマネジメント、会議のマネジメント、そしてコンフリクト・マネジメントについて触れる。

1● チームの発達段階

　チームはいきなり機能するものではなく、そこに至るまでのステップがある。それを

理解しておくことは、効果的なチームを作るうえでも有効だ。

　オハイオ州立大学のB・W・タックマンは、チームの発展段階を5つの段階に区分した。このプロセスは特にプロジェクトチーム（タスクフォースともいう。いろいろな部署から人材を集め、特定の課題解決に向けて時限立法的に組成されるチーム。154ページ参照）のような短期間のチームにおいて顕著に観察されるが、通常の部署レベルでもその考え方を援用することはできる。著名なフレームワークでもあるので、チーム作り（チームビルディング）のヒントとしてまず紹介しよう（図表4-1）。

①形成期（Forming）：集団結成が明示され、構成員が顔合わせする段階。人は集まったものの、集団としての機能は形成されていない状態にある。集団の目的や規範も共有されていない

②激動期（Storming）：議論、緊張、衝突の生まれる段階。構成員間で互いに自分の考えを披歴しあい、コミュニケーションを図ることにより、集団内における自分の役割や地位についてイメージを形づくっていく

③規範形成期（Norming）：構成員が規範をつくり出す段階。「激動期」の結果を踏まえて、集団の目標や各自の役割を明確にし、それらを全構成員が理解し共有する

④実現期（Performing）：特定の目的を持った集団として構成員が統合され、集団が機能する段階。ただし、あらゆる集団が自動的に実現期に至るわけではない。マネジメントの巧拙によっては、実現期に至らないまま解散することもある

⑤終了期（Adjourning）：集団の目的達成、目的の分化などの理由によって集団が解散する段階

　通常の部署はすでに形成期と激動期は過ぎており、新任のマネジャーは規範形成期や実現期の課題にフォーカスすればいいというケースが大半だ。しかし、新たな部署を作る時や、プロジェクトチームのリーダーあるいはメンバーになった時などは、そのチームがどの段階にあるかを把握し、問題解決、コーチングなど、状態に適合したマネジメントを行うと効果的である。

　ケースのEZ-Learn推進室は、定常組織ではあるもののプロジェクトチーム的な要素も強く、激動期でチームが瓦解しかけていることが分かる。

図表 4-1　チームの発展段階

集団の発展段階

①	Forming	：集団が結成される「**形成期**」
②	Storming	：議論、緊張、衝突の生まれる「**激動期**」
③	Norming	：構成員が規範をつくり出す「**規範形成期**」
④	Performing	：集団として機能する「**実現期**」
⑤	Adjourning	：集団が解散していく「**終了期**」

出所：John R. Schermerhorn Jr., J.G.Hunt and Richard N. Osborn, *Basic Organizational Behavior 2nd Edition*, Wiley,1997をもとにグロービス作成

2◉良いチームとは

　以降は、一般的な部署をイメージしながら議論を進める。まず良いチームの条件について考えてみよう。欲を言えば「マネジャーが何もしなくても、スキルやモチベーションの高いメンバーが自発的かつ協力的に動き、高いパフォーマンスを出し続ける」という状態が理想であるが、通常、このような状態が自然発生的に実現することはない。そこでマネジャーが少しでもそれに近づけるべくチームを構築していくことが求められる。

　上記の条件をもう少しかみ砕くと、以下のような組織は高いパフォーマンスを出し続けられる可能性が高い（26ページ参照）。最初の3つは第3章までで概ね触れたので、ここでは残りの5つの要素について解説していく。

　　・適材適所が実現している
　　・個々人が自分の役割を認識し、当事者意識を持って仕事に取り組んでいる
　　・部署としての向かうべき方向性や到達点が共有されている
　　・スキルや個性が相互補完的になっている
　　・部署の規範が共有されており、凝集性も高い
　　・お互いに助け合う風土が根付いている
　　・必要な多様性が担保されている
　　・組織学習が根付いており、組織として学び変わろうという姿勢が強い

3● スキルや個性が相互補完的になっている

　これはスポーツチームのアナロジーを考えてみればいいだろう。たとえば野球チーム
で、「4番ファースト型の左利き選手」が9人（DH制なら10人）集まったところで強い
チームにはならない。そもそもピッチャーやキャッチャーといった特殊技能を要するポ
ジションをこなせる人間が必要だし、左利き選手ばかりでは内野のポジションを埋めら
れないからだ（不可能ではないが、かなり守りづらい）。
　ある新事業のマーケティング担当の部署であれば、たとえば以下のようなバランスは
好ましいだろう。

Aさん：BtoBマーケティングに強い
Bさん：BtoCマーケティングに強い。ウェブ広告の媒体の個性をよく知っている
Cさん：BtoCマーケティングに強い。クリエイティブづくりに長けている
Dさん：リサーチや顧客ヒアリングが得意
Eさん：計数管理が得意
Fさん：他部署との調整能力がある

　あるいは人事部であれば、労務管理に明るい人間、採用に明るい人間、人材開発に明
るい人間などは、やはりいることが望ましい。
　なお、可能ならばいざという時のために、ある程度の「多能工化」は進めておくこと
も望まれる。Aさんがいなくなったとたんに特定の業務が滞る、といった事態は極力避
けるべきなのだ。特に近年は人材の流動化も進んでおり、転職は珍しくない。また女性
活躍の文脈の中で、産休や育休は多くの職場で身近となっている。男性も産休や育休を
とることが強く推奨されている。そうした時代背景は意識しておきたい。
　第一義的にはスキル、特に課レベルでは業務に直結したスキルが相互補完的であるこ
とが求められる。汎用性の高いヒューマン・スキルやコンセプチュアル・スキルについ
ては、相互補完的というよりは、「皆がおしなべて低い」という状態は避けたい。それ
では会議の運営などもまともにできないし、問題解決や、他部署との連携なども円滑に
進まないからだ。望ましいのは、皆が高くそれらのスキルを持っている状態であるが、
通常は難しい。目途としては、少なくとも部下の半数以上がそれらを平均以上のレベル
で持つよう指導したいところである。ケースのEZ社の事例は、個々人の持つ業務スキ
ルの高さは申し分なさそうだが、ヒューマン・スキルに難があり、それがトラブルにつ
ながっている。

　業務スキルのみならず、性格などを含む個性の面でもある程度補完しあっている状態は好ましい状態だ。たとえば、チームの全員が「自分が前に出る」というタイプの人間であることは、往々にして組織に軋轢を生む。そうしたケースであれば、控えめで我が強くない調整役の人材がいるとチームのムードも良くなることが多い。ケースのEZ社の事例は、開発の深沢とマーケティングの大原という「自己主張が強い人間」の関係を緩和できるキャラクターが不在であることもトラブルの要因となっている。なお、コンフリクト・マネジメントについては2節で詳述する。

　あるいはチームの皆が内向的で慎重タイプというのも、状況によっては好ましくない可能性がある。そのようなケースでは、明るい前向きな「ムードメーカー」的なキャラクターが1人いるだけで雰囲気は変わるものだ。なお、性格は良し悪しをつけられるものではなく、置かれた環境次第でプラスにもマイナスにもなるという理解は必要だ。たとえば「金銭に敏感」という性格は、悪く出れば「ケチ」となるが、良い方向に出れば「費用対効果を常に意識する」となる。楽観的という性格も、悪い方向に出れば「向こう見ず」となるし、良い方向に出れば「果敢なリスクテイカー」となるのだ。

　後の多様性（ダイバーシティ）の項でも述べるが、スキルや個性以外にも、性別、年齢、出身校などはある程度の多様性があるほうが、チームは活性化されやすいし、長期的には正しい方向性に向かう可能性が高い。そうしたさまざまな視点での相互補完性をマネジャーとしては意識したい。

　一方で、特に新任のマネジャーにとっては、部下は所与の条件であり、そうした相互補完性をすぐには実現できないケースは多いであろう。そうした場合は、人材育成を通じて欠けている箇所を埋めるか、多少時間をかけてでも人の異動を促し（あるいは要請し）、好ましいチーム構成にしていくことが望まれる。

4● 部署の規範が共有されており、凝集性も高い

●───── 規範

　規範とは、そのチームにおいて「当然、こうした行動をとることが望ましい」とされる暗黙のルールだ。英語ではノームと言う。組織風土と言い換えても概ね意味は同じである。

　規範は、会社全体の組織文化を踏襲していることが基本だが、やはりそのチームならではの規範は存在する。たとえば経理であれば、他の部署よりもお金に対する見方はシビアになるだろうし、「ミスをしない」ということをより重視するのは一般的だろう。

営業であれば、「考えることも重要だが、とにかく客先に行く。足を動かす」ということが行動規範として根付いているかもしれない。部署の目標や組織内での存在意義に照らして好ましい規範がチームに浸透していることが必須だ。

先述したタックマンのモデルでは規範が形成されるのは第3段階だが、チームとして機能するのであれば、第1段階でもある程度の規範を植えつけることが望ましい。EZ社のトラブルは、「チームとして一緒に何かを作るために助け合う」という規範がないまま、各サブチームを勝手に走り出させてしまったことにも原因がありそうだ。

●──── 凝集性

凝集性（厳密には集団凝集性）とは、集団がメンバーを引きつけ、その集団の一員であり続けるように動機づける度合いである。集団の凝集性の高さは、各メンバーの魅力やその間のインタラクション（相互作用）、集団の目標や規模などの要素によって決まるとされる。集団の凝集性が高いほど、規範の拘束力は高くなり、共有する目標に対する成果が大きくなる傾向がある。

一方で、凝集性が高いことによる問題もしばしば生じる。その1つであるグループシンク（集団浅慮）は、合意に至ろうとするプレッシャーから、集団において物事を多様な視点から批判的に評価する能力が欠落する現象だ。これは往々にして間違った意思決定や、場合によってはコンプライアンス上の問題（例：組織的隠蔽）を引き起こすことにもつながる。

新任のマネジャーの場合、まずは既存の部署の規範とその浸透度合い、さらには凝集性について確認することが必要だ。好ましくないと判断される規範（例：費用に対する感度が弱い、ステークホルダーに無理をお願いしやすい）がある場合はそれを洗い出し、部下に「こういうことはしないように」と明確に指示を出す必要がある。自身が率先垂範することも必須だ。ミーティングの場などで念を入れたり、部署のメーリングリスト上などで注意を喚起したりするなどの施策を講じる必要がある。

望ましい規範を部署に植えつける手っ取り早い方法は、マネジャー自身の率先垂範もそうだが、ベテラン社員に率先してもらうことだ。たとえば多くの組織において、「メールにはすぐに返事をする」「相手に配慮したコミュニケーションを心掛ける」といった規範は非常に重要である。ベテランがそれを行うと、若手もそれを見習うのである。規範を実行している部下を褒めることも効果的だ。

なお、規範は独りよがりに押し付けないことも重要だ。新任マネジャーの場合、なぜその部署に従前の規範が定着してきたのかも理解したうえで、部下と話し合い、それが部署にとって良いことなのかを話し合うことも時に必要となる。新しい部署に異動した

マネジャーなどは、それまで所属していた部署の規範をそのまま持ち込もうとするケースがしばしばあるが、部署ごとにさまざまな事情があり、好ましい規範は異なるということは意識すべきである。もちろん、企業の組織文化からの逸脱については、しっかりこれを排除する努力が必要だ。

　凝集性が弱い場合は、その原因を考える必要がある。よくあるのは、部署の目標そのものの魅力の欠如や、上司であるマネジャーの人的魅力の欠如だ。部署として魅力的な目標設定をするとともに、マネジャー自らが自己研鑽する必要性がある。EZ社のケースにはここにも原因がある。

　凝集性を高めるもう1つの方法は、そこにいると楽しい、成功体験を味わえる、成長できる、といった場にすることである。これは結局、本書でこれまでに解説してきた、部下をしっかり指導する、業務をマネジメントする、といったことによって実現する。また、コラムで述べる心理的安全性を高める努力も、凝集性を高めることになる。

コラム：心理的安全性

　近年注目を浴びている概念に心理的安全性がある。ハーバード大学のエイミー・C・エドモンドソンらが提唱したこの概念は、端的にいえば、対人関係のリスクを取っても、公式・非公式に制裁を受けることはないと信じられる程度を指す。つまり、日常の業務において、メンバーと、アイデアや疑問、懸念などについて、「これは対人関係を悪化させる」とか「こんなことを言うとバカにされる」といった恐れ無しにどんどん発言できる状態になっている、あるいは、失敗しても、それが賢い失敗なら咎められない、どんどんリスクを取れる、という状況になっている程度を指す。グーグルやピクサーなどはこれが実現されている典型的な組織とされる。

　心理的安全性が高い組織は、以下のような点で好ましいという。

イノベーションが起きやすく、変化にも対応しやすい：「ミスをしたら許されない」などと考えていてはイノベーションは生まれないし、生産的な議論がなされない組織が環境変化に適応できるはずもない。VUCAの時代には、皆が心理的な安全性を担保された状態で発言し、行動することが期待される。

社員のエンゲージメントが高まる：心理的安全性が高い組織では、熱意を持って仕事をしようとする度合いが高いことが知られている。単に満足度が高いだけではなく、意欲が高まり、パフォーマンスが上がるという点がポイントだ。

組織を奈落の底に突き落とすような失敗や意思決定ミスが減る：たとえばかつて携帯電話で世界シェアナンバーワンを誇ったノキアが凋落した理由として、当時のノキアが心理的安全性に欠ける組織であり、部下が上司に言いたいことも言えない状態だったことが指摘されている。現場の情報が適切にシェアされないと、組織は間違った方向に進みやすい。

　　心理的安全性を部署で実現することは、組織の凝集性を高めることにもつながり、さまざまな面で組織の生産性に寄与するとされる。

5⦿助け合う風土が根付いている

「互いに助け合う」というのは規範の1つだが、重要なのであえて別途紹介する。助け合う風土というのは、部下同士でWin-Winの関係（お互いがメリットを享受し、両者がハッピーな関係）ができており、自発的に他人を助けることでチーム全体のパフォーマンスを上げようという意識が根付いていることを指す。

　82ページで「レンガを積む人」の寓話を紹介したが、助け合う風土を作るには、皆が高い視座を持ち、部署の目的達成に向けて何をすればいいかを考える状態となることが望ましい。そのためにマネジャーは、日々のコミュニケーションやワン・オン・ワン・ミーティングなどを通じて、それを強く意識づけすることが望まれる。ケースのEZ社はその意味で反面教師と言える。

　難しいのは人事評価との関係である。特に近年では、アメリカの職務給に近い、ジョブ型の雇用も増えてきている。ジョブ型とは、ジョブディスクリプション（職務記述書）で明確にその職位の役割を記述したものだ。カンファレンス運営担当者の仕事であれば図表4−2のようなイメージだ。

　ジョブ型雇用は、「何をすればいいか」「何をすれば評価されるか」が明確になる一方で、往々にして個人の視野を狭くし、自分の評価につながらないことには積極的に関わらないというマインドを生み出しやすい。「それは私の守備範囲ではないから（手伝いたくありません）」などという意識がチームに蔓延することは、好ましいことではない。

　こうした問題をクリアする1つの方法は、MBOなどにおいて、他者に対する支援も評価項目に組み入れることだ。企業によっては360度評価の項目に「他人を積極的に手助けする」「チームプレーヤーとして振る舞っている」などを入れ、人事考課の材料にするといったケースも多い。もう1つの方法は、「他人を手伝えば、その分他人が手伝ってくれる」という意識を部署に植えつけることである。ことわざの「情けは人の為

図表 4-2　ジョブディスクリプションの例

年間で3回、カンファレンスの運営に責任を持つ。具体的には以下を行う

プログラム企画	・イベントのテーマ、コンセプト、セッションの企画立案 ・登壇者への打診、調整 ・エンターテイメントやアクティビティの企画立案
オペレーション設計	・イベントご参加者の宿泊／交通の動線設計 ・会場、食事、懇親会の準備／調整 ・アクティビティのルール、実施方法の策定
当日運営	・備品作成、手配 ・運営体制の設計、当日運営の統括

ならず」を強く意識してもらうのである。

6 ◉ 必要な多様性が担保されている

　多様性（ダイバーシティ）とは、性別、国籍、年齢、出身校、理系・文系といった、属性やバックグラウンドが組織の中で多様に存在することを指す。なお、広義の多様性は、性格、考え方、趣味などといった内面的な要素にも着目するが、ここでは「外から見て比較的分かりやすい」属性の多様性について主に触れる。内面的な多様性についても、基本は同様であり、マネジメントの勘所が大きく変わるわけではないので、それを参考にするとよい。

　あるマネジャーが監督する部署の中でどのくらい多様性が必要かはその状況次第であり、絶対解はない。しかし、ダイバーシティの問題に早くから取り組んだアメリカでは、ダイバーシティのマネジメントがうまくなされれば、ある程度ダイバーシティがある組織の方が、パフォーマンスも高くなるとされている（米ヴイエムウェアのベツィー・サッターの研究など。ただし、ダイバーシティは業績とあまり関係がないという調査報告もある。後述するメリットは確かにあるが、コミュニケーションが難しくなったりするなどのマイナス面も時に生じるからだ。ESG経営と同様、「べき論」からスタートしている部分もあり、また過渡期ゆえという側面もあるためと思われるが、ここではダイバーシティは長期的に見て好影響があるという前提で議論を進める）。

　多くの課長クラスのマネジャーにとっては（特に新任マネジャーにとっては）部下は所与ということが多いだろう。しかし、後述するダイバーシティの効用を意識しつつ、あ

るべき部署の人材像を描き、中長期的にそれを満たすチームを作りマネジメントしていくことも、昨今のマネジャーに必要な素養と言える。

　多様性が日本でも重視されるようになった背景には、大きく2つの背景がある。1つは社会的な要請である。少子化によって日本国内の労働人口減少が加速する現在、女性やシニア社員の活躍無しに企業は成長できないし、国力も維持できない。こうした属性の人々に活躍してもらうことは国家的な課題であり、企業もそれに従うことは当然の流れとなりつつある。

　国籍は、エッセンシャルワーカー（例：店舗のレジ担当）の場合は安い人件費という意味合いが強いが、ホワイトカラーの職場でも多様性は増している。その背景にあるのは経済のグローバル化である。たとえばアメリカに進出している企業であれば、いまの時代、日本国内であってもアメリカ人がいるのはもはや当たり前である。中国人なども同様だ。ビジネスをグローバルに展開するほど（例：市場、調達先、業務委託先など）、その多様性は増していく。

　もう一つはビジネスの競争力維持の観点だ。同質の人間が集まった組織は、考え方や価値観も同質化してしまい、狭い枠の中で物事を考えがちになる。コラムニストのジェームズ・スロウィッキーは『「みんなの意見」は案外正しい』（KADOKAWA）において、集合知は個人や同質性の高い人々の知恵に勝ることを説いたが、それはあらゆる組織に当てはまる。同書では、業界に詳しくないコンサルタントがクライアント企業にバリューを出せる理由についても、「斬新な視点を持ち込んでくれるから」と説明した。特にクリエイティブ、イノベーティブな考え方が求められる職場においては、多様性が価値につながる場面は多い。

　多様なバックグラウンドを持つ人間が集まることは、変化の速い時代の生き残りにもつながる。古い成功体験に縛られた組織はどうしてもその枠を出ることができないが、それに縛られない発想をする「異分子」の人間は、変化の最中にも真に価値のある提案をできる可能性が高いのである。

　また、競争力に関しては、世の中のIT化が進み、多くの企業にテック人材が求められるようになったという背景もある。それまではテクノロジー系の仕事は外部ベンダーにほぼ丸投げしていたような組織においても、ある程度は内製化や企画の練りこみが必要になってくる。それまでは一般職、総合職と分けていた企業でも、最近になって「テクノロジー職」などといった枠を設け始めたケースは多い。テック人材はその価値観や自己実現の方向性が一般的な総合職や営業職のビジネスパーソンと違うことも多く、協働には工夫が必要だ。

　こうした時代の変化を考えれば、単に「スキルが相互補完的」といった次元を超えて、

多様性はどんどん増していくだろう。それは多くの企業の経営戦略、人事戦略でもあるからだ。それを見据えて自部署をどのようなダイバーシティを持った組織にしていくかを考えるのも、現代のマネジャーの仕事なのだ。

◉───── ダイバーシティ・マネジメントのカギ

多様な属性やバックグラウンドの人々をマネジメントすることは容易ではないが、個々の考え方や能力をしっかり活用していくことがマネジャーにも求められる。多様性を活用することをインクルージョンと呼ぶことも多い。単に多様性があるだけでは不足で、それが活用された状態であるダイバーシティ&インクルージョンが求められるのだ。

ではそのカギは何だろうか。ここでは5つを紹介する。

●個々の尊重

「違う」ということに善悪をつけるのではなく「違う」ということをそのまま受け入れるのである。そのうえで、「なぜ部下はあのように振る舞うのか」を想像力を持って推察することが必要だ。

同時に必要になるのはステレオタイプからの脱却だ。「女性は…」「アメリカ人は…」といった安易なレッテル貼りは、業務の遂行に支障を来しかねない。ある程度の傾向は理解しつつも、個人の特性によりフォーカスしてマネジメントを行うという基本がここでは重要になる。

●心理的安全性の実現

「ここではあらゆる意見が尊重される」「何かを言ったからといって非難されない」という安心感は、多様なバックグラウンドを持つ部下の力を引き出し、イノベーティブな成果を生み出すうえで大きな武器になることが示されている。

●共通言語の構築

共通言語とは、同じ目線で話せるようになる土台のことである。具体的には、たとえばロジカル・シンキングや数字はあらゆる人々にとって共通言語になる。日本人はもともとハイコンテキスト型（文脈依存で、言外のメッセージを重視する）の民族と言われるが、多様性の時代には「あうんの呼吸」や「空気を読め」は通用しづらい。伝えたいことをしっかり言語化、数値化し、ロジカルなコミュニケーションをとることが業務遂行上は必要だ。

●目標やビジョンの共有

　多様な人々を結びつけるものは、結局は皆が共感する目標、ビジョンである。皆がワクワクできるような部署としての目標を掲げるとともに、個人にとっても魅力的な仕事をマネジャーが与えることが、インクルージョンのカギとなる。

●働きやすい環境の整備

　これはマネジャーの一存で決められることではないが、人事部や上司に提案することはいくらでもできる。たとえば女性活躍をうたうのであれば、育児休業制度の充実や、復職後の待遇などは解決すべき課題だ。マネジャー自身では解決できないまでも、現場の声をしっかり届けることが必要だ。最近では身体障害者向けのバリアフリーの職場なども脚光を浴びているが、身体障害者にとって働きやすい職場環境は、結局は皆にとって働きやすい職場環境である、という発想が求められる。

　通常のマネジメントに加え、これらを実現できれば、多様な人材がしっかり成果を出せる可能性は高まる。多様性のマネジメントは、マネジャーのスキル向上にもつながるので、積極的に取り組みたいものである。

7●組織学習が根付いており、組織として学び変わろうという姿勢が強い

　経営環境が急速に変化する昨今、マネジャーが率いるチームも、「学習する組織」となることが好ましい。学習する組織とは、文字通り個人レベルではなく組織として学び、適応し、変化する能力を継続的に開発するような組織のことだ。ここで言う学習は、単に知識や知恵を習得することにとどまらず、思考や行動パターンを変えていくことを含意する。

　学習する組織は、過去の組織風土や戦略の枠に思考や行動を縛られることなく、変化に対応し、自己改革していくとされる。可能であればすべての構成員が自律性と協調性を持ち、現在の環境に適応する強さと将来の変化に対応する柔軟性を理解し実践することが理想である。

　学習する組織を実現するための代表的な要素として、ハーバード大学ビジネススクールのクリス・アージリスの提唱したダブルループ・ラーニングと、マサチューセッツ工科大学のピーター・センゲが提唱した「5つのディシプリン」が挙げられる。

●ダブルループ・ラーニング

　アージリスは、組織における学習プロセスには、シングルループ・ラーニングとダブルループ・ラーニングの2形態があるとした（図表4−3）。シングルループ・ラーニングとは、問題に対して既存の目的達成へ向けて軌道修正を行うことを言う。それに対してダブルループ・ラーニングでは、目的や前提そのものを疑い、その変革を志す。組織学習で重要になるのはダブルループ・ラーニングである。

　マネジャーは、往々にして上司から与えられた目的や目標をこなすことに意識が向きがちだが、変化の速い時代では、その変化に敏感になり、目的そのものを変えることも必要なのだ。

●5つのディシプリン

　センゲによる「学習する組織」の特性は図表4−4のようにまとめられる。

　図表4−4からも分かるように、組織学習（学習する組織へとなる取り組み）は全社で行うに越したことはないが、個々の部署レベルからでも実現できるものである。部署を預かるマネジャーとしては、どんどん新しいアイデアが生まれるような組織づくりを心掛けたい。

　センゲは、これら5つのディシプリン（下記参照）を同時に獲得することにより、組織は変化への自己対応能力を備えることができるとしている。

　・**システム思考**：独立した事象に目を奪われずに各要素間の相互依存性、相互関連性に着目し、全体像とその動きを捉える思考方法が求められる

図表 4−3　ダブルループ・ラーニング

ダブルループ・ラーニングでは前提やメンタルモデルそのものを疑い、意思決定や行動の改革につなげる

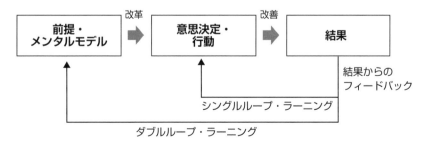

出所：Chris Argyris, "Teaching Smart People How to Learn," *Harvard Business Review*, May–June 1991をもとにグロービス作成

- **自己実現と自己研鑽**：自らのビジョンや欲求が何であるかを探り続けると同時に、現状を的確に見極めることによって両者のギャップを認識し、ビジョンや欲求の実現に向けて行動することが求められる

- **メンタル・モデルの克服**：物事の見方や行動に大きく影響を与える固定観念や暗黙の前提をメンタル・モデルという。自社や競合、市場に関して組織で共有しているメンタル・モデルを認識し、それを打破する取り組みが求められる

- **共有ビジョンの構築**：各個人のビジョンから共有されたビジョンを導くことにより、組織の構成員が心底望む将来像を構築することが必要となる

- **チーム学習**：学習の基礎単位は個人ではなく、チームである。構成員間のダイアローグ（対話）を通して複雑な問題を探求することにより、個人で考える時よりも優れた解決方法の発見を行うことができる

図表 4-4　学習する組織の特徴

センゲによる"伝統的な組織"と"学習する組織"の違い

	伝統的な組織	学習する組織
方向性の決定	ビジョンは、トップ・マネジメントによって示される	組織のあちこちで共有されるビジョンを認識することができる。トップ・マネジメントは、ビジョンの存在と育成に対して責任を持つ
アイデアの形成と実行	何を行うべきかは、トップ・マネジメントが決定し、その他の組織構成員は、それに従って行動する	アイデアの形成と実行は組織のあらゆるレベルにおいて行われる
組織における考え方の特徴	各人はそれぞれ自分の仕事に責任を持ち、個人の能力の向上に力を注ぐ	組織構成員は自分の仕事を理解するとともに、自分の仕事が他人の仕事にどのように関係し、影響を与えるかについても考慮する
コンフリクトの解決	コンフリクトは、階層上の権力や影響力の行使を通じて解決される	コンフリクトは、組織のどこにおいても相互の学習と多様な視点の統合を通じて解決される
リーダーシップとモチベーション	リーダーの役割は、組織のビジョンを確立し、適宜賞罰を与え、従業員の活動全体の管理を維持することである	リーダーの役割は、エンパワメントとカリスマ的なリーダーシップにより共有されるビジョンを構築し、個人に権限を委譲し、やる気を起こさせ、企業全体に効果的な意思決定を促すことである

出所：Fred Luthans, *Organizational Behavior 8th Edition*, Irwin McGraw-Hill, 1998をもとにグロービス作成

●────組織学習に関してマネジャーがなすべきこと

　組織学習というとどうしても高尚なイメージがあり、多くのマネジャーにとっては縁遠いように感じられることがある。それでは身近なところでは、マネジャーは何をすべきなのだろうか。

　大きくは3つの要素がある。1つ目は部下の自立を促すこと、2つ目は改めて経営理念やビジョンを共有し共感を促すこと、そして3つ目はチーム内におけるインタラクションを活性化することである。グロービスの研究では、これらが促進されると組織学習が進むことが示唆されているからだ。

　この3つを意識しながら、変化に対応すべく前提そのものを疑うように心がけることが、まずは身近な組織学習の第一歩となる。

┃2節┃チーム・マネジメントの個別スキル

　本節では、チーム・マネジメントの技術の各論として、コミュニケーションのマネジメント、会議のマネジメント、コンフリクト・マネジメントについて取り上げる。これらを巧みに行うことで、ミドルマネジャーはよりハイアウトプットなチームを作ることができる。また、補論において、多くの組織で用いられているプロジェクトチームの運営についても触れる。

1●コミュニケーションのマネジメント

　第3章まではミドルマネジャーと部下の1対1のコミュニケーションにフォーカスして議論を進めてきた。本項では、部下同士、あるいは部署全体としてのコミュニケーションについて見ていく。ミドルマネジャーにとっては、部署のコミュニケーションを活性化することは、ハイアウトプットのチームを作るうえで1つの要件となるからだ。また、136ページで触れたように、学習する組織を実現するうえでもカギとなる。なお、会議のマネジメントについては後述するので、ここではより日常的な、口頭あるいはメールなどでのコミュニケーションについて触れる。

●────コミュニケーションの効用

　コミュニケーション研究で知られるシャノン・マーローらの調査によれば、組織にお

けるコミュニケーションの量と質は、組織のパフォーマンスと緩い正の相関関係がある
という。これは多くの人の直観にも合致するだろう。花王の研究部門のように「真面目
な雑談」を促す企業もあれば、かつての本田技研工業のように「ワイガヤ」（ワイワイ
ガヤガヤと議論をすることで、イノベーティブなアイデアを生み出していく）というコミュ
ニケーションの場作りに力を入れてきた企業もある。組織がスタッフ一人ひとりのポテ
ンシャルの合計以上の業績を残すうえで、好ましい相互作用を促すのがコミュニケーシ
ョンなのだ。

　まずはコミュニケーションの効用について整理しよう。ここでは主なものを4つ紹介
する。

●業務の遂行が円滑に進む

　ほとんどの仕事は、個々人が部署内はもちろん、他部署や顧客など、さまざまな関係
者と意思疎通を図ることによって進んでいく。それによって必要な情報や知識、ノウハ
ウ、さらには協力を得たり、タイミングよく相手に物事を伝え、アクションを促したり
するのだ。

　またメーリングリストなどで部署の状況が皆にシェアされていれば、各人が「ここが
部署の課題か。こうした状況では自分はこのように振る舞う方がいいのではないか」と
自発的に考えるベースともなる。部署の目的なども共有しやすくなり、勘違いも減る。
組織が単なる個人の総和でない以上、コミュニケーションによって無駄を減らし、部署
として同じ方向に向いて動くことは、ビジネスの基本ともいえる。

●自分1人だけでは生まれないアイデアが出る

　人間の発想はどうしても当人のものの見方やスキルに制約を受けてしまう。1人で悶
々と何かを考えるよりも、他人のアドバイスを得る方が、一般的にはより良いアイデア
にたどり着ける可能性が高くなる。先述の花王の「真面目な雑談」や本田の「ワイガ
ヤ」はこうした効果を狙ったものだ。

●組織に対するエンゲージメントが向上する

　76ページで触れたマズローの欲求5段階説からも示唆されるように、人間は「良き
コミュニティに属していたい」「人から認められたい」という根源的な欲求を持つ。コ
ミュニケーションが活性化され、人間関係が良好になることは、こうした欲求を満たす
ことにつながり、組織に対するエンゲージメントを高めることにも寄与する。そしてそ
れが良いパフォーマンスにつながり、さらに自己肯定感を高めるという好循環が生じる。

●相互の信頼感が増す

コミュニケーションが活発な組織は、ビジネス推進に必要な相互の信頼感も高くなる。これは「相手のことをよく知ることができる」といった効用による。特に適切な自己開示がなされている組織では、これが加速しやすい。

自己開示をどこまで行うべきかは難しいテーマであるが、129ページで述べた心理的安全性が高いシーンでは、自己開示も増す傾向にある。また、「鶏と卵」の議論にはなるが、相互の信頼感が高い組織では自己開示も進み、さらに信頼感が増す傾向がある。「他のメンバーを信頼して大丈夫」という状況を作ることは組織のアウトプットを高めることにつながるのだ。

◎―― コミュニケーション活性化のためのポイント

ではこうした好ましいコミュニケーションはどのように加速させればいいのだろうか。さまざまな工夫が考えられるが、ここでは6つの手法を紹介しよう。

●自ら率先するとともに、良いコミュニケーションを褒める

部署のコミュニケーションのレベル感（頻度やテーマの幅なども含む）は、通常、マネジャー自身のコミュニケーションスキルやコミュニケーションに対する意志のレベルを反映する。コミュニケーションを活性化したいと感じるのであれば、マネジャー自らが率先し、あるべきコミュニケーションを行うことが手っ取り早く効果も出やすい。

逆にいえば、マネジャーのコミュニケーションに関する意識やスキルが低いと、部署のレベルもそこにとどまってしまう。その意識を強く持ち、自分のコミュニケーション力や癖をメタレベルで把握し、スキルを伸ばしたり、コミュニケーションに前向きに取り組んだりする努力が必要だ。

好ましいコミュニケーションと感じたら、その当事者を褒めることも効果的なやり方だ。たとえば、以下のようなメールでの発言などに「良いですね」といった返信をするなどである。

　・面白い視点を提供してくれた
　・受け取ったコメントに重ねて、多面的なものの見方を提供してくれた
　・皆が見過ごしがちな、顧客の生の声を伝えてくれた
　・皆が嬉しくなるような話（顧客に感謝されたなど）を共有してくれた

マネジャーがこうしたポジティブなコミュニケーションを目立つ形で称賛すれば、そ

れが部署の規範となり、コミュニケーションはより好ましい方向に変わっていく。

　なお、質や量とは別の次元の話ではあるが、ビジネスはスピードという側面もあるので、マネジャー自らが素早く反応し、部下の素早いレスポンスを称賛することも、部署のコミュニケーションのペースを好ましいものにしていく。

●前向きな発信を促す

　コミュニケーションは量的に活性化されることも大切だが、やはりその内容が問題となる。たとえば業務のプラスにならないような私語ばかりが過度に増えては意味がない。もちろん、その中にもビジネスのヒントになるケースがあるので、私語がすべてノーというわけではないが、度を超すのは困りものだ。私語が多く「だれている」と感じるようなら、注意を促すことが求められる。

　それ以上に問題となるのは、組織の雰囲気を悪くするような高圧的なコミュニケーションや、人の気分を害するようなコミュニケーションが増えることだ。マネジャーとしては、

　　・相手に対するリスペクトを持つ
　　・ビジネスを好ましい方向に進める
　　・コミュニケーションの効果は受け手が決める（自分の伝えたいようには伝わらないことが多い）

　といった基本を部下に折に触れ伝えることが重要だ。そしてそれを逸脱したコミュニケーションを発見したら、すぐに注意することが必要となる。

●コミュニケーションしやすい雰囲気を醸成する

　中には話しかけにくい雰囲気を醸し出す人間もいるが（例：イヤホンをつけて集中して仕事をしているなど）、そうした部下には、コミュニケーションを阻害するような雰囲気を出さないように指導することも必要だ。もちろん、「集中したい」という意識を持つスタッフもいるだろうが、そうした時でも話しかけられて嫌な顔をしない、といった規範は植えつけたいものである。

●コミュニケーションを活性化する題材を提供する

　コミュニケーションの活性化には、それについて議論したいと思わせるテーマを提供することも効果的だ。マネジャーとしてはそうしたテーマ（お題）を適宜提示し、メー

ル上などで議論が生まれる状況をつくり出すことが望ましい。

　たとえば「どうすれば顧客満足度が上げられるか」「何をすればビュワーが増えるか」といった議論を部下に提示するのである。部下同士がどんどん他者にアイデアを募るように促すのも効果的だ。

　その際、多少ズレた発言があっても安易に咎めないことが重要だ。特に若い部下については それが当てはまる。部下が萎縮しないように配慮しながら、「コミュニケーションに参加することに価値がある」と思ってもらえるよう促進することが望ましい。

● **業務の効率化でコミュニケーションのための時間を増やす**

　コミュニケーションが停滞する理由の1つに、「ルーティン業務が忙しく、他者とコミュニケーションする時間がない」というものがある。これは非常にもったいないことである。ただ、近年はさまざまなツールのおかげで、こうした壁も取り払われつつある。

　たとえばかつては営業担当者であれば終日外出のうえ、会社に戻っても日報を書くのに忙殺されていたが、近年ではすぐに現場で営業の状況を入力できるスマホアプリなども登場している。それらを活用すれば、入力の手間は減るし、さらにそれを題材に同僚や上長にアドバイスを仰ぐといったこともしやすい。55ページで触れた業務プロセスの効率化はこうしたところにも効いてくるのだ。

　これらを積極的に活用し、無駄を減らしながらコミュニケーションを活性化することは、近年のマネジャーにとって必須の資質と言えるだろう。

● **非公式なコミュニケーションの場を設ける**

　昨今は「飲みニケーション」などは流行らない時代ではあるが、それでもある程度は柔らかい話ができる非公式的な場がある方が、お互いのことをよく知るきっかけともなり、公式のコミュニケーションをも促進する。煙たがられない程度にランチに誘って話をする、コーヒールームで雑談をするなどは、試す価値がある。その際、あまりメンバーが固定化しないように配慮することも必要だ。

◉───── **コミュニケーション方法の特性**

　近年のコミュニケーションの難しさに、メールやslackなど、コミュニケーションの方法論が増えたことがある。企業によってはLINEグループなどを用いるケースもある。どのような使い分けが最適かは、企業や部署の特性によっても異なるので、絶対解はない。マネジャーが部下に都度確認しながら、部署ごとの最適解を探っていくべきものだ。基本は、図表4-5に示したような、さまざまな方法論の特性を理解したうえで、うま

く使い分け、職場のコミュニケーションを活性化していくことである。

　なお、メールやSNSなどのソフトやアプリは、あまり数が多すぎるとすべてを追いかけるのも面倒だし、どこでどの議論をしたかも忘れやすくなるので、社外の人との協業上どうしても必要な場面などを除けば、せいぜい3つか4つ程度に絞るとよいだろう。

　マネジャーとして理解しておきたいのは、すべてのコミュニケーション方法に対応する必要性はないということだ。トータルとして部署のコミュニケーションが活性化すればそれで十分なことが多い。日本はいわゆるハイコンテキストな（文脈を読む、行間を読む）文化が根強いせいか、ICTツールの利用度合いが少ないという見方もある。それも留意しながら、どうすれば全体として好ましいコミュニケーションの質や量が実現するのかをしっかり考える必要がある。

　以下、最近ではコミュニケーションツールの中心に躍り出たメールと、最近一気に浸透したオンライン会議の留意点について簡単に触れよう。

● メールならではの落とし穴を避ける

　メール（あるいは同等のメディア）のコミュニケーションは図表4−5に示したように便利な半面、対面とは違った難しさもある。それを避けるよう部下に指導することもマネジャーの仕事だ。

感情のままに返信をしない：メールを書く際には、それに没頭してしまい、視野が狭くなる傾向がある。対面では言わないようなことを書いてしまったり、悪印象を与えるような文体になっていたりする。それを避ける単純な方法は「メールを出す前に、1分間見直す」といったことを徹底させることだ（1分というのは象徴的な意味であり、「冷静になって見直してから出せ」という趣旨である）。特に仕事の進め方や物事の解釈などに齟齬がある場合は、これは有効だ。

　企業や部署によっては、「相手にネガティブな感情を起こさせる可能性がある場合は、一晩おいてからメールを出せ」などと指導しているケースもある。自分の感情の赴くままに「書きたいことを書いた」といったメールは必ずしも好ましい結果を残さない。常に自分をメタ認知するよう、部下に促すことが大切だ。

　いったんメールでのコミュニケーションがうまく行かなくなると、リカバリーに時間がとられる。このことを部下にも徹底したい。

送信相手、タイトル、構成などに気をつける：しばしば起こるのは、送信相手を間違えることだ。内容によっては、大きなトラブルにつながりかねないため、注意が必要だ。

図表 4-5　コミュニケーション方法の特徴

	メリット	デメリット
対面	行間や真意を伝えやすい 相手の反応が見やすい	あとで「言った言わない」になることがある
対面 （オンライン）	遠隔でも顔色が分かる	参加の度合いが分かりづらい 誰かが企画しないと行われにくい 自然な雑談には多少不向き
メール	いつでも出せる／返信できる 同報しやすい／情報共有しやすい 記録に残せる／検索しやすい	証拠として残ってしまう 送信先を間違え大事になることがある 自分よがりになりすぎることがある 読まれないことがある
チャット アプリ	メールよりも気軽	ダラダラと書き込みがち
社内SNS	希望者のみ参加できる	プライベートとの切り分けが微妙 人によっては参加したがらない

　タイトルは、読んでほしい人にしっかり開封してもらえるようにつけることを意識させたい。しばしばあるのは、返信を繰り返すことで、タイトルに「Re:」がつくだけで、どんどん中身が変わっていくというケースだ。1対1のコミュニケーションでは問題ないかもしれないが、同報者が多い場合や途中で増えたり変わったりするケースなどでは、この部分にも気をつけたい。

　構成については、基本的にメッセージファースト（伝えたいことを最初に）で、長すぎない簡潔な文章を書くように促したい。簡潔な文章を書くように促すことは、部下のコンセプチュアル・スキル向上にもつながるし、コミュニケーションの活性化にもつながる。短い文章でインタラクションを増やすように促すことが必要だ。

●オンライン会議ツールを使うコツ

　オンライン会議はここ数年で一気に広まったツールであり、マナーや工夫も発展途上だ。そのため、多少変化する可能性はあるが、生産的なコミュニケーションを行ううえで典型的なコツを挙げるとしたら以下のようになるだろう。

時間厳守、接続確認を行う：オンライン会議は意外に接続などのトラブルで時間を浪費しがちである。また企業によっては用意している会議室数が少なく、会議の延長に影響

を受けやすい。さらに移動中やWi-Fiの弱い場所で接続すると、途切れがちという問題もある。これらはチームメンバーの「時間」という希少資源を奪うことになるので、極力避けるよう促したい。

表情は見えるようにする：しばしば画像をオフにして参加する人がいるが、それではせっかく参加者同士表情を見られるといったメリットが生かせない。表情は雄弁にその人の感情や理解度を物語るものだからだ。単純に仲間意識が高まったり安心感が得られるという効用もある。（女性の場合）化粧をしたり、（男性の場合）無精ひげを剃ったりすることを煩わしく思うかもしれないが、そうしたことを億劫がらないように促すことも必要だ。

雑音はなるべく入れない：在宅から参加できるのはオンライン会議ツールのメリットだが、それゆえしばしば生活音が入ることがある。発言の際にどうしても入ってしまう場合以外は音声をオフにするなどのルールを設けると有効だ。

会議以外にも用いる：図表4−5にも示したように、オンライン会議ツールは、通常のオフィスでのコミュニケーションとは異なり、誰かが企図しないと始まらない。一般には正式な会議優先となるが、「真面目な雑談」も組織の潤滑油となることは多い。負荷にならないことを確認のうえ、適宜そうした時間を設け、参加できる人間が顔合わせだけでもするという方法論も検討してよいだろう。マイクロソフトの研究によると、リモートワークは部署の視野狭窄を招きやすいとされる。それを避けるべく、部署を越えたコミュニケーションの場を企図してもいいだろう。

2● 会議のマネジメント

　会議は極めて日常的に行われている営みだが、効果的に行われているとは言えないものの代表である。会議は目的によってさまざまなタイプ分けができるが、本書では主に組織において重要な位置を占める「物事を決めるための会議」「PDCAを円滑に回すための会議」にフォーカスする。また、全社レベルや部門横断的な会議ではなく、マネジャーを中心に開催される部署レベルの会議をイメージしながら議論を進める。

●──── 会議の効用

　会議の効用としてまず思い浮かぶのは、集合知を集めて皆で考えることにより、より

良い意思決定ができることかもしれない。ただし、それだけにとどまらないのが会議の面白いところだ。チームのマネジメントに関連する、それ以外の効用としては以下が挙げられる。

●コミットメントが増す

　人間は、自分が関与しないところで決まったことよりも、自分が参加した場所、さらには発言した場所で決まった事柄についてはコミットメントが増す傾向がある。また、意思決定のプロセスにメンバーを巻き込むことは、「なぜそのように決まったのか」に関する説明責任を果たすというマネジャーの負荷を低減することにもつながる（もちろん、人事に関するような機微情報を話し合う場においては、すべてのメンバーを参加させるわけにはいかないという限界はある）。

　こうしたコミットメントを増すうえで、マネジャーは、そもそも会議という場は「仕方なく出させられる場」ではなく、「皆が貢献する場」であるという意識を持ってもらうことも必要だ。これは単に言葉で伝えるだけではなく、参加者に満遍なく意見を募り、特に若手のメンバーの発言は褒めるといった行動によって実現する。こうしたことが適切に行われれば、コミットメントも醸成されるし、皆が前向きに仕事に取り組むきっかけにもなる。

●規範を伝えることができる

　部署の会議は皆が集まる場であり、プロセスを共有できる場でもある。そこでマネジャーが「これはよかった」「ここは変えたほうがいいね」といった発言をすることは、マネジャーが大事にしたい規範を部下に伝えることにつながる。

　逆に、たとえばダラダラと的を射ない発言をしている部下に対してマネジャーが何も咎めないと、「マネジャーは許容しているのだ」という誤ったメッセージを伝えることになる。会議に限らないことではあるが、マネジャーは言葉だけではなく、不作為（何も言動を行わないこと）を通じてもメンバーにメッセージを発しているという基本を忘れてはならない。会議という、多くのメンバーが参加する場でそうした好ましくないメッセージを無意識にでも発することは避けるべきである。

　可能であれば、以下のようなコメントを多く発することで、メンバーにスピード重視の感覚やしつこく考える習慣を植えつけたい。これは111ページで触れたコーチングの応用であるが、皆に身につけてほしいものについては、会議の場でも積極的に多用したい。

「結論から先に言って」

「それって結局どういうこと？」

「なぜそうなったの？　解決策はある？」

「その解決策って、本当に効果あるのかな？」

●達成意欲を植えつけられる

　達成意欲は規範の1つともいえるが、ビジネスにおいては非常に重要なので、ここで別途触れる。PDCAをしっかり回している企業は、会議の場を通じての達成意欲の浸透に余念がない。それを実行している代表的な企業は57ページでも紹介した日本電産だろう。同社では、業績未達についてその理由や対策をしっかり説明できないと「大変なことになる」という文化が根付いている。これは特に経営レベルにおいて顕著だが、それは結局、マネジャーが監督する現場レベルでの達成意欲についても同様である。

　京セラ創業者の稲盛和夫も会議を大事にする経営者として知られている。業績報告会において、できた人間に対しては褒めるとともに、その成功要因を横展開させる。そしてできなかった人間については、「どうしてこの数字になっているの？」などと問いかけ、しっかりその原因や対策を考えさせる。マネジャーがこうした行動を自分が主催する会議で行えば、おのずとメンバーの達成意欲も向上し、PDCAがスムーズに流れることになる。

　よくある好ましくないケースは、マネジャーが部下の報告に対して気の利いたことを言っているようでいて、実際の目標の必達には結びつかないコメントをしがちということだ。マネジャーは評論家ではなく当事者である。当事者として、一見気の利いたコメントでお茶を濁すのではなく、問題があればしっかりそれを解消するべく議論を行うことがマネジャーの役割である。皆の時間を使う必要がなければ、個別にワン・オン・ワン・ミーティングでそれを行ってもいいが、会議の場でマネジャーがそうした態度や真剣さを見せることは、仕事に向き合うメンバーの意識を変えることにもつながる。

●スキルが高まる

　緊張感を持って会議に臨み、そこで皆に意義のある発言をしようとすることは、当然、メンバーのスキル向上にもつながる。また、他のスタッフの知識を吸収したり、成功した方法論を共有したりすることは、個人のみならず、組織学習にも有効である。

　スキルを向上させる別の方法として、部下に会議のファシリテーターを任せるというやり方もある。ファシリテーターは単なる司会進行役ではなく、議論を構造化し、最終結論に導く役割である。自分の価値観やスキルをメタ認知するうえでも、この経験は役

に立つ。そこでのファシリテーターぶりをフィードバックすることは、当該の部下に大きな気づきを与えることになる。ファシリテーションに求められる典型的なスキルは以下だ。

　　・議論の目的を明確化する
　　・皆が話しやすい雰囲気を作る
　　・参加者の考えや意見、アイデアなどを引き出しながら議論を深める
　　・感情のぶつかり合いやもつれなどをコントロールする
　　・タイムマネジメントを行う
　　・議論を整理して納得性の高い結論に導く

　ただし、通常、必ずしもマネジャー自身が人に指導できるほどの良きファシリテーターとは限らない。むしろ、マネジャー自身がファシリテーションの方法論やスキルについて学ばなくてはならないことも多いだろう。詳細は専門書に譲るが、少なくとも上記に示したようなスキルを意識しながら、まずはマネジャーが会議をしっかり進行できるようになることが必要だ。

◉──── 良き会議のために必要なプロセス

　会議は出たとこ勝負の場ではない。会議の重要度にもよるが、ある程度の準備（メンバーに任せることも含めて）とフォローアップがセットになる。会議の運営そのものに加え、その前後で必要になる行動としては以下がある。

　　・会議開催の是非や会議体のあり方の設定
　　・アジェンダの設定と共有
　　・部下が準備するように促す
　　・会議の実施
　　・フォローアップ

　これらについて解説しよう。

● 会議開催の是非や会議体のあり方の設定

　会議は、参加者に対して機会費用（その時間があれば出せた別の成果）を生じさせることをまずは理解しておくことが必要だ。本来参加する必要がない人に参加してもらった

りすることは無駄だし、そもそも開催する必要のない会議を開くことはさらに無駄である。「会議は皆の機会費用以上の効果をもたらすことが必須」ということを念頭に、会議体の設計を行うことが必要である。

　通常、部署の定例ミーティングは週1回が多いだろう。これは週次のPDCAがフィットしやすい営業関連部署などでは非常に合理的だ。部署の事情によって変更することも可能ではあるが、チームとしての一体感を保つうえでも、この程度のスパンでメンバーが顔合わせする定例会議を開催するのは一般的には効果的だ。

　なお、チームによってはなかなか全員が参加できないことも多い。毎週同じ曜日の定時開催を優先させるか、参加率向上のために開催時間を微調整するかは何とも言えないところではあるが、特定の人間がずっと不参加という事態が起こらないような配慮はする方がよい。

　不定期の会議については、その必要性次第で開催の是非を決める。昨今はオンライン会議でも密な議論はできるので、必要性があればスピーディに開催するのがよい。会議の時間は「必要に応じて」が基本だが、最近はスピードアップを意識して、25分会議や55分会議などを行う企業も増えている。

　なお、意外に時間を使うのは、皆の空いている時間をスケジューラー上で探すという行為である。外回りの営業などを行う部署ではその傾向が強い。これをマネジャー自身がするのは時間の無駄なので、適宜アシスタント的な人間などに割り振るといったことも、「時間は経営資源」ということを意識してもらううえで有効である。

●アジェンダの設定と共有

　会議を効果的なものにするためには必ず事前にアジェンダ（議題）を共有すべきである。企業や部署にもよるが、報告事項と意思決定事項を前半後半で分ける、さらには意思決定事項についても、承認事項と要議論事項で分けるなどの工夫は、よく行われる方法論である。アジェンダは、過不足がないかを事前にメールなどで皆に確認することも必要だ。

●部下が準備するように促す

　皆の時間を使う会議は、密度を濃く行うことが期待される。そのためのポイントは、事前準備を各人にしっかりしてもらうことだ。報告事項であれば、皆にフォーマットに沿って入力してもらう（ITツールを用いると効果的だ）、意思決定事項であれば、提案とその根拠について準備してもらうなどは基本である。

　もし会社推奨のフォーマットがあれば、基本はそれに従うことになる。アマゾンのよ

うに資料はパワーポイント禁止（資料の作りこみに時間を要してしまうため）、会議の最初はドキュメント化されストーリー仕立てで書かれた資料の読み込みからスタート、といった独自のルールを採用している企業もある。これは経営者の意図を反映しており、組織文化の浸透ツールの役割も果たす。よほどマイナスの効果しかないようなケースでなければ、企業のルールは踏襲するのが一般的だ。

　会社としての標準フォーマットがないのであれば、部署単位で効率的なものを模索するとよい。「あの資料ってどこだっけ？」といったことがないように、そうしたルールは文書化して共有することが基本だ。

　議論が長くなりそうな案件については、資料を準備し、事前に皆に目を通してもらうようにアナウンスさせるなども、時間の無駄が減り効果的である。

●会議の実施

　会議で意外に時間を無駄にするのが、時間になっても会議室が空いていない、時間通りに全員が揃わないといった些細なことである。しかし、これらも積もり積もると大きな経営的損失だ。別の部署が会議室を長く使っているなど自部署のみではコントロールできないこともあるが、そうした時はしっかりクレームを入れるなど、「オンタイム」の意識は部下に植えつけるべきである。

　会議の運営については、先述した効用が得られるように、マネジャーがしっかりコントロールすることが肝要だ。トレードオフが生じる場合（例：意思決定の質重視か、それともコーチングによる指導重視か等）は、優先順位を意識しながらこれを進める必要がある。タイムマネジメントも重要だ。基本は、比較的どうでもいいことに費やす時間は減らし、皆で議論する価値がある件について議論することである。

　会議が終わった後に、皆が自分がやることがクリアに分かっており、また前向きになれる状態にもっていくことが望ましい。

●フォローアップ

　62ページでも触れたように、達成意欲が弱い企業はこの部分が弱い。会議をして終わりではなく、会議で決めたことについてしっかりフォローアップを行い、部下が結果を出すことにコミットする必要がある。

　そのためにも、会議は可能な限り議事録を残す、あるいはTo Doリストを残すことが望ましい。それがあることで、次までに何をすればいいかが各メンバーにとって明らかになるからだ。また、こうした記録を回り持ちで作成させることは、部下のスキルアップにもつながる。

3●コンフリクト・マネジメント

　コンフリクト（対立、軋轢）とは、相反する意見や態度などによって、特定の人間の間に緊張状態が生じることを言う。チームが複数の人間から成り立つ以上、コンフリクトをゼロで抑えることは現実的には不可能であり、不可避の出来事である。特に部下同士のコンフリクトのマネジメントは、マネジャーの重要な仕事でもある。

◉───　コンフリクトのもたらす影響

　コンフリクトのマイナス面としては、当事者が不快感を味わう、非効率的なコミュニケーションが増える、情報が正しく共有されず意思決定を誤る、組織の空気を悪くすることでチーム全体の生産性を下げる、などがある。ケースのEZ社はその典型だ。

　一方で、コンフリクトは、そのマネジメント次第でアイデアの創造や本質的な問題の発見などにつながり、組織の成果を高めるドライバーとなりうることも知られている。たとえば、問題の解決方法を巡ってコンフリクトが起きたが、その是非について議論しているうちに、良いとこ取りの効果的な解決方法に至ったなどである。

　その他にも、コンフリクトのプラス面として、競いあうことで意欲が高まる、相互の意見交換の過程で相手への理解が深まるなどが指摘される。映画やコミックなどで、ライバルが最初は敵対していたのに、あるきっかけで無二の親友になるというプロットはよく見かけるが、これもコンフリクトが良い方向に解消された例と言える。

　マネジャーとしては、コンフリクトのマイナス面を最小化し、プラス面を最大化することが求められる。

◉───　コンフリクトの解消に向けて

　ハーバード大学のジェームズ・ウェアとルイス・バーンズは、個人間のコンフリクトに対処するには、まず状況をよく理解し、状況そのものを変えるか、当事者の態度や対応を変える必要があるとしている。そのためには4つのステップを踏むことが求められる。

【1】影響を知る

　まずは、そのコンフリクトがどのくらいの影響を及ぼしているかを観察する必要がある。業務上支障のないコンフリクトであれば、あえてマネジャーが介入しなくてもいいシーンも多いものだ。逆に、明らかに激しく言い争い、それが職場に悪い雰囲気をもたらしているようなら、適切に介入を行う必要がある。

【2】 パターンを知る

コンフリクトの最初のきっかけから、どのようにコンフリクトが深まったのかというパターンを知る。これは、より根源的な原因を探るヒントとなる。当事者だけではなく、関係者にヒアリングを行うと、こうしたパターンはよりクリアに把握できる。一方の当事者のみの意見を鵜呑みにすることは危険である。

【3】 性質を知る

コンフリクトは多くの場合、実質的問題と感情的問題という2つの異なる問題から生じるとされる。実質的問題とは、問題解決の手法や役割、責任といったビジネス実務上の意見の食い違いにより生じるものだ。一方、感情的な問題とは、当事者が互いに相手に対して抱いている個人的な認識や感情によって生じるものである。優越感や嫉妬といった感情が根底にあると、コンフリクトの解消は厄介なものになる。

実質的問題はさらに、条件の問題、認知の問題といったようにブレークダウンすることもできる。条件の問題とは、組織の立場などに起因するものだ。たとえば金融機関であれば、融資担当者（積極的に融資したいと考える）と審査担当者（融資先を厳選したいと考える）は立場上、対立することが多いだろう。

認知の問題とは、物事の解釈に関する差異の問題である。同じ問題解決に臨んでいたとしても、穏健なアプローチを好む部下と、アグレッシブな案を好む部下とではコンフリクトが生じることがある。

図表 4-6　コンフリクトへの対応プロセス
ウェアとバーンズによるコンフリクト（対処方法）

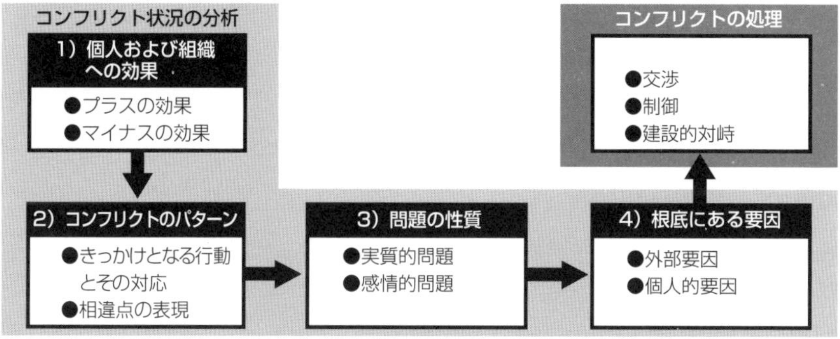

コンフリクト状況の分析

1) 個人および組織への効果
- プラスの効果
- マイナスの効果

2) コンフリクトのパターン
- きっかけとなる行動とその対応
- 相違点の表現

3) 問題の性質
- 実質的問題
- 感情的問題

4) 根底にある要因
- 外部要因
- 個人的要因

コンフリクトの処理
- 交渉
- 制御
- 建設的対峙

【4】原因を知る

　コンフリクトが生じる原因は外部要因と個人的要因に大別できる。外部要因とは、時間的制約や予算制約など、コンフリクトを起こしている当人にはコントロールできないものだ。一方、個人的要因は、対人能力や相性など、個々人の資質による。これらは通常、複雑に絡まっていることも多く、本人も何が根源的な原因なのか把握できていないことも多い。

◉────── コンフリクトへの対処法──ウェアとバーンズのモデル

　ウェアとバーンズは、これらの状況を踏まえたうえで、その具体的な解消方法として交渉、制御、建設的対峙を挙げた。

●交渉

　交渉とは、対立する二者間で議論し、妥協点を見出させることである。マネジャーはその裁定役として振る舞うことになる。なるべくWin-Winの落としどころを探らせることが基本だ。ある程度マチュアな部下同士であれば、これは良い結果をもたらすことが多い。

　その際、何が同じで、何についての見解が異なるかなどをしっかり議論させることが効果的だ。また、議論にあたって、相手の人格を責めるような態度をとらないように促すことも望まれる。それは状況を良くする方向には向かわないからである。相手に対するリスペクトを持つことが基本である。

　ケースのEZ社であれば、もっと早期に瀬島が介入してWin-Winの妥結点を探るよう誘導しておけば、ここまで話はこじれなかったかもしれない。転がる雪球同様、コンフリクトはいったん大きくなると、それを解消するにも時間がかかる。だからこそその兆しに気づく必要があるのだが、瀬島はその点ではやや鈍感だったといえる。

●制御

　制御は、当事者間の関わり方をマネジャーがコントロールすることだ。たとえば最も単純なやり方は、物理的な接触を減らす、業務上の接点を減らすなどである。ただし、これは他部署のスタッフとのコンフリクトや物理的に離れたスタッフ同士のコンフリクト解消には効果的だが、同じ部署、同じ職場で働く部下同士のコンフリクトを根源的に解消するには効果的でないことが多い。その場合は、より根源的なコンフリクトをもたらす要因を解消する必要がある。たとえば立場の相違を解消すべく、同じ課題に当たらせるなどである。

●建設的対峙

　建設的対峙とは、対立する二者間での理解を促し、意識を変えさせることである。これは、簡単ではないが、実現すればある意味で最も効果的だ。比較的やりやすいのは、コンフリクトの質が、条件の問題の場合だ。これはお互いの立場や条件について相互理解を促すことで解消しやすい。認知の問題も、完全に同意に至らないまでも、お互いのスタンスを知ることは、中長期にわたって同じ部署で仕事を進めるうえで、相互理解につながるともいえる。感情の問題に関しては、このやり方は必ずしも機能しない。

◉─── コンフリクトへの対処法──二重関心モデル

　ここまではウェアとバーンズのモデルに沿って説明してきたが、コンフリクトの解消方法を考えるうえで、当事者から見たコンフリクトの解決結果から分類した、強制、服従、回避、妥協、協調というモデルもある。これは二重関心モデルと呼ばれ、図表4−7のように示すことができる。最もよいのは協調で、交渉や建設的対峙の結果生まれる状況と言える。

　このうち、ウェアとバーンズが挙げなかったのは強制と服従だ。ただ、これらをマネジャーが促すことは、問題の先送りにはなるが、本質的な解とは必ずしも言えない。場合によって一時的にコンフリクトの悪影響を鎮める必要があったとしても、折を見て本質的な解消に向けて努力するのが筋である。ただ、感情の問題については、「個人的な好き嫌いはどうあれ、仕事上ではそれを出さないこと」など釘を刺すようなやり方も必要と言えるだろう。

　二重関心モデルでは、以下のようなプロセスでコンフリクトの解消、可能であれば「協調」の状況にまでもっていくことを目指す。基本的に当事者間でのコンフリクトを想定しているため、ミドルマネジャーが部下間のコンフリクトの解消を行う場合は、このプロセスを回すファシリテーターの役割を務めることになる。

　①相手をリスペクトして話し合う
　②互いの一致と相違を明確にする
　③コンフリクトの原因を見出す
　④原因について多様な角度から考える
　⑤Win-Winになる着地点を共同して探す
　⑥共同してその着地点を目指す

　ウェアとバーンズのアプローチと大きく異なるわけではないが、片方に過度に肩入れ

をしたり、マネジャー自らの意見を押し付けたりすることは好ましくない。お互いの個性も理解したうえで、丁寧にプロセスを進めることが必要だ。それができれば、仮にコンフリクトの解消に至らなかったとしても、部下からの信頼は維持できる可能性が高くなる。

補論● プロジェクトチームの運営

　プロジェクトチーム（タスクフォースともいう）は、特定の目的のために、期間限定で部門横断的にメンバーを募り、組成されるチームを指す。すべてのマネジャーがプロジェクトチームに関与するわけではないが、プロジェクトチームにメンバーとして参加したり、部下をプロジェクトメンバーとして「提供」したりすることを要請されるケースも多いだろう。そこで、本パートでは、プロジェクトチームの運営において起こりがちな落とし穴や、部下をプロジェクトチームに送り出しているマネジャーが意識すべき点について簡単に触れる。

◉──── プロジェクトチームのメリット

　プロジェクトチームのメリットは、専門性を持った人材を機動的に集めることができることだ。部門横断的な新事業の立ち上げや新製品の開発などはその典型だ。また、「社内コンプライアンス制度策定プロジェクトチーム」のように全社に影響を与える制度を策定する際などにもプロジェクトチームの形が用いられることがある。これは、各部署の意見を満遍なく吸い上げるという狙いの方がより強い。ケースによっては社外の

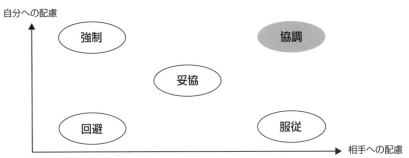

図表 4-7　二重関心モデル

自分への配慮

強制　　　　　　　　　　協調

妥協

回避　　　　　　　　　　服従

相手への配慮

出所：K. W. Thomas,"Conflict and Conflict Management," in Marvin D. Dunnette, ed., *Handbook of Industrial and Organizational Psychology*, 1976をもとにグロービス作成

コンサルタントなど、外部の人間が参加することもある。

◉─── プロジェクトチームのデメリット

　プロジェクトチームは、目的に合わせて人材要件としては最適なチームを作りやすい反面、いくつかのデメリットがある。

　よくあるのは、チームとしての動き方が決まるまでに時間がかかるという点だ。図表4−1でいう「実現期」に達するまでに組織内にコンフリクトが生じ、場合によっては瓦解してしまうこともある。これは特に、プロジェクトチームのゴールや目的がぼんやりしており、メンバー間の温度差が大きい場合に生じやすい。ゴールや目的の不在は凝集性の弱さや、役割分担の曖昧さなどにつながるからだ。それゆえ、早期にこれらを一致させることが、プロジェクトチームでは非常に大切になる。もし自分がそこに参加した場合は、早期にこれを決めるべくリーダーに促す主体性が必要になる。

　プロジェクトチームの別のデメリットに、当事者意識の欠如がある。これはさまざまな要因によって引き起こされるが、よくあるのは評価の曖昧さだ。プロジェクトチームでの働きが何パーセントくらい評価に反映されるかということが明確でないと、そこに選ばれたメンバーもプロジェクトにコミットしにくいのだ。もともと所属している部署でも重要な仕事を任されているメンバーなどは本腰は入れにくくなる。

　同僚をプロジェクトチームに送り出した他のメンバーと軋轢が生じるケースもある。特に忙しい時期などはそうだ。多くの場合、プロジェクトチーム参加者の情報が逐一報告されるわけではないので、「なんであいつはうちの仕事をあまりしないんだ」といった不満が生まれるのだ。プロジェクトチーム参加者は両方で一生懸命に働いたつもりでも、どちらからも文句を言われるとしたらやっていられないだろう。

　その他にも、往々にして各メンバーが所属部署の利益の代弁者になりやすいといった問題もある。

◉─── ミドルマネジャーとして意識したいこと

　ここでは特に、部下をプロジェクトチームに送り出すマネジャーの立場から、気をつけるべき点について触れよう。

　通常、マネジャーはプロジェクトチームの細かな運営にまで口を差しはさむことはできないが、そこに送り出した部下に気持ちよく働いてもらうための努力はやはり必要だ。それがないと部下のモチベーションも下がるし、先述したように自部署の他メンバーにも好ましくない影響をもたらす可能性もあるからだ。

　そのカギは、まずは評価についてある程度明確にすることである。プロジェクトリー

ダーや、プロジェクトチームのスポンサーとコミュニケーションをとり、「このプロジェクトの評価は、年間の評価の〇〇%を占める」ということを説明できれば、部下もどのくらいのコミットメントをすればいいのかの目途が立てやすい。

　自部署の他のメンバーに対して、そのプロジェクトチームの意義をしっかり説明することも大切だ。会社にとっての重要度や、そのためになぜ当該の部下が選ばれたのかを説明できれば、トラブルの可能性は減る。それと真逆の良くない態度は、マネジャー自身がプロジェクトチームの意義に疑問を持ち、それを部署内で何度も言うことだ。マネジャーは自分の言動が職場の雰囲気にダイレクトに影響を与えることを改めて意識すべきだ。

　プロジェクトチームに選ばれたことにポジティブな意味づけをすることも効果的だ。メンバーに対しては「スキルアップにもつながる」「君の実力を見せるチャンスだ」などと言えれば、部下もより目的意識を持って参加できる。事実、プロジェクトチームへの参加は、人材育成の場としても効果的なことが多い。

　部署の他の部下に対しても「Aさんが頑張ることは、我々の部署の立場も強くする。ぜひ応援しよう」などと言えれば、より快く送り出せるものだ。一方でどうしても瞬間的には人手不足になるので、アサインメントを調節し、業務の効率化を進めることで、部下に不平不満感が生まれないような配慮も必要だ。

　VUCAの時代、プロジェクトチーム的な動きはますます増えるだろう。マネジャーとしては、視座を高く持ち、どうすれば自部署のパフォーマンスを維持しつつも会社に貢献できるかをしっかり考えることが求められる。

第5章●部署の地位のマネジメント

POINT

　ミドルマネジャーは他部署（上司も含む）に対して能動的に働きかけることで自部署の地位を上げるとともに、部下が働きやすい環境を作ることも大切な役割である。そのために必要となる資質として、パワー基盤、高い志、信頼資産、ネットワーク（人脈）などが挙げられる。これらは一朝一夕に身につくものではない。日々の地道な努力の積み重ねや、実績を残すことによって獲得されるものである。自己研鑽を怠ってはならない。

CASE

　大野幸太郎は国際分野に強いシンクタンク、日本近未来研究所の「東南アジア課」のミドルマネジャーである。東南アジア課は、いわゆるASEAN諸国に加え、インド、バングラディシュ、パキスタンといった南アジアの動向について調査レポートをまとめ、クライアントに提供することを主力業務としていた。中国や韓国、北朝鮮などを担当する「東アジア課」は隣の部署である。

　クライアントは企業のこともあれば、国やその外郭団体、時には地方公共団体ということもある。また、自社企画でレポートを作り、それを外販することもあった。

　カバーするテーマは広く、経済、社会、政治、技術など多岐にわたる。大野の下には、総勢で5名の研究員とサポートスタッフ1人、計6名のスタッフがいた。営業部門が受注した案件に合わせ、期日通りに一定レベルのレポートを出すことが、マネジャーとしての大野に課せられた役割である。当然、部下の指導や、最終的なレポートの品質担保も大野の責任となる。いくつかの課を取りまとめる部長はマネジメントの仕事がメインであり、レポートの品質管理は課長が実質的に最終責任者であった。

　日本近未来研究所には、東南アジア課をはじめとする地域軸の課もあれば、「IT課」「ディープテック課」「経済課」といったテーマ軸の課もあった。必然的に、マトリクス的な連携が必要になることが多い。たとえばミャンマーの政治動向についてのレポートを作成する場合、東南アジア課は、「国際政治課」と連携して仕事を進める。あるいは、

インドのテクノロジーに関するレポートを作成するなら、「IT課」や「ディープテック課」と一緒に仕事を進める。5名の研究員にはそれぞれ強みがあったが、あらゆるテーマに詳しいわけではない。適宜、テーマに詳しい部署と連携をとる必要があった。

　また、他の地域軸の課と共同で仕事をすることも多かった。クライアントの注文やレポートの性質上、それが必須となることも多いからである。たとえば「国際経済動向レポート」であれば、あらゆる地域軸の課との連携が必要になるのは当然の流れだ。

　大野がマネジャーになったのは1年前である。当初は部下の指導や品質チェックに追われる日々であったが、最近はその仕事にも慣れ、多少の余裕ができた。そこで気になってきたのが、他の課との力関係である。まず、大野率いる東南アジア課は、国内課はもちろん、北米課、東アジア課などに比べ、冷遇されていると大野は感じていた。たとえばIT課と仕事をすることになった場合、彼らがエネルギーを使うのは一に北米課、二に東アジア課であると大野は感じていた。シリコンバレーや深センがITの先端であることは間違いないとはいえ、大野は必要なサポートを十分に得られておらず、それが部下の負担を増していると感じていた。

　以前、IT課のマネジャーである鈴木裕にその旨をやんわりと伝えたところ、こう切り返されたことがある。

鈴木「大野さんの言うことも分かりますが、やはりシリコンバレーと深センに目を配らないと、うちの仕事は成り立たないんですよ。研究員もそうした関係の仕事をしたがりますし。彼らのスキル向上やモチベーション維持という面も理解してください」

大野「それは分かりますが、こちらにも事情はあります。いつも後回しにされたのでは困りますよ。あと、うちの部署は鈴木さんの課の若手が勉強する場ではありません。うちの研究員が鈴木さんのところの若手のレポートの作成指南まですることもあるんですよ」

鈴木「…大野さんの立場も理解はしますが、やはり重要度を考えるとそうせざるを得ないんです」

大野「でも、インドやシンガポールの情報だって大事でしょう。インドはいまや世界有数のIT大国です。もっとそこにエネルギーを割いてもいいのではないですか」

鈴木「大野さんの立場としてはそうかもしれませんが、うちだって人が余っているわけではないので…。研究員だってかすみを食って生きているわけではないから、やはりお金になる仕事に力を入れるのは当然でしょう」

　このように言われると、大野はいつも困ることになる。日本における重要度から言っ

て、北米や東アジア、欧州に比べると、東南アジアがどうしても劣後するのは紛れもない事実だからだ。とはいえ、こうした扱いを受けることが続くと、部下のモチベーションにも悪影響が出ると大野は感じていた。

　冷遇されていると感じたのは他部署とのやり取りだけではない。人員の配属でも希望はなかなかかなわなかった。仕事が以前より増えたこともあり、1名研究員を増やしてもらうことを上司に訴えたのだが、「当面は難しいな」と返されるだけだった。

　大野は悩んだ。「さて、どうしたものか。このままでは皆のモチベーションも下がるし、忙しくて疲弊してしまう。各所からもっと協力を得るには何をすればいいのか…」

　大野が出した1つの結論は、もっと東南アジア課の存在意義を社内にアピールすることであった。東南アジアとの良好な関係が日本にとって重要度を増すのは間違いない。あるいはインドが2027年頃に世界一の人口を持つ国となるのもほぼ既定路線だ。地道に「東南アジアは今後の日本の生命線。北米や東アジアももちろん重要だが、あまり近視眼的になるのは好ましくない。『日本近未来研究所』と社名にうたっている以上、もっと未来に目を向けるべき」と事あるごとにアピールしたのである。大野の意見は正論であり、「東南アジア課もやはり重要だよね」という社内の雰囲気が以前よりも増していった。

　大野はまた、大学時代の友人のつてをたどって、ニュース番組に1分程度登場するということもした。テーマはインドのITベンチャーである。そこに識者としてコメントを出したのだ。「大野君は本気で東南アジア課を盛り上げようとしている」という認識が社内にも広まった。テレビ出演がきっかけとなって雑誌などにも取り上げられ、「日本近未来研究所東南アジア課の大野」の名前は徐々に売れていった。これは、部署の存在感を増すとともに、部下にも好評であった。

　大野が取り組んだもう1つのことは、社内で同志を増やすことである。そこで似たような境遇にあった「中東・アフリカ課」の飯塚拓哉と「中南米課」の田中正雄を味方につけるべく、頻繁にコミュニケーションを取るようになった。「新興国連合を組むことで、もっと我々の存在感を増しましょう」という提案に、飯塚と田中は乗ってきた。特に飯塚を味方にしたことは大きなポイントであった。飯塚はアフリカを知る識者としては、もともと国内でも有数の存在であり、社内でも知る人ぞ知る実力者だったからである。控えめな性格ゆえに社内アピールなどはしてこなかった飯塚が、大野らと「もっと新興国に力を入れるべき」と提案してきたことは、会社の上層部にも影響を与えた。

　そうした取り組みが奏功して「新興国レポート2025」を出すことが内定した。ここで評価を勝ち取れれば、東南アジア課の存在意義は嫌でも向上する。ただ、そのためには、他の課の協力が必須であった。

　大野は、同期で仲の良かった「国際経済課」の夕凪あかりをランチに誘った。

大野「この企画のことは知っているだろ。やはり新興国となると経済が大きなテーマになる。ぜひ力を貸してよ」
夕凪「大野君にそう言われると弱いなあ。ただ、うちも人手が余っているわけではないから、一方的に力を貸しますというわけにもいかないのは分かってほしいな」
大野「もちろんだ。そこは持ちつ持たれつで行こう。幸い、うちの香川君は経済にものすごく強い。君も知っているだろう。香川君に国際経済課の仕事を優先的にやってもらうから、君の部署からもいい人を出してよ」
夕凪「香川君がいろいろ手伝ってくれるのは嬉しいな。いつかはうちの課に引っ張りたいと思っていた人材だよ」
大野「本人や会社の意向もあるから自分の一存では何とも言えないけど、将来的にはその可能性もあると思うよ」
夕凪「分かった。それはありがたい話だね。彼がうちの仕事をいろいろと手伝ってくれるなら、『新興国レポート2025』にも積極的に時間を割くよ」
大野「ありがたい。よろしく頼むよ」

　こうして大野は交換条件を出しつつ、手伝ってくれる味方を増やし、課の仕事が進みやすいような土台を作り上げていった。
　そして1年。「新興国レポート2025」は識者からも高い評価を受け、売上げも予想の倍以上となった。中心となった大野と東南アジア課の株はもちろん上がった。新たに1人の研究員が増員されることも決まっている。課の士気はかつてなく上がっていた。大野はこの1年間の仕事を振り返ってこう感じていた。

「やはりミドルマネジャーである自分が動かないと、課として良いポジションは築けない。猪突猛進ではあったかもしれないが、それも時には必要だ。マネジャーとして、自分でも一皮むけた気がする」

　大野はさらに大きな仕事をすべく、何をすべきか考えを巡らせていた。

　（本ケースは実例をもとに脚色したものであり、名称はすべて架空のものです）

　第2章から第4章までは、主に部下にしっかり成果を出してもらうとともに、彼らを育てるという側面を見てきた。まさに「管理」の側面である。一方で、マネジャーは、そうした部下の管理のみならず、部署の顔として振る舞い、他部署との調整の中で部署の地位（ポジション）を上げたり、部下が働きやすい状況を作ったりするという、「対外的」な仕事も行う必要がある。ここでいう「対外的」とは社外向けという意味だけではなく、部署外の関係者、つまり他部署や上司なども含意する。この仕事がおろそかだと、部下の信用も得られないし、部署としてのパフォーマンスも上がらない。本章では、ミドルマネジャーが部署のポジションを高めるべく、部署の代表として行うべき仕事に触れた後、それらを効果的に行うべく、ミドルマネジャーが備えるべき資質などについて触れる。

1節 ｜ 部署の地位を良くするための仕事

　ミドルマネジャーは部署の代表として、具体的には以下の3つ（細かくは5つ）を確実にこなしたい。これらをしっかり行うことは、自分のパワー基盤（後述）の強化にもつながり、第4章までに説明した部署のマネジメントの仕事もしやすくなるという好循環を生み出す。

- ・他部署を適切に動かすべく
  - ―根回しを適切に行う
  - ―キーパーソンを見極める
  - ―交渉でWin-Winの落としどころを探る
- ・部署のスポークスパーソンとして振る舞う
- ・上司をうまく使う

1●根回しを適切に行う

　マネジャーともなると、部署横断的な仕事について、他部署のマネジャーらと一緒に計画を立てたり、仕事の配分の相談をしたりすることも増えてくる。言うまでもなく、自部署の力がしっかり引き出せるように話を運ぶことが求められる。また、特に自身が

起案して何かを起こすような案件については、率先して「あるべき姿」を構想し、他部署を巻き込んでいくことも必要になる。新任マネジャーがいきなり他部署をリードすることは難しいかもしれないが、「自分こそが会社や部を引っ張る」という当事者意識を強く持ち、受動的（リアクティブ）にではなく、能動的（プロアクティブ）に動くことが必要だ。

　多くの人を巻き込んで何かを達成するケースにおいては、ある程度は事前に自分の意図を説明し、納得を得て多数の人々を味方につけておく、あるいは反対派にはならないように根回しをして地固めをすることは必須だ。こうした根回しがなく、いきなり会議などで切り出すと不要な反発を招くことも少なくない。

「誰と誰には事前の了承が必要」「誰と誰だけは反対派に回さないように」といったことを、必要があれば身近な関係者とも相談して考え、実践することが大切である。良き根回しは、組織の摩擦を減らし、スピードを上げることにつながる。賛成者が多くなると、多くの人がそれになびいて多数派が形成されていくというバンドワゴン効果も期待できる。

　リーダーシップ論でも知られるスタンフォード大学のジェフリー・フェファーらの調査によると、成功したマネジャーは、単なる原理主義者（「べき論」で押し通そうとする人）ではなく、根回しや、それと関連する社内政治の使い方が巧みだった人間が多いとの報告がある。大義や、「あるべき姿」の魅力度などに加え、やはり味方作りや、不用意に敵を作らないことが大切だ。

2● キーパーソンを見極める

　根回しや社内ネットワーキングをする際に意識しておきたいポイントとして、必ずしも役職や職務上の権限と、職場における影響力は比例していないという点がある。役職以上に組織への影響力があるケースとして、たとえば以下のような例がある。

　　・昔からのベテラン社員が、肩書の割に、皆から一目置かれている
　　・管理職よりも、ある技能を持つ職人的社員の言うことを皆が聞く
　　・サポートスタッフの派遣社員が、集団となると非常に大きな発言力を持つ
　　・先進的な社内ユーザーである若手社員Aさん、Bさんの声が意外に重要

　社内マーケティング、つまり社内に味方を作り、説得するうえでも、誰が「社内の実質的な重要人物（あるいは集団）」なのかを正確に見極め、彼らと良好な関係を構築する

ことが仕事を効率的に進めるカギとなることは多いのだ。ケースでは、「中東・アフリカ課」の飯塚を巻き込んだことが、大野の目的を達成するうえで効果的であった。

3● 交渉でWin-Winの落としどころを探る

　すべての事柄が最初から友好的に進むわけではない。本来同じ方向に向かうべき同じ会社の中でも、往々にして行き違いが生じることはよくある。面倒な仕事を避ける、あるいは逆に有望な仕事や華のある仕事は自部署で扱おうとするなどである。部署の代表としてしっかり言うべきは言って、部署の立場を有利な方向にもっていくことが求められる。

　比較的対処しやすいのは、相手部署の上長が、自分の上長と同じケースである。たとえば営業1課と営業2課を統括するのが同じ営業部長であれば、その部長を通じて仲裁してもらえる可能性は高い（もちろん、そのための理論武装は必要だ）。

　難しいのは、交渉すべき相手が組織図上、大きく離れた部署の場合である。たとえば、異なる事業部の中で似たような商品開発をしてしまうようなケースで、どちらが担当すべきかを決めるという場面である。大企業ほど、俗にいう「タコつぼ化」（サイロ化ともいう）が起こりやすく、こうした縄張り争いなどが生じてしまうのである。

　こうした交渉をうまくまとめるコツは、Win-Winの落としどころを丁寧に探ることである（図表5−1）。現代の交渉論においては、交渉とはWin-Winの問題解決のために行う共同作業である。「自分にとってはあまり重要ではないけれど相手にとっては重要なもの」については譲り、「相手にとっては重要ではないけれど自分にとっては重要な

図表 5−1　交渉はWin-Winが基本

Win-Winの例

・見せ場は作るから（名は与えるから）、実利（実）はこちらに取らせて

・短期的に協力してもらうかわりに、長期ではお返しします

・金銭的には譲るから、人の面で融通してほしい

・今回は迷惑かけるけど、いざという時には絶対に手助けするよ

・その仕事は得意なそちらに譲るけど、この仕事は得意な我々に任せて

・○○に長けたAさんにそちらの仕事を手伝わせるから、△△を得意とする
　Bさんにこちらの仕事を手伝ってもらえないかな

もの」を譲ってもらうと、お互いの便益が増す。それを共同で見出していくというのが交渉の基本である。

　「今回は譲るから、次回はこちらで」「プロジェクトチームを組んで、共同でやろう」など、相手も納得する妥結点を見据えながら丁寧にコミュニケーションすることが必要である。ケースでは、夕凪との交渉において、お互いにメリットがある協力方法を出すことでWin-Winの関係を構築している。

4◉部署のスポークスパーソンとして振る舞う

　スポークスパーソンとは広報官役のことだ。将来、社内から協力を取り付けるためにも、部署内で起きていることを公式のルート（会議や社内メーリングリストなど）や非公式のルート（個別の人間関係）を通じてアピールしておくことが必要だ。部署内の状況や、手伝ってほしい課題などについて、可能な範囲でオープンに開示することが、多くの人々の協力を得られるきっかけになることが多いからである。マネジャーの上司にとっても、報告をしっかり行ってくれる部下はありがたいものだ。それをベースにより適切な施策が打てる可能性が増すからだ。

　ケースの大野は、テレビに出るというかなり大胆なやり方をしたが、それが大野の本気度を伝え、他部署から注目されるきっかけになっている。

　文章で書いて発信することも多いため、マネジャーはビジネス・ライティングの基本やコツは身につけておくことが望ましい。単にロジカルに伝えるだけではなく、相手の心に残るような工夫が必要である。メーリングリストなどに発信する場合には、そもそ

図表 5-2　INFRAN

❶Interest	読み手の問題意識や関心に沿っている
❷Something New	読み手にとっての目新しさがある
❸Focus	多くを語りすぎず、ポイントにフォーカスする
❹Rhetoric	レトリック（修辞法）の力を知る
❺Aspiration	熱い思いや信念を伝える
❻Nature	書き手の人となりが伝わる

出所：グロービス経営大学院『グロービスMBAビジネス・ライティング』ダイヤモンド社、2012年

も読んでもらえるように、タイトルのつけ方や導入を工夫することも求められる。忙しい中、すべての情報を読むとは限らないからだ。グロービスでは、読んでもらえて記憶してもらい、かつ好ましい効果が残せるフレームワークとして図表5−2のINFRANを提唱している。

　他人の情報発信に対して、ポジティブな読後感を喚起するような反応をすることも効果的だ。これは社内のメールやメーリングリストなどに限らず、SNSなどでも同様である。マネジャーが相手を労う気持ちを伝えたり、「あなたのことを気にかけていますよ」という姿勢を見せたりすることは、部下の働きやすさにもつながっていくのである。

5●上司をうまく使う

　ここまでの4つは他部署を念頭に置いて議論してきた。それを加速し、自部署の取りまとめをより円滑にするうえで求められるのが上司をうまく使うこと、つまりボス・マネジメントである。ミドルマネジャーという職掌上、自分では決裁できなかったり、組織横断的な取り組みで上司の力を借りないと話が進まなかったりすることはやはり多い。ミドルマネジャーが少し頑張れば自分で解決できる仕事にわざわざ上司を巻き込むのは好ましくないが、自分だけでは解決が難しい場合は、やはり上司の助けをタイムリーに得る必要がある。

　上司は自分の人事考課を行う人間であるため、どうしても遠慮しがちになったり、下手に出たりするマネジャーも少なくない。しかし見方を変えると、上司もより上位の管理職から評価をされる立場である。マネジャーである自分をうまく使わないと、上司としても良い結果は出しにくくなる。そう考えると、上司とマネジャー自身は同じ船に乗るパートナーでもあるのだ。「上司はタダで使える良い経営資源だ」という言い方もある。それを意識すべきだ。

　マネジャーとしては、「こちらは私が責任を持ってやりますので、この仲裁の件についてはぜひ力を貸してください」といったように言えることが望ましい。一方的にお願いごとをするのではなく、ここでもWin-Winの関係性を意識し、上司が「部下の提案を聞くと自分にも良いことがある」と思ってくれるようにすることが大切だ。

　上司をうまく使う際のもう1つのコツとして、その上司の置かれている立場や社内的な責任、その時々の上司の優先事項を理解することがある。相手の視点に立ちその心象風景をイメージすることは常に有効だ。「これがうまくいくと○○部長の立場も強くなりますね。例のプロジェクトもGOサインが出るかもしれませんよ」など、その気になってもらう働きかけを意識すると効果的だ。こうした振る舞いができるようになると、

第1章34ページで触れたような、「上司と部下の板挟み」で悩むといったことも減らせる。

2節｜ミドルマネジャーが備えるべき資質

　ここまでに触れてきた仕事をこなすためには、単にマネジメントの勉強をするだけではダメで、さまざまな「武器」を持っておく必要がある。その典型は以下の4つだ。③、④は①の要素という意味合いも強い。これらを持っておくことは、部署の代表としての仕事はもちろん、部下のマネジメントにも有効に働く。その意味で、本書でこれまでに触れてきたマネジャーの仕事を適切にこなすうえで必要な資質ともいえる。

　①パワー基盤
　②高い志
　③周りからの信用・信頼
　④ネットワーク（人脈）

1●パワー基盤

　パワー基盤は、ある意味、人に動いてもらう力の源泉であり、リーダーシップ論においても非常に重要な位置を占める概念である。ここでは、ジェフリー・フェファーが提唱した、公式の力、個人の力、関係性の力の分類を見ていこう。これらを高め、部下以外の人々を動かすこともマネジャーには強く求められるのだ。

●─── 公式の力

　公式の力は、強制力、報酬力、正当権力、情報力の4つからなる。最初の3つはいずれも組織上、与えられていることが明確な権力といえる（日本企業の場合、マネジャーの一存で部下の報酬までは決められないことが多いが、評価を通じて間接的にそれに影響を与えている）。部下がマネジャーのいうことを基本的には聞いてくれるのは、これらのパワー基盤によるものである。4つ目の情報力とは、人事情報など限られた情報にアクセスし、コントロールする力のことだ。通常、マネジャーは部下がアクセスできない情報に触れられる機会が増えるが、その情報を差配できることにより、部下に影響を与えることが時には可能なのだ。

　公式の力は大切ではあるが、それだけでは他部署に影響を与えることは難しい。自分のレポートラインにいない他部署の人間にとっては、仮に自分がマネジャーで相手が一般社員であっても、強制したり評価したりする権限は通常はないからだ。そこで必要となるのが、個人の力と関係性の力である。

●──── 個人の力

　個人の力は、専門力、同一化力、カリスマ性の3つからなる。専門力とは、専門的な知識や技術、特殊なスキルを持つことから生じる力である。当然ながら、スキルの高いマネジャーほど、他者に対して強い影響力を持つ。そのためにも、マネジャーは常に研鑽が必要なのだ。同一化力とは、他者に「自分も同じようになりたい」と思わせる力である。この2つが重なりあって生まれることが多いのがカリスマ性だ。たとえば「これに関連しては〇〇さんの右に出るものはいない」という評判が社内で広く知られていれば、その領域については自分の意見が通りやすくなる。あるいは、専門領域で手伝う代わりにこちらの要望を通すといったバーターもしやすくなる。ただ、通常、ミドルマネジャークラスの人間にそこまでのカリスマ性が備わっていることは稀である（天才的プログラマーや、創業者の子孫、といったケースなどの例外はもちろんある）。

　多くのミドルマネジャーにとっては、第4章までに紹介したスキルをしっかり高めながら、地道に仕事で結果を積み上げ、「（結果を出している）あの人の言うことなら聞く価値がある」と思ってもらうことが、遠回りなようで着実な方法となる。

●──── 関係性の力

　関係性の力は、ネットワーク（人脈）から生まれるパワーのことである。たとえば他部署のマネジャーが大学時代の後輩であれば、それまで全く接点がなかった場合に比べ、彼にサポートしてもらうことは比較的容易になるだろう。そうした知人がいることが、自身のパワー基盤となるのだ。本章では基本的に社内のネットワークについて述べるが、組織の垣根が低くなる現代においては、社外にもネットワークを築くことは非常に大切である。この力については、本節の「ネットワーク（人脈）」のパートで後述する。

2●高い志

「志」というと青臭い議論のようにも思えるかもしれないが、「志のMBA」を掲げる我々グロービスは、高い志こそが多くの人々を動かし、自己実現に近づける大切な要素であることをさまざまな事例から観察・研究してきた（『志を育てる』〈グロービス経営大学

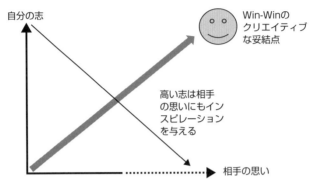

図表 5-3　高い志が高い妥結点につながる

自分の志

Win-Winの
クリエイティブ
な妥結点

高い志は相手
の思いにもイン
スピレーション
を与える

相手の思い

院著、東洋経済新報社〉他）。

　マネジャーが持つべき志とは具体的には以下のようなものだ。

「1人でも多くの子どもたちを笑顔にする」（玩具会社の営業課長の場合）
「日本一社員がストレスなく働ける職場を作る」（総務課長の場合）
「品質に関しては自社を最も顧客から高評価の企業にする」（メーカーの品質管理室長の場合）
「日本のビジネスパーソンのビジネスリテラシーを劇的に高める」（ビジネス書を扱う出版社の副編集長の場合）

　マネジャーの志は、社長の志とまではいかなくとも、部長や事業部長クラスの「やや背伸びした程度」の視座から考えたものが望ましい（図表5-3）。

　高い志は自分自身を駆り立てる源泉にもなり、また他者にも強いインスピレーションを与えることで、彼らの視座や協力しようとする意識を高める効果もある。マネジャー自身の能力開発や自己鍛錬も、多くは志をベースにした内発的動機から行われる。その意味で、結果を残すマネジャーは、結局は志次第という側面は大きいのだ。

　社内外との交渉ごとにおいても、高い志は高い妥結目標につながる。日本では謙虚さや控えめであることがしばしば美徳とされ、高い妥結目標を置くことはエゴの発露に見られるという心配をする人も多い。

　しかし、先述したように、交渉とはWin-Winの妥結点を探す、問題解決のための共同作業である。交渉をこのように捉えれば、目標の高さはむしろ望ましいことなのだ。

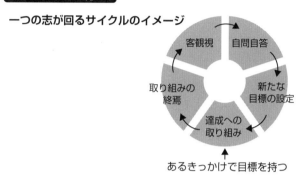

図表 5-4　志を育てる

一つの志が回るサイクルのイメージ

出所：グロービス経営大学院『[増補改訂版] 志を育てる』東洋経済新報社、2019年

　自分の信念を貫きつつ、相手の思いにもインスピレーションを与え、協力を取り付けられるマネジャーは、大きな仕事をできる可能性が高い。先述したコンフリクトの二重関心モデルの研究でも知られるケネス・トーマスも、自分の主張を大切にしつつも、協調できる「両立型」を好ましい像として示している。

　交渉力に欠けるマネジャーは、部下からの信頼を失うという点も大切だ。部署の代表として組織を代表するマネジャーが、組織に重大な影響をもたらす交渉案件で上司との交渉も含め、相手の言いなりではマネジャーは務まらない。高い志を持って、部署の立場をどんどん良くすることが、部下からの信頼にもつながる。

　なお、起業家などは最初から壮大な志≒ビジョンを持ち、それを周りにも知らしめることで賛同者を募ることが多い。それはそれで参考にはなるが、多くのマネジャーにとっては難しいのが現状だ。一般的なマネジャーの場合は、まずは先に掲げたレベルの志を持ち、そこで結果を出しつつ、好循環的に志を大きくすることが効果的だ（図表5-4）。最初は自分自身の自己実現や社内に目が向きがちだった「小志」が、次第に社会に向いた「大志」となり、社内のみならず社外の人を巻き込む武器となることも多い。

3◉周りからの信用・信頼

「信頼資産」という言葉がある。（グロービスではよく「信頼の残高」という言葉も使う）。Eビジネスなどでは、顧客の評価システムが高度になり、またすぐに情報が伝わるため、企業の価値は時価総額ではなく、信頼の総量で決まるなどとも言われる。ライドシェアなどのシェアビジネスはその典型だ。また、特にBtoBビジネスでは「ブランド力≒信

用・信頼≒実績」を示す。それは個人も同様である。

　人間は、「この人だったら言うことを聞いても大丈夫そうだ」という判断を下す際、「この人は信用・信頼できるか」ということを無意識に考える。信頼できれば、相談などをしやすくなるのは人間の本質だ。

　返報性という心理も効いてくる。『影響力の武器』を著したロバート・B・チャルディーニらによって広く知られるようになった概念だ。これは、人は他人に借りがある状況を嫌い、それを返そうとするという人間心理だ。信用・信頼があるということは通常、仕事を通じて何かしら他者に恩を売ることにつながることも多い。そうした恩を積み重ねておくと、いざ自分が何かやりたいという時にも、他者に言うことを聞いてもらいやすくなるのである。

　信頼資産を一朝一夕に増やす方法はない。まずは、自分の専門性やビジネススキルを磨き、仕事で着実に結果を出すことだ。しっかり準備をし、達成意欲を持って粘り強く結果を出し続けることである。加えて、約束は守る、相手に対する誠実な関心を持ち日頃から対話をする、相手が困っている時に手助けをする、といった行動も重要だ。独善に走るのではなく、周りに目配りしながら結果を出すことができれば、信頼資産は積み上がっていく。

　同時に、俗にいう人間力（人としての器の大きさ）を鍛錬することも意識したい。人間力の定義は一様ではないが、その構成要素としてよく挙げられるのは、胆力、包容力、自律心、前向きな考え方、意欲や忍耐力、自分らしい生き方や成功を追求する力などだ。スキルというよりは性格的な部分も大きいので、その伸ばし方については定石があるわけではないが、よく言われるのは、以下のような方法論だ。

・自ら修羅場体験を求め、もがきながら結果を残す
・スキル習得とは異なった意味で読書をする。世界的に評価の高い古典が有効
・尊敬できる人の話を聞く
・真善美に触れ、感受性を高める
・相手の立場で考えるよう習慣づける

　これらを的確に行うためにも、自身をメタ認知し、現在位置を知っておくことがまずは有効だ。また、信頼できるメンター（相談相手）を社内外問わず複数名持ち、折に触れて相談することも効果的である。

> **コラム：GRITを高める**
>
> 　最後までやり抜くマネジャーに備わっている資質として近年注目が集まったのがGRITだ。これは、度胸（Guts）、復元力（Resilience）、自発性（Initiative）、執念（Tenacity）の頭文字をとったもので、「やり抜く力」の意味を持つ。ペンシルベニア大学のアンジェラ・ダックワースが提唱した概念であり、IQ（知能指数）よりも人々の成功に寄与するとされる。上記の人間力と重なる部分も大きい。
>
> 　GRITは、大人でもある程度は後天的に伸ばすことができるとされる。カギは、情熱を注げる対象を見出すとともに、社会性の高い（利己的ではなく利他性の高い）目標を持つこと、そしてそれに向けて計画された訓練を集中して積み、PDCAを回して結果を出しながらGRITを高めていくことである。
>
> 　以下のようなちょっとした習慣を実施することも有効とされる。
>
> ・月単位でTo Doリストを作り、まず1つを確実に終え、できるという感覚を持つ
> ・早朝や夜などの時間を選び、30分から1時間だけ頑張って自分に課したTo Doをこなす
> ・「自分はできる」と自己暗示をかける。毎日その言葉を書くのも効果的

4●ネットワーク（人脈）

　人脈構築はビジネスパーソンであれば必須の活動だ。社内でお世話になった先輩や同僚、部下はもちろん、学校の同窓、同じ出身地の相手など、さまざまな縁や機会を捉え、社内外にネットワークを構築しておくことで、日常業務がスムーズに進むことはもちろん、ネットワークがきっかけとなって新しい製品・サービス・事業が生まれる、社外との協業につながるといった、大きな成果に結実することは多い。ケースの大野も、大学時代の友人のつてを最大限に活用している。

　心理学的にいうと、人間は物理的に頻度が高くあるいは長い時間会う相手（単純接触効果）や、共通点の多い相手に好意を持ちやすい。それを意識し、一度作った人脈は、適度にコンタクトを持ち続けることが有効だ。昨今であればSNSを用いてなかなか会えない相手ともコンタクトを取りやすくなっている。それは積極的に生かすべきである。

　なお、ネットワークは、往々にして量に目が行きがちだが、質にも目を配る必要性がある。人脈の太い知人がいたら、部下に業務遂行上のキーパーソンを紹介してもらえる可能性も増す。仕事ができる友人や、太い人脈を持つ知人などは、ネットワークの中に

加えておきたい。

　また、将来伸びると目される人材と関係構築することが、5年後、10年後に向けて自分の影響力を伸長させることにつながる点も意識したい。特に見逃しがちなのは、部下や後輩だ。いまの時代、部下や後輩が数年後に自分の上司やビジネスパートナーにならないとも限らない。部下の面倒を見るのはマネジャーとして当然としても、他部署の優秀な後輩とも関係を構築しておくと、仕事上でのサポートが得やすくなる、情報源が多様化する、若手グループに対して自分の影響力や評判を構築できるなどのメリットが得られる。

コラム：ギブ、ギブ、ギブ

　人脈を作る際のカギとなるのはWin－Winの関係である。つまりお互いがハッピーになる（あるいはそのような期待ができる）という点がポイントである。そのうえで、ペンシルベニア大学のアダム・グラントは著書『GIVE&TAKE「与える人」こそ成功する時代』において、「ギバー」（自分が受け取る以上に他人に与える人）こそが最も効率よく人脈も構築できるし、成功しやすいとした。

　また、ハドソン研究所の日高義樹は、特にグローバルな人脈づくりについて以下のように述べている。

「徹底的に相手に尽くすことだ。〈ギブ、ギブ、ギブ〉を徹底的にやるべきだ。見返りなど考えてはダメだ。〈ギブ＆テイク〉という言葉があるが、相手から見返りを得ようなんて100年早い。逆を考えてみたらいい。あなたが逆の立場であれば、どういう外国人だったら信頼して、友だちになるだろうか。

　（中略）まずは、〈自分は徹底的に相手に尽くし、貢献をしたのか。困っているときに助けてあげたのか〉を振り返ってみるといいだろう。〈あいつは誠実で、本当にいい奴だ〉という評判を得られないと、他の人を紹介などしてくれない。逆にアメリカ人は、自分に尽くしてくれたことを決して忘れないという、とても義理堅いところがある」

　（グロービス『海外で結果を出す人は、「異文化」を言い訳にしない』（英治出版）より）

　ここまで腹をくくれるマネジャーは少ないかもしれない。しかし、計算高く振る舞うだけでは、真に役に立つ人脈は作れないということは肝に銘じておくべきだろう。

第**2**部

応用編

第2部のはじめに

　第1部ではマネジャーがマネジメントを行ううえで求められる基本的なスキルや心構えなどを解説してきた。これらは言ってみれば「平時のマネジメント」と言える。

　第2部は、まず第6章で企業が競争力を維持するうえでますます重要度を増しているイノベーション、そして第7章で組織変革のマネジメントについて解説していく。第1部で紹介した内容に比べると、より高度なスキルやメンタリティが求められる、難しい領域といえよう。ただ、難しいからこそ、これらを実践できるミドルマネジャーは価値が高いともいえる。新任のミドルマネジャーにはやや難易度が高いテーマかもしれないが、多かれ少なかれ、これらに関与する日は来るものだ。ぜひ「自分事」として捉え、どのような準備をすべきか、意識いただきたい。

第6章●イノベーションのマネジメント

POINT

　イノベーションはこれからの企業が生き残るうえで大きな役割を果たす。そしてイノベーションは特定の人間だけが関与するものではなく、組織のあらゆる従業員が貢献できるものである。ミドルマネジャーは、イノベーティブなアイデアが自部署から出てくるような環境を構築するとともに、必要に応じて上司や経営陣に働きかけ、そのイノベーションのアイデアを出口にまでもっていく当事者意識が求められる。

CASE

　井上フーズは中堅の食品飲料メーカーであった。その飲料部門の茶系飲料のマーケティングを任されているのが「茶系飲料マーケティング課」の課長、品川裕である。品川は新卒で井上フーズに入り、営業でキャリアを積んだ後、マーケティング部署に移り、1年前から茶系飲料マーケティング課を任されていた。品川のもとには、広告担当の菅原朝子、チャネルプロモーション企画担当の須田幸太郎、商品企画担当の遠藤幸太郎、の3人がいた。

　ある日の定例会議で、商品企画担当の遠藤が問題提起をした。

遠藤「最近、どうもじり貧ですね。もともと茶系飲料は大手メーカーが強い。うちはいち早くニッチ分野を見つけ、そこで勝つことが必要だと思います」

菅原「すぐに真似されるから、ニッチと言っても難しいんじゃないかな」

遠藤「そうは言いますが、最近、僕がやっていることと言えば、パッケージをいじったり、価格をチャネルごとに変えたりといった小手先のものばかりです。一定のシェアを維持するうえでも、何かユニークな新商品は必要だと思います」

須田「そういう商品が出るに越したことはないけど、いいアイデアが出るかな」

遠藤「そこは皆さんのお知恵も借り、製造技術部の方にも協力を仰ぎます」

品川「自分も実は何かテコ入れしたいとは思っていたところだ。1週間のうち2時間、皆で集まってブレストでもしてみる価値はあると思うな」

菅原「そんなに時間は要りますか？　決して暇というわけではないので…」

品川「一度に2時間というわけではないよ。比較的皆が社内にいることが多い火曜日と金曜日にでも1時間ずつ時間を取って話をしてみようじゃないか」

遠藤「できれば、すぐ真似られないイノベーティブなものができるといいですね」

菅原「この分野でいまさらイノベーティブなものなんてできるのかな…」

品川「最初から可能性を閉ざす必要はないんじゃないかな。まずは考えてみようよ」

菅原「分かりました」

須田「予算はどのくらいつくんですか？」

品川「その辺は部長に掛け合ってみるよ。まずは『これは！』というアイデアを皆には考えてほしい」

菅原「イノベーティブなものというのであれば、最初から製造技術部の人間を巻き込んでおいた方がいいのではないですか」

品川「それは一長一短あるからな。難しいところだ。実際に作る方の立場としては『できない理由』を言ってくることも多いからな。少なくともこの会社にはそういう文化がある。ここはまず我々で考えたものを製造技術の方にぶつけてみよう」

　早速週2回、ブレストを兼ねた新製品企画ミーティングが開かれることになった。ブレインストーミングのファシリテーターを務めたのは遠藤である。

遠藤「イノベーションは『新結合』ですからね。何か新しい要素とお茶を組み合わせてみましょう」

菅原「組み合わせじゃないとダメ？」

遠藤「ダメということはないと思いますが、まずはそこから考えてみましょう」

　そこで出てきた意見は、「コーヒー入り緑茶」「お茶フレーバー炭酸水」「甘いお茶」「コメ入りお茶（薄いお茶づけ）」などであった。

遠藤「うーん、確かにユニークではあるけど、ちょっと微妙な感じのものが多いですね。売れる気があまりしないというか」

須田「そこはアンケートなりで顧客の声を聞く方がいいと思うよ」

遠藤「まあそうですが。ただ、釈迦に説法ですが、アンケートをするにしても、顧客はイノベーティブな商品ほどイメージできないと言いますからね。ここで出たものをぶつけてみても、顧客は『要らない』と言いそうな気がします」

品川「イノベーティブなものをといったのは遠藤君だろう。最初からそんなに素晴らしいアイデアが出なくてもいいさ。まずは考えてみようよ」

遠藤「分かりました。皆さん、ぜひ次回までに新しいアイデアを考えてみてください」

菅原「またお茶と何かの組み合わせ？」

品川「次回は、既存のお茶に対する不満を持ち寄るということでどうかな。既存のお茶のここに不満があるというところから面白いアイデアが出てくるかもしれない」

須田「確かに面白いかもしれませんね」

品川「良い結果は急には生まれないさ。こうした議論を繰り返すことそのものにも価値はある。結果が出るに越したことはないけど、この一連のミーティングを通じて自分たちの思考の癖を見直すことにも価値があると考えてほしいな」

　次回のミーティングでは、以下のような既存のお茶に対する不満が出された。

　　・ペットボトルで飲み切らないと酸化して味が落ちる
　　・常温だといまひとつ美味しくない
　　・自分で味を調節できない
　　・暑い日用に凍らせると濃い箇所と薄い箇所のばらつきができる

遠藤「確かに不満は分かりますが、またどれも微妙ですね。『暑い日用に凍らせると濃い箇所と薄い箇所のばらつきができる』は確かにそう思うことはありますが、これは物理的に仕方なさそうだし…」

菅原「常温だといまひとつ美味しくないというのは可能性あるんじゃないかな。いまのお茶はコールドかホットが前提だから。『常温でこそ美味しい』というのはなかなか面白いアイデアだと思うけど」

遠藤「しかし、そんなお茶が作れますかね。そもそもお茶というのは熱いものですし、夏はやはり冷たいものが欲しいですし」

品川「遠藤君、最初から否定しないようにといっただろう。面白い案だとは思うよ。最近はコンビニエンスストアでも常温のミネラルウォーターを売っているくらいだし、健康上も、飲み物はホットやコールドよりも常温が一番いいという意見もある。それを考えれば常温のお茶だって可能性はあるかもしれない。この案はこの案で残しておこうよ」

遠藤「分かりました。次回ですが、軸を動かすということと、新しい軸を考える、ということで考えられればと思います」

須田「どういうこと、軸って？」

遠藤「たとえば缶コーヒーであれば、甘さという軸で見ると、既存のものをもっと微糖にしたり、極端に甘くしたりするなどです。別の軸というのは、それまでとは違う訴求の軸ですね。たとえば昔大ヒットしたアパガードは、「汚れがよく落ちる」「歯茎に優しい」などの軸で競っていた歯磨き粉に「歯を白くする」、という新しい軸をもたらしたということです」

須田「なるほどね」

品川「それも面白そうだね。我々はマーケティングを任されているんだから、商品開発に限らず、発想法はたくさん持っておくべきだね。じゃあ次回はそれで行こう」

　そして次回。以下のような案が出てきた。

　　・いまの緑茶よりも3倍から5倍苦いお茶
　　・いまの緑茶よりも3倍から5倍旨味のあるお茶
　　・ライトアルコールのお茶
　　・カフェインゼロのお茶

遠藤「この中でいうと、妻に聞いてみたら、カフェインは今のままで5倍くらい苦いお茶なら買うと言っていました。妻はコーヒーもエスプレッソばかり飲む人間なので」

菅原「確かにカテキンの量を増やすというのはありかな。その分、分量を減らしてエスプレッソ感覚で飲むというのはありかもしれないね」

須田「自分もこれは味さえ良ければ買ってみてもいいかも」

品川「では、これも案として残しておこう。いくつかまとまったところで製造技術部に掛け合ってみよう。その間に簡易アンケートでいいので、市場の声も聞いておいてよ」

　こうして複数回のミーティングを経て、茶系飲料マーケティング課は、3つのアイデアを製造技術部に提案することになった。数多く出たアイデアのうち、アンケートやヒアリングの感触がよかったものである。製造技術部の小田新次郎課長は、その案を見て「難しいです」と一言返答した。しかしそれは想定内であった。

品川「もちろん、どれも簡単だとは思いませんが、作ること自体が不可能というわけではないでしょう。ぜひ考えてくださいよ」

小田「お茶の品質を維持しながら美味しい味を出すのは本当に難しいんですよ」

品川「それは分かっています。しかし、このままだと中堅のわが社はダメになってしまう。ここはお互いに知恵を振り絞って何とかできないか、一緒に考えていきましょうよ」

小田「ただ、試作品を作るにもコストはかかる。いまはその予算は確保していないけど、それは社長マターじゃないかな」

品川「では、社長に直談判しましょう。社長も分かってくれますよ。社長への説明資料はこちらで用意しますから、ぜひ小田さんにも協力をお願いします」

小田「まあ、こういうのをやるのも技術者冥利ではあるからね。知恵は必要そうだけど」

品川「ありがとうございます」

　そして社長のGOサインを受けて、茶系飲料マーケティング課と製造技術部の共同作業で新しいお茶づくりがスタートした。いくつかあったアイデアのうち、本命になったのは「5倍苦いお茶」であった。お茶の旨味を殺さずに苦みを出す。しかもコールドでもホットでも美味しいお茶を作るのは困難ではあったが、井上フーズの持つ複数の技術を組み合わせることでクリアできそうなレベルに来た。

　品川は思い起こしていた。「遠藤君の問題意識から、ユニークなアイデアが生まれ、商品化への道も見えてきた。飲料市場は成熟期で、チャネルの力でシェアが決まる要素も大きい。そうした中、うちのような中堅がやっていくためには、イノベーションこそが必要だ。今回の商品はイノベーションというには大げさかもしれないけど、こうした積み重ねこそが競争力につながるのだろう」

　（本ケースは実例をもとに脚色したものであり、名称はすべて架空のものです）

理論

　我々の生活はイノベーション抜きには成り立たないし、企業の成長もイノベーション抜きには語れない。たとえば近年、世界時価総額1位に立つことが多いアップルは、2007年に発売した「iPhone」というイノベーションを原動力に、時価総額を15年程度の間に数十倍にまで高めた。iPhoneに代表されるスマートフォン無しの生活はイメージできないという人は多いだろう。広告代理店やアプリ開発企業などにとっても、スマートフォン上のユーザーに時間や関心を割いてもらうことは、企業の盛衰を大きく左右する。まさにスマートフォンは20世紀における乗用車に並ぶインパクトを社会全体に与えたのである。

　グーグルの検索技術も同様だ。ページ・ランクというユニークなアルゴリズムやグー

グル　アドワーズという課金モデルはグーグルの強力な収益源となるとともに、人々の
生活を極めて便利なものにした。近年のIT技術の進化もあり、いまやこうしたイノベー
ションは、企業にも消費者にもかつてないほど身近なものとなり、それを実現できる企
業は大きなアドバンテージと富を得ている。

1●イノベーションとは何か

　イノベーションのマネジメントについて議論する前に、まずイノベーションについて
定義しておこう。イノベーションは「技術革新」など狭い意味で使われることもあるが、
「新結合」という言葉を生み出し、イノベーションを初めて本格的に論じたヨーゼフ・
シュンペーターは、イノベーションを単なる技術革新とは捉えていない。彼は、
1934年に著した『経済発展の理論』においてイノベーションを以下のように定義し
ている。

　　①新しい財貨、新しい品質の財貨の生産
　　②当該産業部門において実際上、未知な生産方法の導入
　　③当該国の当該産業部門が従来参加していなかった市場の開拓
　　④原料あるいは半製品の新しい供給源の獲得
　　⑤新しい組織の実現による独占的地位の形成、あるいは独占の打破

　つまり、技術革新はイノベーションの重要な部分ではあるものの、それがすべてでは
なく、ビジネスモデルのイノベーションなどもその一環というわけである。たとえば
iPhoneについていえば、技術そのものもユニークであったが、ビジネスモデルとして
もユニークであったからこそ、アップルをここまでの成功に導いたと言える。たとえば
以下のような点がビジネスとしてもiPhoneが高収益を叩き出せるようになった理由だ。

　　・世界中で、言語以外はカスタマイズ無し。OSは1種類
　　・App Storeでアプリを自由に入手できる。有料アプリやアプリ内課金のあるアプ
　　　リからは手数料を取る
　　・ユーザーは自由に自分のiPhoneに入れるアプリを選び、自分好みにカスタマイズ
　　　できる
　　・iPodなどの製品と簡単に情報をやり取りできる
　　・アプリが増える→ユーザーが増える→アプリ製作者がアプリを作り、またアプリが

増える→さらにユーザーが増える→…という好循環が生じる（ネットワーク外部性を活用している）
・通信回線などには手を出さず、iOSと機器というレイヤー（サービスの階層）に絞り込んでいる

●───── イノベーションの分類

イノベーションにもいくつかの要素がある。ここではいくつかを紹介しよう。

●ハメルの5階層

　経営学者のゲイリー・ハメルは図表6-1に示したようにイノベーションには5つの階層があるとした。

　一番下のオペレーションに関するイノベーションは、たとえばカーボン用紙を用いることで、同じ内容を何回も書かずに済むといったことなどが分かりやすい（この例はカーボン用紙という製品のイノベーションを伴っているともいえる）。コンビニエンスストアなどの小売店で、冷蔵保管場所の裏側から飲料などの製品を補充するなども、冷蔵保管場所の扉が、前開きが当たり前の時代には、古いものを前に出しやすいということもあり、大きなイノベーションであった。

　製品・サービスのイノベーションは最もイメージが湧きやすいだろう。ケースのお茶の商品開発もその例だ。ソニーのヒット商品「ウォークマン」や日清食品の「インスタントラーメン」も分かりやすいイノベーションの例と言えよう。比較的近年では、ユニクロの「ヒートテック」やフェイスブックなどもこれに含まれる。

図表 6-1　イノベーションの階層

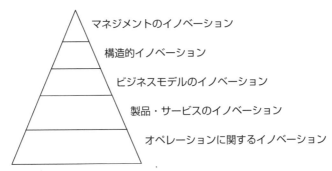

出所：ゲイリー・ハメル『経営は何をすべきか』ダイヤモンド社、2013年をもとにグロービス作成

　ビジネスモデルのイノベーションも身近なものだ。ビジネスモデルとは、ユニークな提供価値とそれを支える経営資源、業務プロセス、収益モデルなどから構成される、ビジネスのあり様を指す。「誰に何をどのように売り、どのように儲けるか」の仕組みと言い換えてもいい。

　いまや当たり前となったファミリーレストランも、それまで個人営業が普通だった飲食ビジネスに、本部による大量仕入れ、セントラルキッチン方式、フランチャイズ制度などを組み合わせて導入したイノベーションである。日本であれば、世界でも最も発達したコンビニエンスストアや宅配便なども、この数十年間で生まれ磨きをかけられたイノベーションである。近年であればアメリカで生まれたライドシェアやバケーションレンタル仲介などもこれに当てはまる。

　4つ目の構造的イノベーションは、ビジネスの秩序自体を革新するものである。たとえば自動車の発明は、馬車をほぼ駆逐し、人々の移動のあり方を根源から変えてしまった。あるいはアメリカのネットフリックスはテレビ局という産業の構造を激変させたし、日本でもユーチューブが変える可能性を持つ。なお、この例からも分かるように、各層のイノベーションはそれ単独で存在するのではなく、他の階層のイノベーションと同時並行的に起こることも多い。

　5つ目はマネジメントのイノベーションだ。ハメルはトヨタ流の生産システムなどをここに位置づけている。稲盛和夫が独自に作り上げた京セラの「アメーバ経営」などもマネジメントのイノベーションと言えよう。第3章で詳述したMBOなども、最初に導入された頃は十分にイノベーションだったと言えるかもしれない。

　一般に、マネジャーが関与することが多いのは1つ目から3つ目までのイノベーションであろう。ハメルは、個別の企業単位で見ると彼が提唱した5つのうち上位2つのイノベーションの方が長年にわたる優位性につながりやすいとしているが、だからと言って、下位3つのイノベーションの価値が低いというわけではない。

　たとえば生理用ナプキンの開発は、女性のクオリティ・オブ・ライフを大きく向上させることにつながった。あるいはペットボトルの発明は、環境負荷という負の側面もあるが、この30年間で人々の「飲料の飲み方」を劇的に変えてしまった。

　イノベーションの価値を何で測定するかにはさまざまな議論があるが、「世の中に与えたインパクト」ということを考えるなら、下位3つのイノベーションも十分に大きなインパクトを世の中に与えうるのである。

● ラディジカル（急進的）イノベーションとインクリメンタル（漸進的）イノベーショ

ン

　インクリメンタルイノベーションはカイゼンやちょっとした工夫を積み重ねて生まれるイノベーションである。たとえば回転寿司の皿にタグをつけて会計の際にそれをカウントできるようにするというのは、このタイプだ。近年ではIoTの技術を導入し、コンベアに長く流れすぎている皿を交換するといった活用もできるようになっている。

　ラディカルイノベーションは、文字通り過激なイノベーションである。テスラの電気自動車などはこの範疇に入るだろう。アメリカではすでに一般化したライドシェアのサービスも、人々のタクシーに関する購買体験やタクシードライバーの生計の立て方を劇的に変えたという意味でラディカルイノベーションと言えるだろう。

　当然、ラディカルイノベーションの方が難しく、マネジメントもしにくい。多くの企業のマネジャーが携わって確実に結果を残したいのはインクリメンタルイノベーションの方だ。

●破壊的イノベーション

　ハーバード大学のクレイトン・クリステンセンが提唱したのが破壊的イノベーションだ（図表6-2）。これは、最初はレベルが低く、市場のローエンドのニーズにしか応えられなかったものが、性能を上げ、市場のメインストリームに躍り出るようなイノベーションを指す。銀塩フィルムの写真に対するデジタルカメラの写真などがその例だ。

　破壊的イノベーションのポイントは、多くは代替材（同じニーズを満たす別の形の製品・サービス）として登場することである。それゆえ、メインストリームにいる企業から見ると、「何だあれ？」「負けやしないよ」というメンタリティに陥りやすい。ただ、

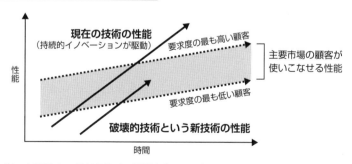

図表 6-2　破壊的イノベーションの進行

出所：クレイトン・クリステンセン『C.クリステンセン 経営論』ダイヤモンド社、2013年

いつの間にか自社の方がオーバースペックになってしまい、気がついた時には市場の大半を奪われてしまうというのが破壊的イノベーションの怖さだ。

　破壊的イノベーションは、多くの企業のマネジャーにとっては、自社で起こす以上に、それを見過ごすという罠を避けたいイノベーションと言える。

◉──── イノベーションは儲かるか？

　イノベーションのマネジメントの議論に入る前に押さえておきたいポイントとして、イノベーションのマネタイズ（収益化）がある。MOT（Management of Technology：技術経営）でよく知られた事実として、最初にイノベーションを起こしたプレーヤー（企業や人）が、必ずしも金銭的なリターンを享受できないという事実がある。イノベーションのさらに前段階の「インベンション（発見）」の段階になるとその傾向はさらに強まる。たとえばGUI（グラフィックインターフェイス）の基盤となる技術を最初に開発したのはゼロックスの研究所であったが、それを商品化してお金に結びつけたのは、初期のアップル、そしてWindowsにそれを応用したマイクロソフトである。
　商品化や市場導入にいち早くこぎつけても市場での競争で敗れる場合もある。日本で初めて生理用ナプキンを製品化し市場導入したアンネは、2年後に後発で市場参入したユニ・チャームにシェアを奪われ、市場から消えていった。これは、創業者があまり経営に長けておらず、またスポンサーだったミツミ電機（現ミネベアミツミ）にとっても門外漢的な製品であったという事情による。ソニーのフェリカ（非接触ICカード）の技術にしても、いまもライセンスフィーは得て一定の収益は上げているものの、電子マネー事業のEdyは赤字が続き、楽天に売却した。ユーザーであったJR東日本のSuicaと

図表 6-3　イノベーションで儲けるための3つの壁

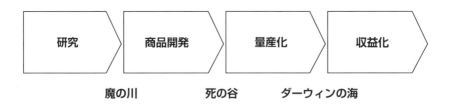

出所：出川通『技術経営の考え方』光文社新書、2004年を一部修正

組めば電子マネーでより主導的な地位を築けた可能性はあったが、いまとなっては後の祭りである。

　特に製品・サービスのイノベーションの場合、マネジャーとしては、図表6－3の3つの壁に気をつけ、可能ならば市場の出口まで導くことが求められる。ただ難しいのは、担当者が往々にして変わってしまう点だ。ケースの井上フーズであれば、品川はマーケターであるから、市場で売上げを上げるところまで責任を持てるだろう。

　しかし多くの企業（特に製造業）では、商品開発の責任者と量産化の責任者とマーケティング・営業の責任者は異なる。バトンタッチをしていく中で、イノベーションを起こした人間の情熱が薄れてしまったりするのもよくあることである。マネジャーはこうした課題にも立ち向かう必要性がある。

2●イノベーションのマネジメント

　ではどうすればイノベーションを起こし、マネタイズまで運べるのだろうか。絶対的な解はないが、マネジャーレベルでイノベーションを加速するヒントをいくつか提示したい。なお、ここではミドルマネジャーが主導することが比較的多い、製品・サービスのイノベーションとビジネスモデルのイノベーションを念頭に議論を進める。

●───ルーティン業務で部下の時間を埋めない

　イノベーションは、まずアイデアからスタートする。そしてそのアイデアは、多くの場合「遊び的な」発想や自由な雰囲気から生まれる。部下の業務時間がたとえば週に40時間だとしたら、ルーティン業務や通常業務の延長にある業務のみでそれを埋めてしまっては、発想力も乏しくなってしまう。それゆえ、部下の時間のある程度は、自由な発想に使えるように確保したい。グーグルの20％ルールや3Mの15％ルールのように会社としてそのようなルールを定めていることもあるが、普通の企業ではそうではない。だからこそ、53ページでも触れたような手法で業務を効率化し、余った時間をイノベーションのためのアイデア出しなどに振り向けることができる体制を作る努力が必要となる。

　そして余裕ができた時間で顧客を観察する、外部の自社とは異なるバックグラウンドの人材と対話する、社員同士で意見をぶつけあうなどは非常に効果的である。

●───水平思考やブレインストーミングを活用する

　水平思考とは、エドワード・デボノが1960年代後半に提唱した、既成の理論や概

念にとらわれずアイデアを生み出す方法である。クリエイティブ・シンキングの大きな要素として紹介されることも多い。エッセンスは、前提を疑う、新しい見方をする、アイデアを組み合わせる、の3つである。たとえば前提を疑うであれば、以下のような発想をしてみるといいだろう。たとえばケースの例でもある「お茶」であれば、以下のような常識をいくつか洗い出し、それを逸脱したものができないかを考えるのである。

・お茶とは色がついているものである
・お茶とは和食に合うものである
・お茶とは数百円程度のものである
・お茶とはノンアルコール飲料である
・お茶は静岡産、最低でも国産でないと売りにくい　等々

　最後の「お茶は静岡産、最低でも国産でないと売りにくい」であれば、この常識を疑い、海外産のお茶をブランド化することを考えてみる、といったアイデアに結びつく。
　水平思考には図表6-4に示した有名なSCAMPERなどのツールもあるので、そうした有名なものはマネジャーも知っておくとよいだろう。
　心理的安全性（129ページ参照）を確保したうえで、ケースにも書いたようなブレインストーミングを行うことも効果的だ。ブレインストーミングでは、以下のことを意識するとアイデアが多数出て、「当たり」が含まれる確率が上がるとされる。

・最初から収束モードに入るのではなく、初期は発散モードを意識する

図表 6-4　SCAMPER（スキャンパー）

Substitute	入れ換えたら？
Combine	結びつけたら？
Adapt	応用させたら？
Modify	修正したら？
Put to other purposes	他の目的に使用したら？
Eliminate	除いたら？
Rearrange/Reverse	並べ替えたら？／逆にしたら？

出所：Bob Eberle, *SCAMPER: Games for Imagination Development*, Prufrock Press,1996をもとにグロービス作成

・数（量）にこだわる

・他人の意見を否定しない

・他人の意見を参考に、それに乗ってどんどん新しいアイデアを出す

・座って行うのではなく、立って行う

・あえて数のノルマを設ける（例：1人必ず5個以上のアイデアを出す）

◉─── 顧客をよく観察する

　顧客の声や行動はイノベーションのヒントをもたらすことも多い。顧客とどのくらい接点を持てるかは部署にもよるが、近い部署であれば、顧客を観察し、そこから学習し、イノベーションにつなげることも可能だ。マネジャーは部下にそうした観察を促し、面白い現象は起きていないか、そこから何かできそうなことはないかという問いかけを行うことが望まれる。

　ヤマト運輸は伝統的にこうした観察がうまい企業とされる。かつて開発した「スキー宅急便」や「ゴルフ宅急便」はもともとヤマトが自ら考えだしたものではなく、顧客が自ら工夫していたやり方にヒントを得、それをパッケージ化して商品化したものだ。

　ユーザーが、企業側の想定していないようなユニークな使い方をすることもある。いわゆるユーザー・イノベーションである。たとえばアパレル企業で、業務用の厨房向けに作ったゴム靴が若い女性に売れた例がある。一見、「なぜ？」と思うような事象であるが、調べてみると妊娠中の女性が滑って転ぶことを避けるために買っていたという。であれば、滑り止めの機能は維持しながら、若い女性向けにデザインやカラーバリエーションの工夫をしたらもっと売れるのではないかという発想ができるだろう。

　いまや当たり前のものとなったマウンテンバイクやスケートボードも、かつてアメリカで若者が自分で作って遊んでいたものにメーカーが着目し、製品化したものだ。

◉─── まずは小さく始めてみる

　クレイトン・クリステンセンは、イノベーションを起こせる人間に必要な力を図表6−5のようにまとめている。ここまでの議論で触れていないのは4つ目の実験力だろう。

　ベンチャーを立ち上げる方法論としてリーンスタートアップという手法があるが、リーンスタートアップではMVP（Minimum Viable Product）と呼ばれる必要最低限の機能を満たすプロトタイプをまず作り、市場で実験することでそれをどんどんブラッシュアップしていく。ビジネスのタイプによっては必ずしもフィットしないことも多いが、近年のIT系のビジネスなどではよく用いられている。いつまでも頭の中で考えていないでテスト的に市場に出し、顧客の意見を聞いてみることは効果的である。

図表 6−5　イノベーション人材に必要な力

項目	説明
関連づける力	普通の人が無関係だと考える分野や問題、アイデアを結びつけて考える力
質問力	現状を把握する質問や、問題を破壊するような質問をする力
観察力	物事を注意深く観察することにより、新しいアイデアを着想する力
実験力	「新しい経験に挑む」、「ものを分解する」、「試作品や実証実験を通じてアイデアを試す」という3つの実験から、新しい洞察を得る力
人脈力	新しいアイデアや考えを得るために、自分のバックグラウンドや考え方と異なる人とつながる力

出所：ジェフリー H. ダイアー、ハル B. グレガーセン、クレイトン M. クリステンセン「イノベーターのDNA」DIAMONDハーバード・ビジネス・レビュー2016年9月号をもとにグロービス作成

●───── **社内を巻き込む**

　最初から社長や事業部長肝いりのプロジェクトの場合や、自部署のみで完結できる場合にはここまでのやり方でいいが、多くの企業の現場ではイノベーションを市場という「出口」に出すまでには他部署の協力が必要になる。

　そこで必要になるのが他部署の巻き込み、そしてしかるべきレベルのマネジャーの決裁である。どれだけ面白いイノベーションの種を見出しても、自分の数段階上のマネジメントである事業部長がそれにノーと言えば、市場に出すことは通常はできない。また、多くのケースでは（特に製造業の場合）、市場に出す以前に量産化のプロセスに進むには予算を確保する必要がある。

　図表6−3に示した壁は、単純に技術的に難しくて乗り越えられないというだけではなく、社内事情で乗り越えられないことも多いのだ。たとえばグロービスのビジネスモデルは、もともと創業者の堀義人が住友商事時代に社内ベンチャーとして提案したものだ。しかし同社では「ビジネススクール事業は商社にはふさわしくない」ということで却下されてしまった（堀が所属していた部署が鉄鋼プラントを扱う部署だったという事情もある）。

　ではどうすれば他部署や上長の協力を取り付けられるのだろうか。第5章で紹介した根回しやWin-Winの関係構築はもちろん必要だが、イノベーションという文脈に立つと、以下のようなことにさらに留意する必要がある。

　　・市場に与えるインパクトや予想される売上げ・利益をしっかり見積もる（振れ幅は

　　あってもいい）
・リスクを取らないとリターンはないことを説得する
・ストーリーとして説得力のあるビジョンを語る
・実際に行動を起こして足で仮説を検証し、市場と対話することで説得力を持たせる
・小さい成果を積み重ねて仲間を募り、社内を説得していく
・自分が持っていない発想の人（例：デザイナーなど）と対話を行い、イノベーションを練り上げ、味方を増やしていく
・社内の「事情」を理解したうえで、関係者の野心や組織的立場に配慮する

　よく大企業ではイノベーションは起きにくいと言われるが、一方で大企業には、優れた技術を持つ異才が組織のいたるところにいることも多い。そうした人々は、自分の能力を認めてもらいたいという欲求を持つものだ。彼らは、筋のいいイノベーションであれば量産化にしろマーケティングにしろ、手伝ってくれる可能性は十分にある。逆に言えば、手伝ってもらうためにも、イノベーションの筋を良いものにしていくことがマネジャーには求められる。

　同時に必要なのはイノベーションに関する志の高さだ。ちょっとした顧客の困りごとを解決することもビジネス的には大切だが、インパクトは多少弱くなる。「この業界の常識を一気に変えてしまいましょう」と言えるくらいの志を持つことが協力も取り付けやすくなるのである。毎回そこまで大きな志を持つイノベーションは生まれないかもしれないが、1度でも実績ができれば「彼／彼女の言うことなら手伝おう」という信頼資産ができるのである。

　経営者や事業部長も、企業や事業の成長は基本的に歓迎である。彼らが気にする、評判やブランドを毀損するリスク、資源が分散しすぎてしまうリスクなどをクリアできれば、イノベーションに対するサポートを得られる可能性は高まる。

　難しいのは既存の事業とカニバリゼーション（共食い）を起こすようなイノベーションの場合である。以下、それについて解説する。

3◉ メインビジネスとのカニバリを避ける

　ここまでは純粋に組織の成長面に寄与するイノベーションを見てきた。これらは社内の巻き込みさえできれば、必ずしも成功が約束されるわけではないが、市場導入にまでこぎつけられる可能性は高い。それに対して、社内の既存事業とカニバリゼーションを起こす事業は、激しい反対にあうことも多い。たとえば銀塩フィルムビジネスを主力事

業としていた頃のコダックにおいて、デジタルカメラに関するイノベーションを推進するのは簡単ではなかったことは容易に推察される。新聞社でデジタル技術を用いたイノベーションが進まないという話もよく聞く。こうしたイノベーションはどのように進めればよいのだろうか。

　現実的には、社内でカニバリゼーションが生じることを許したり、トラブルがあった時に裁定の判断ができるのは経営者ということになるので、経営者を通常のイノベーションより早い段階で説得することが求められる。そのうえで、経営者に必要な経営資源などを与えてもらうのだ。経営資源はお金や人材に限らず、イノベーションを起こしやすいオフィススペースなども含まれる。可能であれば社長直轄のプロジェクトとして運営できる体制にしてもらうと、適宜必要な資源も得やすくなるし、後述する抵抗勢力からの圧力も低減できる。

　ではどうすれば経営者を本気にできるのだろうか。経営者を本気にさせるものとしては以下が典型的だ。

　・可視化された現実
　・象徴的なエピソードや声（特に顧客からの声）
　・イメージしやすい将来ストーリー
　・新しいやり方に関する明確な顧客からの期待

　これらを総動員して「やるしかない」と思ってもらうことが必要である。社内の抵抗勢力についても経営者に収めてもらうことが理想だが、どうしても対峙する必要がある場合には、207ページで後述するようなテクニックを使い、彼らの抵抗を緩和することが必要だ。

コラム：両利きの経営

　チャールズ・A・オライリーとマイケル・L・タッシュマンは著書『両利きの経営』（東洋経済新報社）において、イノベーションは大きく、既存の事業を深めていく「深化」と、新しい事業を開拓する「探索」の方向性があるとした。両者を同時に実行するのが「両利きの経営」である。

　ただ、通常の企業は、深化には目が行くものの、探索はおろそかになる傾向がある。つまり、コア事業やコア技術の強みを生かしたイノベーション、特にインクリメンタルなイノベーションを優先させがちで、新たな分野を切り開くのが苦手だというのである。2人は、それを実践し、「探索」のイノベーションを果実にまでつ

なげる責任は、最終的には企業トップのリーダーシップにあるとしている。つまり、企業トップが真剣にならないと、探索型のイノベーションは生まれないのだ。経営資源の配分や、実践の際の社内調整の難しさ（カニバリゼーションが起きる時は特にそうである）などを考えれば、もっともな結論と言えよう。

　しかし、だからと言ってマネジャーが探索型のイノベーションに全く無縁でいいというわけではない。確かに目の前の仕事に忙殺され、視野が狭くなるケースは多いだろう。一方で、顧客接点に近く、研究開発の現場で起こっていることを見ているのは、やはりミドルマネジャーである。最終的に実行まで担うかはともかく、自分の責任範囲に狭く閉じこもるのではなく、上位のマネジメントに向けて「このようなことができるのではないか」と建設的な提言を行うのもマネジャーの仕事なのである。

4●外部の力を活用する

　昨今、イノベーションにおいて、外部の力をうまく活用しようという動きがある。経営のスピード感が上がったことや、コスト削減の必要性が増したこと、1社でやるにはリスクが高く、それを分担する方がいいといった事情などによるものだ。もちろん、自社の中だけではできないようなユニークな商品開発やビジネスモデル開発につなげられるという側面も大きい。ここでは外部の力を活用するいくつかの手法を紹介する。

◉──── オープンイノベーション

　外部の力を借りるイノベーションの典型はオープンイノベーションだ。もともとはハース・ビジネススクールのヘンリー・チェスブロウによって2003年に提唱された概念であり、「企業の内部と外部のアイデアを有機的に結合させて価値を創造すること」と定義される。他社との共同研究や、サプライヤーとの共同研究などが典型だ。ファーストリテイリングと東レによる「ヒートテック」の開発などは分かりやすいオープンイノベーションの例と言えるだろう。

　オープンイノベーションを進めるためには、まず社外のどこで、どのような技術開発が行われているのかを把握すべく情報収集能力を向上させなくてはならない。企業はもちろん、大学などの研究機関やサプライヤーとのネットワークづくりも大切。外部の技術の目利きができる人材との関係構築も大切である。これらはマネジャー1人の努力で何とかできる部分もあるが、個人では対応しきれない部分も大きい。他部署も巻き込んだ組織的な取り組みを行う必要がある。必然的に、上司や場合によっては経営者を巻

き込む必要性も生じる。

　オープンイノベーションは社外との協業ゆえ、何かしらのコンフリクトは生じるものである。共通の目標を常に確認しつつ、150ページで触れた手法でコンフリクトをマネージし、利益につなげたい。利益配分などを明確にし、お互いの事業に好影響が出ることは必須条件であるが、協業が潤滑に進むためにも、会議体や業務のプロセスなどは、あらかじめルールを定めておくことが望ましい。

　また、組織文化や組織としてのリテラシーやスキルに差がありすぎると円滑な協業が進みにくいことが多い。それを避けるためにも、目先の技術だけにとらわれるのではなく、「そもそも組むのにふさわしい相手か」を見極める、上司と相談したりすることも大切だ。

　オープンイノベーションは経営書などでは経営視点で語られることが多いが、実際に取り組むのはやはり現場だ。だからこそ、マネジャーも、相手に対するリスペクトを持ちつつも、高い志を掲げ、安易なレベルで妥協しない姿勢を持つことが必要なのだ。

◉ ── オープンソース

　特にIT系のビジネスなどでは、社外のオープンソースを活用することも有効だ。オープンソースとは社外で公開されたプログラムのことである。ITの世界では、通常の製造業などとは異なり、情報をどんどんオープンにし、多くの人にそれを使ってもらおうとする文化がある。オペレーティングシステムの「Linux」のように有償のものと同等のクオリティのものも多い。オープンソースを使えば、一から社内でプログラムを作るよりも、短期間、低コストでプロダクトを作ることが可能となる。それは積極的に活用すべきだ。

　一方で、リスクもあるのでマネジャーとしては意識しておきたい。それは、往々にして品質が担保されていないものがあるということだ。無料のオープンソースは自社内で自由に改変していい一方で、どこかにバグがある場合が少なくない。そうしたバグの責任を開発者に問えないことには注意が必要だ。また、有償のサービスにはついてくるサポートサービスも通常はない。

　近年はAWSに代表されるクラウドサービスなど、ITビジネスを加速、低コスト化させる社外インフラがどんどん整ってきている。ITの存在が企業にとって重要な位置を占めるようになってきている昨今、非IT企業のマネジャーであっても、そうしたリソースについてはある程度は理解しておくことが望ましい。

◉──── ハッカソン

　日本でも2010年頃から用いられるようになった言葉にハッカソンがある。これは、ハックとマラソンを掛け合わせた造語であり、エンジニアやデザイナーなどが集まってチームを作り、複数のチームが特定のテーマについて、決められた期間内でアプリなどを開発し、その出来栄えを競うイベントである。期間や予算などにもよるが、イノベーティブなプロダクト（あるいはその原型）が出来上がることも少なくない。日本における初期の導入企業としてはソフトバンクや楽天が有名だ。もともとはIT業界におけるイベントであったが、近年はIT業界以外でも開催されることがある。

　ハッカソンはイノベーションを直接的に生み出すだけではなく、業界のキーパーソンや優秀なフリーランスの人々とネットワークを構築できるといったメリットがある。また、その開催や参加を通じて知識やスキルを得るなど、部下の能力向上などにつながることも期待される。つまり、会社全体としての中長期的なイノベーション創出力を高めることにもつながるのだ。自社でハッカソンを開催する、あるいは外部で開催されているハッカソンに部下を参加させるといったことを、費用対効果も意識したうえで検討することもこれからのマネジャーの仕事の1つだ。

第7章 ● 組織変革のマネジメント

POINT

　経営環境が激変する中で組織変革の重要度はますます増している。最終的には経営者の巻き込みが必要となるが、ミドルマネジャー発の変革の必要性も増している。経営者に比べ「武器」の少ないミドルマネジャーは、それを踏まえたうえでどうすれば仲間を増やしつつ抵抗勢力を緩和できるか、どうすれば経営者を本気にさせられるかなど、知恵を絞る必要がある。スキル以上に胆力等が重要な意味を持つことも理解すべきだ。

CASE

　バイオサポート社の東日本営業1課課長の須藤要と同じく営業2課課長の川渕雄二は今日も2人、居酒屋で話し込んでいた。このままの営業体制ではおいおい同業のアプライドケミカルバイオロジー社（以下ACB社）に負けてしまうというのが2人の危機感であった。

　バイオサポート社はもともと欧州系の会社で、日本では合弁企業としてスタートした。いまでも株式比率は50対50の合弁会社である。社長は、欧州本国から赴任したダニー・スベンソン氏が務めていた。扱うのはバイオ関係の測定機器や試薬などで、その分野では非常に強い地位を築いている。顧客となるのは、大学の研究室や国公立の研究室、そして医薬品メーカー、食品会社、化粧品メーカーといった、バイオ系の研究をしている組織である。

　そこに台頭したのが、米国系のACB社である。同社はバイオサポート社とほぼ同じ領域でビジネスを展開しており、最近ではバイオサポート社のシェアをどんどん奪っていた。顧客のニーズに応えるソリューション営業力の強さが同社の躍進を支えていると須藤と川渕は見ていた。バイオサポート社の営業は昔ながらの「製品売り」の側面が強く、利益管理も製品単位で行われていた。営業担当者の評価もトータルの売上げと製品ごとの売上げが強調されたため、どうしても製品に目が行きがちになる。一方、情報によるとACB社は製品ごとの売上目標はなく、トータルの売上高と粗利を強調するものであった。「製品を売るのではなく、顧客にソリューションを提供することで売上高と

粗利を最大化する」というのがACB社の戦略であった。

　そしてそれを支えるのがACB社の強力なカスタマーサポート部隊である。営業が顧客のニーズを拾うと、それに応えるべく微調整をしてくれる。外部のITベンダーとの協力体制もよくできており、ちょっとしたプログラムやアプリの作成などをスピーディに行うことで顧客に便益を提供できるのも同社の強みであった。

須藤「確かにうちの製品そのものは品質もいいし、コストも安い。製品単体で見ればうちの方が強いのは間違いない。ただ、製品力の高さに油断して、顧客にソリューションを提供しきれていないのが事実だ」

川渕「そうだな。社内の研修も主に製品に関する説明ばかりで、ソリューション営業などに関するものはほぼない。まあそれは我々の責任でもあるわけだけど、営業は、良い製品を顧客に売り込むのが仕事だと思っている。特にベテランの営業ほどその傾向が強い」

須藤「彼らは製品については知識が豊富だし、どういう説明をすれば顧客に響くかということを知っているからな。予算を聞き出してその範囲でモノを売る能力には長けているけど、顧客の予算を広げるような提案ができる人間はほとんどいないね」

川渕「我々自身も、売上げと製品別の売上げで評価されるから、なかなか大胆なことはできないしなあ。でもこのままだと、おいおいACBに抜かれるんじゃないかな」

須藤「同感だ。ただ、上の方は危機意識がないんだよな。むしろ製品力の強さに慢心している。社長のスベンソンさんはずっと製品開発畑だったせいか、営業については数字さえ上がればいいという姿勢で、売り方を変える必要性を感じていない。このままではどんどんうちのシェアは落ちていくぞ。うちも抜本的にソリューション提供できる組織にならないと」

川渕「ただ、そのためには組織の変更も必要だし、採用や育成の方法論を抜本的に変える必要がある。ACBのようなカスタマーサポート部隊を作ることも検討する必要があるかもしれないけど、うちのカスタマーサポートの体制では役者不足だ。彼らは製品のトラブルシューティングを仕事だと思っているし。かなり大がかりな変化が必要だけど、トップが動いてくれないと、我々だけではどうしようもない」

須藤「どうすればスベンソン社長は動いてくれるかな。ヨーロッパ本国に納得してもらう必要もあるし、ハードルは高そうだ」

川渕「変わる必要性があることをもっと強く訴えるしかないのかな」

須藤「そのくらいじゃ聞いてくれない気がする。スベンソンさんにもっと真剣になってもらう方法を考えなくては」

川渕「どうしたものか……」

　2人の議論は尽きなかった。
　翌日、須藤はたまたま西日本営業1課課長の芝優子とオンライン会議を行った。芝は主に大阪と京都エリアを担当している。

芝「関西はもっと大変よ。京大とか阪大とかバイオに強い大学があるせいもあって、もともと関西の方が先を行っている面があるけど、ACBはその辺にもかなり食い込んできている。そうしたインフルエンサー的な顧客を奪われたらどんどんうちの居場所はなくなるわ。うちももっとソリューション営業の力をつけないと」
須藤「同じことを皆感じているんだな。東日本だけの問題ではないと思っていたけど、やはり問題意識は同じなんだ」
芝「こうなったら、営業課長全員でスベンソン社長に直訴しましょうよ」
須藤「直訴？」
芝「数の力は大事よ。いま営業課長は全国で7人。全員がこのままではダメだと言えば、スベンソン社長だって考えるでしょう」
須藤「まあそうかもしれないけど。7人が皆同じ意見かな。少なくとも自分と川渕課長は同じ意見だけど、西日本営業3課の川上課長なんかは、むしろ旧来型のモノ売り志向の強い人だ。彼のテリトリーはACBもまだそこまで食い込んでいないから、賛同してくれるかどうか」
芝「確かに川上課長はそうかもしれない。でも、大野課長は我々と同意見よ。他の2人、小島課長と井上課長は中立派かな」
須藤「ということは、営業課長7人の中で、改革派4人、中立派2人、反対派1人といったところか。カスタマーサポート部なんかはやはり反対派になる気がするから、必ずしも味方が多いとは言えないな」
芝「まず中立派の小島課長と井上課長を味方にできれば、反対派の川上課長だって、おいおい反対とも言えなくなるでしょう」
須藤「そううまくいくかな」
芝「行動を起こさないと何も動かないと思う。西日本の小島課長は自分が説得するから、東日本の井上課長は須藤課長と川渕課長の方で何とか説得してよ。そうすれば6人が改革派になるわけだから、ずいぶん変わると思う」
須藤「まあ、営業の実務の中心にいる我々が数の力で迫れば、スベンソン社長も考えてくれるか…。しかし、部下たちのこともあるからな。頭に描くだけでも、何人かはこの

変化にはついてこれないように思うが、どうしたものか」

芝「組織の変革に痛みはつきものよ。市場から追い出されるよりも、変化して生き残ることが大事だと説得するしかないでしょう」

須藤「組織の変革、か」

芝「そう、これは変革よ。みんなの意識を変えないとうまくいかない。まずは我々が自分たちを信じて変革の必要性を説くしかないでしょう。いま、一番問題意識を持っているのは我々なんだから」

須藤「そのための味方作りか。大変だけど、いまやらないと手遅れになるかもしれない。完全に追い抜かれてから着手じゃ遅いよな」

芝「そうよ。やりましょう」

須藤「腹をくくってやるしかないね」

　こうして須藤らによるミドルからの組織変革はスタートした。組織変革の教科書にのっとり、危機意識を醸成すること、そして味方を増やすことからのスタートであった。川渕が発案したのは、スベンソン社長を顧客に会わせることであった。

川渕「昔IBMの変革をしたガースナー会長がまずやったことは、役員陣に顧客の不満の声を直接聞かせることだったらしい。スベンソンさんはあまり客先に行かない人だ。彼だって顧客のシビアな声を聞けば、考え方を改めてくれるんじゃないかな」

　そして、川渕らは何とか理由をつけて、典型的な不満を持つ顧客をスベンソン社長に引き合わせた。以下がそこで出た顧客の声だ。

「いまはまだ機能性に勝るバイオサポートの製品を使っているけど、ACBとの差はどんどん詰まっていると感じている。おいおい、うちの研究所はほとんどACBのものを使うことになるでしょう。実際に製品を使っている研究員もそちらを支持していますから」

「バイオサポートさんは殿様商売なんだよね、昔から。ACBはその点、顧客視点に立ってくれる。どちらを買うかは明確でしょう」

「ACBは痒いところに手が届くサービスがあるのが嬉しいね。バイオサポートさんはモノは良いんだけど、サービスがねえ。営業もスペックのことしかしゃべれないし」

　スベンソン社長にもこの声は響いたようだった。須藤らはさらに最近のバイオサポートとACBの推定シェアの推移などを切々と説き、このままでは未来はないことを説い

た。最初は懐疑的だったスベンソン氏も「分かった。本社に相談してみる」と言うに至った。本社も、売上げの比重の大きい日本市場を失うことは本意ではないということで、日本のバイオサポート社に一任するということになった。

　そして本格的に「ソリューション推進プロジェクト」がスタートした。プロジェクトリーダーになったのは芝である。彼女は、すでに配下の部下の説得にも成果を収めていた。「このままだと、あなたたちの仕事はなくなるわ。ソリューション営業は難しいけれど、その能力を身につければ、最悪、どこに行っても食べていけるわよ。大変かもしれないけど、自分のためだと思って頑張って。最大限のサポートはするから」。このようなメッセージを繰り返し発することで、部下の意識を変えていった。また模擬商談などを行うことで、スキルアップも支援していた。ベテラン営業担当者の中にはそれまでのやり方を変えないものもいたが「それは仕方がない」と割り切ることにした。「若い人がしっかり変われば、会社も変わるし、成長する」という考え方だった。

　最大の抵抗勢力となったのはカスタマーサポート部であったが、スベンソン社長は新しい人材を採用することなども含めてその力を弱めていった。

「ソリューションを提供するうえで、柔軟なカスタマイズは必須だ。過剰なカスタマイズまでは要求しない。それでは人手がいくらあっても足りないから。ただ、お客さんを引き留めるには、やはり一定レベルのカスタマイズ力は必要なんだ」

　社長がその気になったこともあり、組織変革は徐々に進み始めた。最初はスキルが追いつかず、うまくいかないことからフラストレーションをためる営業担当者もいたが、社内でも少しずつ成功体験が生まれ、それが横展開されるにしたがって、「できる」という空気が形成されていった。

　そして2年が経った。バイオサポート社のシェアは持ち直していた。ACBに流れた顧客がまたバイオサポートに戻るという現象も生まれていた。まだまだ組織変革は途上であったが、芝や須藤、川渕らは確かな手ごたえを感じていた。

　（本ケースは実例をもとに脚色したものであり、名称はすべて架空のものです）

理論

　どのような企業であっても、同じ戦略、同じ組織構造、あるいは同じ企業文化でずっと市場に残れることはない。業界を取り巻くマクロ環境（政治、経済、技術、社会などの環境）や、顧客ニーズ、あるいは競合や代替サービスの動向などは刻々と変わっていくからだ。市場から退出せざるを得なかった企業、あるいはかつての圧倒的な地位から陥落した企業は、端的に言えばこうした変わりゆく経営環境に対応できなかった企業ともいえる。

　たとえば銀塩フィルム分野で世界最大企業だったコダックは、銀塩フィルムがデジタルカメラにどんどん代替される中、その動きについていくことができず、連邦破産法11条を申請することになった。単に戦略を変えることができなかっただけではなく、管理職や従業員の意識や行動を変えることができなかったのだ。一方で、同様の環境変化に晒された富士フイルムは、いち早くデジタル化に舵を切り、新しいタイプ（例：機械工学系など）の人材を採用して人々の意識や行動、さらにはスキルも変えていくことに成功し、現在も優良企業として生き残っている。

　かつて日本のGMS（総合スーパー）を牽引したダイエーや、会社更生法を申請するに至った頃の日本航空（JAL、後に再上場）も、変化に適応できなかった例と言えよう。アメリカのDVDレンタルのブロックバスターや玩具販売のトイザらスも、一時期は圧倒的な地位にありながら倒産してしまった。

「強いから生き残れるのではなく、変化に適応できたから生き残れるのだ」という進化論的なコメントがビジネスにおいてもしばしばなされる。生物学と違うのは、生物は自らを進化させるのではなく、たまたま環境に適応できた種が生き残るのに対し、企業は自ら変わることができるということだ。経営環境の変化に自社を適応させることは、VUCAの時代、その重要度をますます増している。そしてそのように自社を変えていくことが組織変革である。

1●組織変革とその典型的プロセス

●───組織変革とは

　組織変革とは端的に言えば、「環境変化に合わせ（あるいは先取りし）、適切なビジョンや戦略を打ち出し、人々の意識・行動を変え、結果を残すこと」である。

　組織変革は、第1章でも触れたようにリーダーシップ行動と相性がよく、「変革のリーダーシップ」などとして解説されることも多い。また、組織変革の多くは、企業のリーダーである経営者が前面に立ち、トップダウンで行われることが多い。ケース中に触れられたルイス・ガースナーによるIBMの変革や小倉昌男によるヤマト運輸の大型トラック輸送業者から宅配便業者への事業革新・組織変革もそうである。2010年からのJALの再生における稲盛和夫のように、外部招聘された経営者が組織変革の指揮を執るケースも増えている。

　組織変革とは組織を大きく変えるものゆえ、そこにトップの関与が必要なのは間違いない。では課長クラスのマネジャーが組織変革と無縁かといえばもちろんそのようなことはない。ケースのように、課長クラスのマネジャーも、力を合わせれば大きな勢力となり、組織を望ましい方向へと導くことは不可能ではないのだ。

　課長クラスではないものの、ミドル発の変革として有名なのが、旧国鉄のJRへの変身である。当時の国鉄は、高い人件費、「お役所的」で評判の悪い接客、戦闘的組合（それゆえしばしば生じるストライキやサボタージュ）といった問題に悩まされ、巨額の債務を抱えていた。通常の企業であれば倒産してもおかしくない状況であったが、「親方日の丸」の立場、あるいは「サービスが悪かろうがインフラとして使わざるを得ないユーザーが多い」といったことにあぐらをかき、変化しようという姿勢はほぼなかった。

　こうした状況に危機感を抱き、国鉄解体を訴えたのが、「国鉄改革3人組」と称された井手正敬（後にJR西日本社長）、葛西敬之（後にJR東海社長）、松田昌士（後にJR東日本社長）といった局長クラスだ。彼らが変革の先頭に立ち、組織内で雪だるま式に支持を集め、国鉄という非常に大きな組織を解体、JRグループへの再編へと導いたのである。民営化の功罪はいろいろ言われるが、功の部分として、接客サービスの向上や、ビジネスマインドを持ったことによるエキナカサービスの充実、鉄道事業以外のビジネス（ショッピングセンター、ホテルなど）の拡充があったことは間違いない（法改正にも後押しされた）。Suicaの導入なども国鉄のままであったらかなり遅れたであろう。

　トップダウンの組織変革においてもマネジャーの果たす役割は重大だ。現場というものは往々にして経営の意図が分からず、既存のやり方にこだわり、抵抗勢力と化すこともあるからだ。組織変革論で著名なジョン・コッターも、変革が進まない理由の1つにマネジャーレベルの意識の低さやリーダーシップ不足を挙げている。逆に言えば、マネジャーが組織変革を導く経営者の良きフォロワーとなり、率先して部下の意識・行動を変えることができれば、変革は一気に進むことになる。

　本書では、ケースでも触れたような、ミドル発の組織変革をメインテーマとして取り上げる。

◉────── **組織変革の典型的なプロセス**

　組織変革のプロセスに絶対的な正解はないが、ここでは2つの著名なフレームワークを取り上げる。これらはトップダウンによる組織変革を前提にしている部分もあるが、ミドル発の変革においても通じる部分が大きい。

● **レヴィンの3段階**

　心理学者のクルト・レヴィンは、組織変革は、①解凍、②変革（移動）、③再凍結の3つのプロセスが必要とした（図表7−1）。

　解凍は、現状の均衡状態を打ち破るものだ。現状から離れる行動を起こさせる推進力を増すことと、既存の均衡した状態から離れることを妨害する拘束力の低下がポイントとなる。それによって、組織は次のフェーズである変革（移動）に移行できるというのがレヴィンの主張だ。ただし、組織変革は往々にして中途半端に終わり、以前の好ましくない均衡状態に戻ることが多い。そこで、変革によって到達した地点にとどまる再凍結が必要になるのである。

● **ジョン・コッターの8段階の組織変革プロセス**

　ジョン・コッターは、大規模な組織変革を推進するために次の8段階の変革プロセスを提唱している（図表7−2）。

図表 7−1　レヴィンの変革モデル

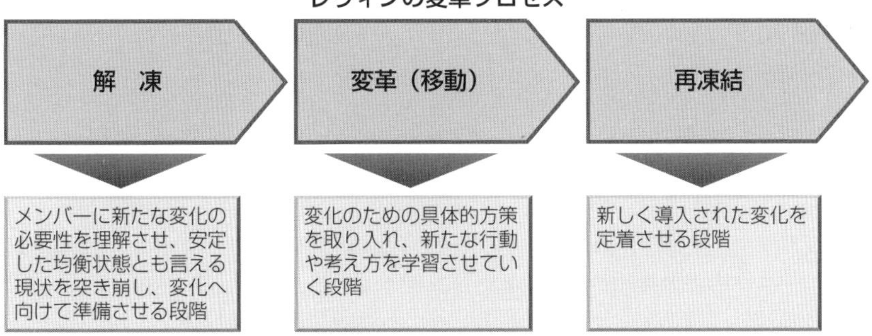

レヴィンの変革プロセス

解凍	変革（移動）	再凍結
メンバーに新たな変化の必要性を理解させ、安定した均衡状態とも言える現状を突き崩し、変化へ向けて準備させる段階	変化のための具体的方策を取り入れ、新たな行動や考え方を学習させていく段階	新しく導入された変化を定着させる段階

❶ 危機感を醸成する

市場と競合の状況を分析し、自社にとっての危機や成長機会を見つけ、検討することで、組織変革に携わる関係者の間に「危機意識」「緊迫感」を生み出すことがまずは必要となる。

❷ 指導者グループを形成する

組織変革をリードできるチームを築くことが次のステップとなる。スキル、人脈、信頼資産、権限などが一定レベルあることが望ましい。マネジャー1人では変革は進められないので、同志を募ったり、時にトップを含む上長を巻き込んだりすることが必要となる。ケースでは、7人の営業課長のうち6人を早期に巻き込もうとしたことが奏功した。

❸ 変革のビジョンとそれを実現するための戦略を創り上げる

現実的にはこの部分が難しい。ファクトに基づき、皆がワクワクできるビジョンを構築するとともに、それを実現できる理にかなった戦略の立案が求められるからだ。ある程度の経営学のリテラシーは必須である。

❹ 変革のビジョンと戦略を伝える

あらゆる手段を活用して継続的に新しいビジョンと戦略を全社に伝えることが求められる。また、組織変革推進チームのメンバー自らが、ロールモデルとして範を示すことも必要だ。マネジャー発の変革の場合、相当に腹をくくり、これを実行する必要がある。ケースの芝などはそれを体現していると言える。

❺ 変革のビジョンと戦略を実現するためにエンパワーする

障害となりうる組織構造やシステムを改編し、部下にエンパワーすることで、彼らがリスクをとれる状態とすることが求められる。組織構造やシステムの変更はマネジャーレベルではできないので、早期のトップの巻き込みが必要になる。

❻ 短期的な成功を作り出す

人間は「できる」という感覚がないとなかなか先に進めない。「スモールサクセス、クイックヒット」と言われるように、小さな成功体験でもいいので、早いうちにそれを積み重ね、人々の意識を前向きにする必要がある。また、成功した人を褒めて承認欲求を満たすなどし「結果を出せば報われる」という意識を持ってもらうことも必要だ。

図表 7-2　コッターの8段階の変革プロセス

1. 危機感を醸成する
2. 指導者グループを形成する
3. 変革のビジョンとそれを実現するための戦略を創り上げる
4. 変革のビジョンと戦略を伝える
5. 変革のビジョンと戦略を実現するためにエンパワーする
6. 短期的な成功を作り出す
7. 努力を維持する：さらなる変革を生み出す
8. それらを企業文化として定着させる

出所：John Kotter, *Leading Change* , Harvard Business School Press,1996

❼ 努力を維持する：さらなる変革を生み出す

　後述するように、組織変革のプロセスは必ずしも順調にはいかない。自らコントロールできない事由でエネルギーレベルが乱高下することも多い。そうした時でも人々を動機づけ、前進を怠らないことが必要だ。これもマネジャーの一存ではできないことではあるが、結果を出している人を昇進させ、組織変革に強くコミットさせるとともに社内に対し、変革推進への強い意志を示すことなども有効である。

❽ それらを企業文化として定着させる

　組織変革は、企業文化として根付いてこそ完了したと言える。後継者の育成を進めるなどすることで、変革を企業文化として定着させることが必要だ。これがうまくできると、変化に先立って変革をしようとする組織へと変われる可能性が増す。これは当然、企業の生存確率を高めることにつながる。

2● ミドル発の組織変革の難所

　組織を分析する著名なフレームワークに７Sがある（図表7-3）。これに当てはめると、組織変革とは、Strategy（戦略）を変えるだけではなく、最終的にはShared Value（共通の価値観）やStyle（組織文化）を変えることともいえる。それに向けて、仕組みであるStructure（組織構造）やSystem（経営システム）を変え、加えて属人的なリーダーシップで人々を鼓舞するのである。

　ただ通常、マネジャー発の組織変革においては、トップダウンの変革とは異なり「武

図表 7-3　7S

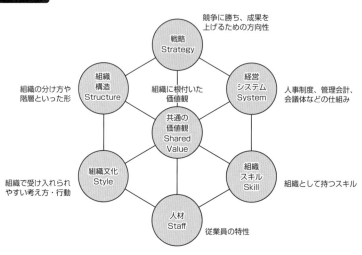

出所：R. H. Waterman, T. J. Peters and J. R. Phillips, "Structure is not organization," *Business Horizons*, 1980を
もとにグロービス作成

器が少ないこと」が大きな妨げとなる。武器とは、図表7−4でいえば、特にSystem
やStructure、Staffなどに関する部分だ。通常、マネジャーはトップとは異なり、組
織図や評価報酬システムを変える権限、人事異動の権限、採用の権限などはない。ガー
スナーによるIBMの変革では、彼は初期に組織構造を製品別ではなく業界別（ソリュー
ションのタイプ別）に変え、それが人々の意識や行動にも影響を与えたのだが、そうし
た武器を使えないのがマネジャーの悩みとなる。

　必然的に、マネジャー発の組織変革においては、武器を手に入れるためにも、トップ
の早期の巻き込みが必要になる。そのためには、イノベーションのマネジメントの箇所
（190ページ参照）でも触れた「可視化された現実」「象徴的なエピソードや声（特に顧
客からの声）」「イメージしやすい将来ストーリー」「新しいやり方に関する明確な顧客
からの期待」といった要素に加え、「一定レベルの経営リテラシー」「変革に向けて志を
同じくする仲間」が求められることになる。

　一定レベルの経営リテラシーは、戦略やビジョン構築にも必要だし、それにふさわし
い人事制度や組織構造を検討する際にも必須となる。人事制度1つを取ってみても、採
用から配置、育成、評価報酬、退出（退職）などさまざまな要素を、整合性を持って実
施しないと、人は思った方向には動いてくれないからだ。「あの人の言うことは理にか

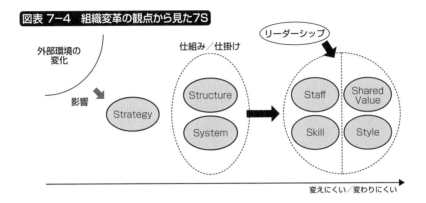

図表 7-4　組織変革の観点から見た7S

外部環境の
変化

影響

仕組み／仕掛け

リーダーシップ

Strategy

Structure

System

Staff

Shared
Value

Skill

Style

変えにくい／変わりにくい

なっていない」と思われた瞬間に人々の協力への姿勢は弱くなる。それを避けるために
も、経営や人間に対する理解を深めることは必須なのだ。

　経営リテラシーが高まれば、ビジョン＝あるべき姿もより魅力的なものが描けるよう
になることが多い。組織変革のような大事において、人々を動かすのは「健全な危機意
識」と同時に「明るい未来像」であるという基本は押さえておきたい（117ページ参
照）。

　変革に向けて志を同じくする仲間は、当然その数が多いほど、経営者もその声を無視
しにくくなる。仲間を増やすためには、切々と変革の必要性を説き、説得するのが結局
は早道だ。可能であれば、組織の優秀な層、重要な層から味方を増やし、経営トップや
組織全体に影響を与えうる閾値を早くに超えたい。

　一般に組織変革に対する姿勢は、ケースにもあったように、賛成、中立、反対に分け
られる。反対派は取り込むのが難しく、賛成派は比較的簡単に味方になってくれる。そ
れゆえ、中立の層をいかに味方につけるかが、成否の分かれ目になることが多い。誰が
中立かを固有名詞レベルで見極め、その人たちを巻き込んでいく。「早く協力するほど
いい」という状況になり、バンドワゴン効果でどんどん味方が増えることが理想だ。

　その際に気をつけるべきは、彼らの事情だ。総論では賛成でも、各論となると反対に
回る層は一定比率いるものだ。知識や意識のギャップ、立場などにも配慮したうえで説
得しないと、無駄に敵を増やすことになる点には気をつけたい。「ただでさえ忙しいの
に仕事を増やすな」といった声が出るのは避けたいところだ。経営トップをうまく活用
し、彼らを「サボタージュのできない立場に追い込む」といったやり方も考えられる。

◉───── **変革人材に求められるメンタリティ**

　組織変革という文脈においての「優秀さ」というのはスキル面よりも、メンタリティ
を指すケースが多い。
　一般に変革人材は以下のメンタリティを持っているとされる。常日頃からの観察を通
し、確実に味方につけたい。

● **安易に現状に満足せず、変化することのリスクを恐れない**
　現状を客観的に見つめて、改良点、不足点を見つけ出し、良い方向に変化していこう
とするポジティブなメンタリティである。変化することに対してリスク許容度を大きく
持ち、変化を恐れることなく、自ら主体的にリスクをとって成長を追い求める姿勢があ
ることが望ましい。

● **容易に諦めない粘り強さ、目標実現のための柔軟性がある**
　変革人材にはコミュニケーション力が求められるが、それは単なる対話力ではなく、
相手を納得させ、共に行動することを動機づける説得力である。根底に、絶対に諦めな
いという、粘り強い意志の力がなくてはならない。また、目的のためなら手段を選ばな
いといった冷徹さもプラスに働くことがある。

● **自分の軸となるビジョンや価値観を持っている**
　組織変革を強力に推進するためには、自らの生き方や仕事観、判断の基準としている
価値観を明確に認識することが求められる。そうした確固たる拠り所があることで、周
りを巻き込んで変革を進める際の判断や行動にぶれがなくなる。もちろん、それは企業
理念や新しく実現したいビジョンに沿っている必要性がある。

● **強い当事者意識を持っている**
　変革人材に求められる最も大事なメンタリティは、自分が携わる事業に対して、ある
いはプロジェクトに対して、どれだけ当事者意識を持ってコミットできるかだ。自分が
携わる事業を通じて社会に価値を提供して貢献し、自己実現したいという、湧き出る熱
望や動機こそが変革を推進する。

3◉抵抗勢力への対応

　組織変革において一大テーマとなるのが抵抗勢力への対抗だ。抵抗勢力は、上司レベルや同じマネジャーレベルにもいるし、部下の中にもいるかもしれない。それらの力を徐々に弱めることが、変革の先頭に立つマネジャーには求められる。抵抗勢力への対抗策として有名なのが、コッターの6つの手法の使い分けである（図表7-5）。

　これらを、抵抗の強さや抵抗を生じさせている心理に照らして使い分けていくのである。また、彼らの影響力も勘案した「抵抗度×影響力マトリクス」を用い、異なる対応をとることも効果的だ（図表7-6）。

図表 7-5　抵抗勢力への対応

アプローチ方法	状況	利点	欠点
教育とコミュニケーション	情報が足りない場合。もしくは不正確な情報による間違った分析がなされた場合。	一度納得すれば、変革の実施に協力することが多い。	多くの人々を相手にすると、非常に時間がかかりかねない。
参画と巻き込み	再編の主導者が再編を計画するために必要な情報をすべて持っておらず、抵抗しそうな相手が相当な力をもっている場合。	参画した人は変革の実施に熱心に取り組むだろうし、彼らが持つ関連情報のすべては計画段階で活かされる。	参画者が見当違いの計画を立てると、非常に時間がかかりかねない。
援助と促進	変革に適応できない人々が抵抗している場合。	適応の問題に対処するには、この手法が最も効果的である。	時間とコストがかかるが、成功は保証されない。
交渉と合意	特定の個人またはグループが変革の結果損をすることが明らかであり、しかもその人々が抵抗するとやっかいな場合。	時として、手強い抵抗を比較的簡単に回避することができる。	変革に従うと見返りがあると気づき、交渉する人が増えてくると、多くの場合は実行不可能なほど高くつくことになってしまう。
操作と取り込み	他の手法がうまくいきそうにない、またはコストがかかりすぎて使えない場合。	比較的短期間に、しかもコストをかけずに抵抗問題を解決できることがある。	人々が「操られている」と感じると、別の問題に発展しかねない。
直接的強制と間接的強制	変革のスピードが最も優先されるべき事項で、しかも変革の主導者が大きな力をもっている場合。	あらゆる種類の抵抗を短期間で制圧することができる。	人々が変革の主導者に怒りを持つと危険である。

出所：ジョン・P・コッター『第2版　リーダーシップ論』ダイヤモンド社、2012年

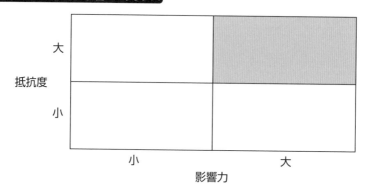

図表 7-6　抵抗度×影響力マトリクス

　一般に、抵抗勢力が生まれる心理には大きく以下の3つがある。コミュニケーションを通じて、そのうちどれが強いかをしっかり理解しておく必要がある。たとえば2番目の要素が強いのであれば、「得られるチャンスの方がはるかに魅力的ですよ」などと説得できれば、相手の抵抗も弱まる可能性が高い。

・基本的に変化が嫌。昨日と同じことをするほうが、楽でリスクが少なく、習熟によってもっと効率化できると考えがち
・新たに得られることよりも、いま持っているものを失うことを恐れる。結果として、チャンスに目が向かわず、失うリスクばかりにフォーカスする
・いままで積み上げてきた努力が大きいほど、捨てることへの抵抗が大きくなる（授かり効果）。それを失うことをもったいないと考えてしまう

　マネジャーにとって難しいのは、「直接的強制と間接的強制」や「操作と取り込み」という、経営者にとっては使える武器が使いにくいことだ。特に有形無形の強制はそうである。先述した小倉昌男が宅配便事業を始めた際には、早期に反対派の役員をほぼ全員更迭するとともに、変わりたくないトラックドライバーは、（実権はあまり与えずに）「センター長」という「名」を与えて承認欲求を満たすといった方法を用いた。これは経営者の中でもオーナー企業の経営者だからできたともいえるわけだが、マネジャーにはそれは通常使えないのだ。

　だからこそ、抵抗勢力となっている事情を考慮したうえで、落としどころを探る交渉や、手助けといった支援の技術や人間理解により秀でる必要性があるのである。また、

先述した抵抗勢力が生まれる3つの理由のうち、3つ目はシニアの従業員ほど強く持つことが多く、「直接的強制と間接的強制」（例：早期退職制度の導入や、象徴的な人事異動）しか抵抗を緩和する手段がないということも多い。それについては、経営トップに勇気を持って決断してもらうよう迫ることも求められる。

◉─── そもそも抵抗勢力を生まない組織を作る

　マネジャー以上の上長レベルに対して行うのは難しいかもしれないが、自部署については、そもそもそのような抵抗勢力を生まないような予防策を施すことが、より効果的である。そのための典型的な方法論が以下の2つだ。

●組織に揺らぎを与え続ける

　組織の方向性や勝ちパターンが定まると、そこから効率化や改善が始まり、「捨てられないもの」が蓄積してしまう。それが抵抗勢力の温床にならないように職務の変更やローテーション、業務プロセスの間断のない変更などを行って、組織に揺らぎを与え続ける。柔軟に不要なものを捨てられる機敏な組織であり続けることが重要だ。

●変革を常態化する

　いまや組織変革なくして、事業や企業の存続は考えられない。持続的、あるいは数年おきには変革を行わなくては、時代の流れについていけない。「変革→組織へ浸透→改善・効率化→変革」のサイクルを、小さくでもいいから常に回し続け、変革の経験値を持った人材を増やし続けることが重要になってくる。そうした人材の厚みが増すことは、マネジャー発の変革を容易にすることにもつながる。

4◉組織変革のエネルギーのマネジメント

　組織変革は一本道では進まない。途中で紆余曲折もあれば、成功・失敗は当然起きる。そこで一喜一憂しすぎても変革はうまくいかない。通常、図表7−7に示したようにエネルギーレベルは乱高下するものだ。
　マネジャークラス同士や、マネジャーの部下は往々にして視座は低い。全体感を持てないことが、こうした乱高下をより大きなものにする。それゆえ、変革の先頭に立つマネジャーは、以下のことを行うことが必要だ。

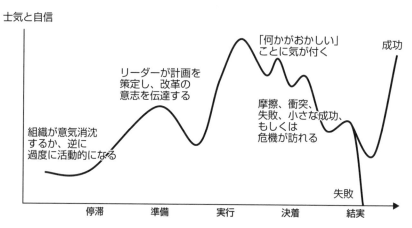

図表 7-7　エネルギーレベルの乱高下

変革の途中で紆余曲折が生じるのは「当たり前」のこと

士気と自信

リーダーが計画を
策定し、改革の
意志を伝達する

「何かがおかしい」
ことに気が付く

成功

摩擦、衝突、
失敗、小さな成功、
もしくは
危機が訪れる

組織が意気消沈
するか、逆に
過度に活動的になる

失敗

停滞　　　準備　　　実行　　　決着　　　結実

出所：ジーニー・ダック『チェンジモンスター』東洋経済新報社、2001年をもとにグロービス作成

◉────**変革の成否に対する疑念を晴らす**

　日常の成功失敗から一歩離れて、客観的に変革プロセスを評価し、それを伝えることが効果的である。具体的には、変革プロセスの中で自分たちがどのフェーズにいるのか、そこであるべき期待水準はどこか、現状をどう評価すべきかをしっかりコミュニケーションするのである。

　よくあるのは、組織変革における諸問題（時には非常に小さな問題もある）が、変革推進者やフォロワーのマインドに影響し、そうした心情の落ち込みが変革の阻害要因となることだ。たとえば変革の途上でバタバタしていてオペレーションが多少混乱している時に、顧客にクレーマー的な罵声を浴びせられるなどである。仮に組織変革が大枠では推進していたとしても、こうしたトラブルは変革の渦中にいる人間にとっては心理的ダメージが大きい。

　また、変化への期待が過度に高まった時などは、多少のトラブルがあって一見変革がうまくいっていないように見えると、かえって幻滅の危険が大きくなることもある。

　それゆえ、その時々の疲れやフラストレーション、心理的ストレスを、組織変革そのものから発生するものと識別し、説明することが大切になる。また、過度な期待を持ち

すぎないように、期待値をしっかりコントロールすることも有効だ。バラ色の未来はいきなりはやってこない。魅力的なビジョンは打ち出しつつ、その過程ではいろいろ予期せぬ出来事も起こることをあらかじめ説明しておくと、部下も心の準備がしやすくなる。

◉─── **変革推進へ向けて人々をエンカレッジしていく**

　成功へのゴールが見えない状況の中で、重い責任を持つ人を正しく認めてあげることが必要だ。また、長期の変革の持つ価値を伝え続けることや、変革へ向けてのマイルストーンを示すことも効果的だ。

　これらはマネジャーが1人でやっても効果は限定的である。経営トップや仲間の変革推進マネジャーと密に連絡を取り、つじつまを合わせた形で実行していくことが期待される。変革推進者同士が情報を共有して、お互いを動機づけるうえでも、一定のタイミングでのミーティングを開くことは効果的である。近年は情報共有のためにITツールを活用できるようにもなっているので、第4章で紹介したようなことも理解したうえで、それらをうまく活用し、前向きな意識を維持したいものである。

ミドルマネジャーのためのキーワード30

　「ミドルマネジャーのためのキーワード30」では、本論の各章では取り上げられなかったが、ミドルマネジャーとして知っておくと役に立つキーワードを30個ピックアップした。カテゴリーは以下のとおりである。

　　・意思決定に関するもの（9個）
　　・テクノベートに関するもの（7個）
　　・労務管理に関するもの（11個）
　　・最近の経営に関するもの（3個）

　意思決定に関するキーワードは、すべての章の内容と関連すると言ってもよい。ミドルマネジャーには権限が与えられ、自らの責任で意思決定を下す場面も増える。その際に知っておくと役立つフレームワークやスキルについて取り上げている。論理思考に関連するものや会計・財務に関するものなどの中からマネジャーの必須の素養として知っておくべきものを取り上げた。
　テクノベートは「テクノロジー」と「イノベーション」を組み合わせたグロービスの造語だ。このカテゴリーではリーダーとして知っておいてほしい新しいテクノロジーやそれがビジネスにもたらす影響に関するキーワードを選んだ。
　労務管理は本文では取り扱わなかったが、ミドルマネジャーになった以上、必ず押さえておきたい知識である。特にコンプライアンス意識が強まっている昨今、改めてこれらを確認しておくことは重要だ。
　最近の経営に関するキーワードは、世の中のトレンドを象徴するものを選んだ。企業も社会情勢や人々の意識の変化と無関係ではいられない。こうした流れが自分の仕事に与える影響を考えながら読んでいただきたい。
　各キーワードの解説はポイントに絞り込んで端的にまとめた。そしてそれぞれ、一緒に知っておくと役立つ関連用語と、より詳しく知りたい方に役立つ書籍について記載している（グロービスで関連書籍を出しているものは、基本的にそれを紹介している）。本書の中ですべての関連用語について説明し切れているわけではないので、関心を持ったり、業務に深く関わったりするキーワードに関しては、その書籍を参考にしていただいたり、ネットで複数の情報にあたるなどして学びを深めていただきたい。

❶損益分岐点分析

損益分岐点売上高とは、「これ以上の売上げを上げれば黒字になる売上高」のこと。

損益分岐点売上高＝固定費÷限界利益率

ただし、限界利益率＝１－（変動費÷売上高）の式で求められる。

　損益分岐点分析は、黒字化するために必要な売上高を求めるものである。なお、固定費とは正社員の人件費や減価償却費など、短期のマネジメントサイクルにおいて、全く売上げがなくても生じる費用を指す。一方、変動費とは原材料費など、売上げに比例して発生する費用のことである。簡便的には勘定科目法を用い、勘定科目ごとに「これは固定費、これは変動費」といったように峻別する。

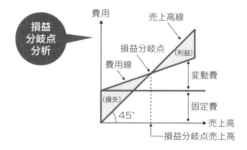

　損益分岐点は、企業単位、事業単位、製品単位などで求められる。事業や製品の損益をあずかるマネジャーであれば、どのくらいの売上高を目指せばいいのか、あるいはどの費用を減らせば黒字化するかなどの目途を立てるうえで重要な分析となる。

　なお、ある額の目標利益を確保したい場合にどれだけの売上げが必要かを求める際には、先述の式を応用した以下の式が用いられる。

必要な売上高＝（固定費＋目標利益）÷限界利益率

関連用語

固定費、変動費、限界利益率、勘定科目法

より詳しく知りたい方

グロービス経営大学院『グロービスMBAアカウンティング【改訂3版】』ダイヤモンド社、2008年

カテゴリー｜意思決定

❷MECE

ある要素をモレなくダブりなく切り分けること。「モレなくダブりなく」を表す英語の（厳密には英語とは逆順になっているが）Mutually Exclusive, Collectively Exhaustive の頭文字を取ったもの。日本語では「ミーシー」「ミシー」などと呼ぶ。

　「分けることは分かること」とも言われるように、物事を適切に分解することは、物事の実態を把握するうえで重要である。その基本となるのがMECEである。この考え方は、全体の構造を大枠で把握する、問題の原因追求や課題解決を行う、マーケティングや人事施策の立案に応用するなど、さまざまな場面で応用できる。後述するロジックツリーやマトリクス、あるいはさまざまなフレームワークのベースともなる考え方である。

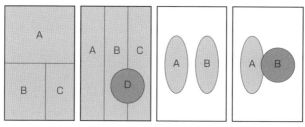

モレなしダブりなし　モレなしダブりあり　モレありダブりなし　モレありダブりあり

　MECEは概念としては単純であるが、状況に応じてどのような「軸」で切り分ければいいのかは、ケースバイケースで変わってくるため、さまざまな切り口を理解しておく必要がある。たとえば在庫が増えている場合、製品別の切り分け等ではなく「原材料・部品在庫」「仕掛在庫」「製品在庫」と分け、初めて問題の所在が分かることがある。このケースで「仕掛在庫」が増えていたことが判明したのであれば、生産などに問題がある可能性が高いと推定されるが、これはこの切り方を知っていないと分からない。

関連用語

ロジックツリー、マトリクス、イシューアナリシス、ピラミッド構造

より詳しく知りたい方

グロービス経営大学院『グロービスMBAクリティカル・シンキング【改訂3版】』ダイヤモンド社、2012年

カテゴリー | 意思決定

❸ロジックツリー

MECE（モレなくダブりなく）を意識して上位概念を下位の概念に枝分かれさせて分解していく分析手法。枝分かれさせていく様子がツリー（樹形）のように見えることからこの名前がある。

　ロジックツリーは、特に問題解決の場面において、問題箇所を特定したり、原因を追求したり、解決策を考案する際に多用される。どのような分解プロセスを行ったかが形に残り、コミュニケーションしやすくなる点が大きなメリットである。

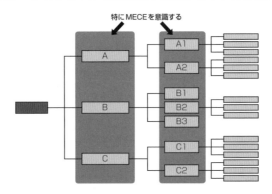

　ロジックツリーでは、「足し算・掛け算型」（例：売上高を「Aの売上高＋Bの売上高＋Cの売上高…」「数量×単価」に分解）の他に、プロセス型の分解などもよく用いられる。たとえば顧客が購買に至るプロセスをAIDA（Attention〈注意〉、Interest〈興味・関心〉、Desire〈欲求〉、Action〈行動〉）に分解するなどである。
　作成においては、実務的には2段目くらいまではMECEにこだわる方が良い結果が出やすいが、それ以降はラフでもいいので「MECE的」であれば十分なことが多い。

関連用語

MECE、イシューアナリシス

より詳しく知りたい方

グロービス経営大学院『グロービスMBAクリティカル・シンキング【改訂3版】』ダイヤモンド社、2012年

カテゴリー｜**意思決定／クリティカル・シンキング**

❹マトリクス

マトリクス（「マトリックス」と表記するケースも多い）は、2つの軸をとり、多くの場合は2×2の4象限に物事を切り分ける分析方法。他のさまざまな分析にも応用されている。本書の本文中でも多くのマトリクスを応用した分析手法が登場している。

　マトリクスは、サンプルをマトリクス上にプロットすることで、①どのような傾向が生じているかを見極める、②経営資源や時間をどこに投下したらよいかを見極める（図表2−5など）、③会社や自分自身の成長・発展の方向性を模索する、などの応用ができる。

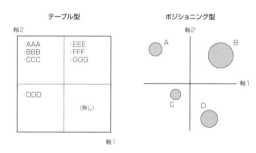

　マトリクスを有効なものとする最も重要なポイントは軸の設定である。目的を理解したうえで、それに適う軸を設定することがまずは必要だ。たとえば従業員の実態調査を行いマネジメントに活かす場合、「スキルの高低」と「モチベーションの高低」のマトリクスをつくり、従業員がどのセルに多くプロットされるかを調べるのは有効だろう。

　ポジショニング型については、軸の中心点をどこにとるかという点にも注意したい。たとえば営業課長が部下を評価する際、そのパフォーマンスの中心点として、「部署の平均」を置くのか、「当初の目標値」を置くのかでは全く異なる見栄えとなる。

関連用語

MECE、ポジショニング

より詳しく知りたい方

グロービス『グロービスMBAキーワード図解基本フレームワーク50』ダイヤモンド社、2015年

カテゴリー｜意思決定

❺ピラミッド構造

「論理の三角形」を組み合わせて、トータルとして「ピラミッド型」に論理を構造化すること。ピラミッド・ストラクチャーとも言う。何かを主張する際にピラミッド構造を用いることで、その主張の説得力を高めることが可能となる。

　ピラミッド構造は、元マッキンゼーのバーバラ・ミントが体系化した論理構成手法である。どのような筋道や論拠でそのような主張をしたのか、その構造が分かりやすくなるため、議論を生産的なものにすることにもつながる。

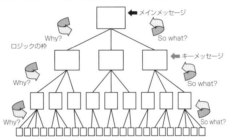

出所：バーバラ・ミント『新版　考える技術・書く技術』ダイヤモンド社、1999年をもとにグロービス作成

　ピラミッド構造は、図のように一番上にメインメッセージである主張（当初は仮説。根拠が揃うにつれて、確固たる主張となる）があり、その下に主張を支える2〜4つの根拠、さらにその下には根拠を支える事実や確度の高い前提があるという構造になっている。つまり、上から下に向けて「Why?（なぜ）」の質問に答えるようになっている。

　逆に、下段から上段に向かっては、「So What?（だから何）」に答えるという関係でつながっている。「（根拠A）、（根拠B）、（根拠C）です。だから（主張）が言えます」という関係だ。この「So What?」を徹底的に考え、絞り出すことがユニークでエッジの立った主張につながる。

関連用語

MECE、「So What?」

より詳しく知りたい方

バーバラ・ミント『新版　考える技術・書く技術』ダイヤモンド社、1999年

❻パレート分析

構成要素を大きい順に並べた棒グラフと、それらの累積量（全体に対する百分率）を示す折れ線グラフを組み合わせることで、上位の要素が全体にどのくらい貢献しているかをみる分析方法。

パレート分析の典型的な用法としては以下がある。

・売上げや利益に貢献している製品や顧客、営業担当者等を見極めることで、マーケティングや営業戦略に活かしたり、資源配分の見直しの参考とする

・トラブルや不具合がどのような原因で生じているかを見極め、効果的に対策をとる

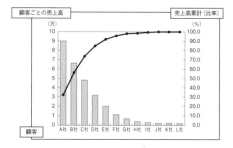

パレート分析の背景には、20-80の原則という経験則がある。これは、上位20%のアイテムが、全体の80%程度のボリュームを占めるというものだ。たとえば「上位20%の営業担当者が全体の粗利の80%を稼ぎ出している」などである。なおこれはあくまで経験則であり、「30-70」になったりすることもある。

全体への貢献度が高いものとそうでないものを峻別し、全体への影響度が小さいものは後回しにするのがポイントである。なお、実務では拙速にパレート分析のみで判断するのではなく、定性情報なども加味して意思決定を行う。

関連用語

20-80の原則（80-20の原則）、TQC

より詳しく知りたい方

グロービス『定量分析の教科書』東洋経済新報社、2016年

❼ 相関分析

2次元の図表に2つの軸をとってデータをプロットし、2つの軸（要素）の関連性を見る分析手法。マーケティング施策や人事施策などに応用することができる。

　相関関係があるとは、多次元データをプロットした際に、その並び方に何らかのルール、つまり法則性があることだ。それを活用することで、企業活動の効率化に役立つ。

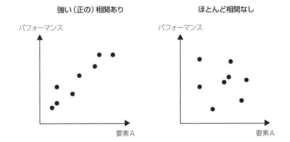

　たとえば、採用面接時にAという項目（例：論理思考テストの成績）で高い数値を示す人は採用後のパフォーマンスも高い、という相関関係が分かっていれば、採用にあたってそのAという項目に注目することで、自社が採るべき人材を見分けやすくなる。

　相関分析の注意点として、相関と因果の違いを正しく理解することが挙げられる。たとえばココアの売上げと浴室でのヒートショック事故の件数との間には相関関係があるが、ココアを飲むからヒートショック事故に合うという因果関係があるわけではない。両方を高める「気温」という要素があり、たまたま気温が低い月にココアの売上げも増え、浴室でのヒートショック事故も増えるため、見掛け上、相関関係が生じているのだ。

　相関分析は、計算はやや複雑になるがECサイトのレコメンデーションなどでも用いられており、昨今のITビジネスでは特に重要度が増している。

関連用語

因果関係、相関係数、回帰分析

より詳しく知りたい方

グロービス『定量分析の教科書』東洋経済新報社、2016年

カテゴリー | 意思決定

❽NPV（正味現在価値）

ファイナンスにおいてプロジェクトに投資するか止めるかを決める指標。NPVがプラスであれば投資はGOとなり、マイナスであれば投資は行われない。片仮名でネットプレゼントバリューと呼ばれることも多い。

NPVはコーポレイトファイナンス（企業財務）のあらゆるエッセンスが詰まっている重要概念である。将来にわたる予測フリーキャッシュフロー（FCF。222ページ）をWACC（加重平均資本コスト）を用いて現在価値に割り引き、その合計がプラスかマイナスかで投資の可否が決まる。投資の良否を峻別する指標と言える。NPVがプラスの場合、そのプロジェクトはその分、企業価値を高めるとも言える。

$$NPV = \sum_{n=0}^{N} \frac{FCF_n}{(1+r)^n} \quad \longrightarrow \quad \text{キャッシュフロー}$$
$$\longrightarrow \quad \text{割引率}$$

$$r = WACC = \frac{D}{D+E}\, r_D\,(1-t) + \frac{D}{D+E}\, r_E$$

$$t = \text{実効税率}$$

加重平均資本コスト

NPVは、一見、予測FCFと想定されるWACCが決まれば自動的に決まるように思える。しかし、実務的にはそのプロジェクトが何年続くかを決め、最終年に残存価値を求めるという計算プロセスをとる。残存価値の求め方には、そこでプロジェクトを清算するという考え方や、ある前提の下でプロジェクトが続き、それを最終年度時点での価値に割り戻すという考え方などがある。それ次第でNPVが大きく変わることもあるので、計算の前提は説明できるようにしておく必要がある。

なお、NPVと表裏一体の指標にIRRがある。これは「プロジェクトの利回り」を求めるものであり、この数値がWACCを超えればプロジェクトは進められる。

関連用語

IRR、割引率、フリーキャッシュフロー、残存価値

より詳しく知りたい方

グロービス経営大学院『グロービスMBAファイナンス［新版］』ダイヤモンド社、2009年

カテゴリー｜意思決定

❾フリーキャッシュフロー

100％株主資本で資金を賄った場合のキャッシュフロー。つまり、無借金を仮定した場合のキャッシュフロー。企業にとっては、事業で稼いだキャッシュのうち、自由に使える分を指す。FCFと略す。

　企業レベルでは、FCFは「営業キャッシュフロー」－「投資キャッシュフロー（財務諸表では投資をマイナスの数値で表記するが、ここでは投資額をプラスで表す）」と見なせる。これがプラスであれば、そのお金を企業価値を高めるべく自由に投資することができる。この数字は一見、多い方が好ましいように思えるが、必要な投資をサボった結果として大きくなることもあるので、その内容にも注意が必要だ。

　FCFがミドルマネジャーレベルの実務で重要となるのは、221ページで説明した、プロジェクトのNPVを求める時である。この場合、求めるのは将来の予測FCFとなり、以下の計算式で求めることになる（数式の中の項目もすべて予測値）。

$$FCF＝EBIT×（1－実効税率）＋減価償却費－投資－運転資本増分$$

　EBIT（利払前・税引前利益）はほぼ営業利益と同様に考えられる。運転資本増分とは、キャッシュの手当てが必要な運転資本、すなわち棚卸資産＋売掛金－買掛金が前年よりどのくらい増えたかを計算するもので一種の投資と考える。将来にわたる予測FCFは、項目別にその根拠をしっかりさせることが大事だ。プロジェクトの担当者は往々にしてプロジェクトを通したいがあまり、安易な数字をつくる場合がある。特に予測営業利益の前提となる予測売上高は楽観的なものになりがちだ。未来を正確に予測することはできないが、なぜその数字になるのか、感度分析の結果はどうなのか（ある数字が変化した場合、FCFやNPVはどう変わるのか）などを説明できることが必要だ。

関連用語
割引率、NPV、IRR、予測売上高、感度分析

より詳しく知りたい方
グロービス経営大学院『グロービスMBAファイナンス［新版］』ダイヤモンド社、2009年

カテゴリー｜テクノベート

❿DX

デジタルトランスフォーメーション。広義には「ITの浸透が、人々の生活をあらゆる面でより良い方向に変化させること」を指す。狭義には企業が積極的にデジタル技術を取り入れ、顧客により良い便益を提唱したり、業務の生産性を上げたりすることを指す。

　DXはさまざまな定義があるが、ここでは企業のデジタル活用を中心に述べる。2018年に経済産業省が公表した定義では、「企業がビジネス環境の激しい変化に対応し、データとデジタル技術を活用して、顧客や社会のニーズを基に、製品やサービス、ビジネスモデルを変革するとともに、業務そのものや、組織、プロセス、企業文化・風土を変革し、競争上の優位性を確立すること」としている。

　デジタルを最も活用しているのはもちろんGAFAなどに代表されるIT企業、テック企業である。あるいは従来型の企業であってもデジタル商材はDXに馴染みやすい（ディズニーの動画配信サービスなど）。しかし近年のデジタル化の進化は、ありとあらゆる企業がデジタル化することを促している。そうしないと、顧客に優れた価値を提供できないし、コスト高にもなり、競争に負けてしまう可能性が高まっているからだ。

　たとえば銀行であれば、入出金、振り込みなどをATMに置き換えるなどは古くからなされてきたが、近年ではAIによる審査（与信）の効率化、ベンチャー企業と組んでの決済サービスの刷新など、抜本的に銀行業務のあり方を見直す必要性が増している。

　特に定型業務で「人」や「紙」を多用する業務はDXによる業務改善の機会は大きい。マネジャーとしては、もし自部署がそれに該当するのであれば、当然DXの対象となると考えておく必要があるだろう。その時重要なのは、被害者意識を持つのではなく、自ら能動的にDX後のあるべき姿をしっかり描くことである。

　非定型業務でかつ顧客への新しい便益を生み出すDXは難易度が高いが、だからこそ工夫の余地がある。顧客の視点に立ち、彼らが何を求めているのかを問う必要がある。

関連用語

ビジネスモデル、UI、UX、顧客体験価値

より詳しく知りたい方

ジョージ・ウェスターマンほか『デジタル・シフト戦略』ダイヤモンド社、2018年

⑪ ビッグデータ

文字通り巨大なデータ。以下に示す、ガートナー社が定義した「3V」で定義づけられる。①ボリューム：データ量が巨大、②ベロシティ：データの速度が高速で更新も頻繁、③バラエティ：データの種類に多様性がある。

　ビッグデータが注目されるようになった背景には、AI（人工知能。225ページ）の進化により機械（コンピュータ）の処理速度が飛躍的に上がったこと、センサーが高精度・廉価になることにより、取得されるリアルタイムのデータ量が飛躍的に増えたこと、クラウドが進化し、データの保存が容易かつ安価になったこと、IoT（モノのインターネット）の考え方が発達しさまざまなデバイスから取得できる多種多様なデータを活用して価値向上やコストダウンを図ろうという機運が増したことなどが挙げられる。

　ビッグデータの重要なポイントは、これが抜き取りデータではなく、多くの場合、全数データであるという点だ。以前は、全数データを取るには莫大なコストがかかったため、サンプルを抽出してそれを分析してきた。多くのマーケティングの調査やアンケートはその典型だ。このやり方では、どうしても統計的な有意性を検証する必要が生じるなど、面倒なひと手間をかけざるを得なかった。

　一方、ビッグデータは「ありのままの行動データ」であり、現実の世界を完全に数値化、データ化するものだ。たとえばEコマースのサイトであれば、顧客がどのサイトにどのくらい滞留したか、どのような形で別のページに遷移したのか、どのような嗜好の製品やサービスを購買するのかなどの情報がすべて手に入る。ビッグデータのおかげで、より現実に近い形で顧客の動向などを理解し、ビジネスに活かせるようになってきた。

　ビッグデータは、正しく活用されれば大きな恩恵をもたらす半面、「顧客データは誰のものか」という問題も生じている。「21世紀の石油」とも言われるデータをどのようにビジネスに活かせるか、注意点は何かを知っておくことは必須の素養と言えよう。

関連用語

行動データ、AI、相関分析

より詳しく知りたい方

グロービス『テクノベートMBA基本キーワード70』PHP研究所、2019年

カテゴリー｜テクノベート

❿ AI

AIは人工知能と呼ばれ、コンピュータ自身が経験から学習して、より良い計算を行うためのアルゴリズムを使用する。近年は第3次AIブームと言われるが、ここ数年のAIの進化は、ほぼ機械学習の進化によるもので、最近ではAI≒機械学習とも言える。

　機械学習では、機械に一から十まで指示を与えるのではなく、機械に自ら学習させること、そのためのアルゴリズム（228ページ）やデータを与えることを重視する。

　機械学習の方法は、大きく「教師あり学習」と「教師なし学習」に分けられる。前者では、与えられたデータから傾向やパターンを見つけることを重視する。一方、後者では、全く気がついていなかった本質的な構造などを発見することを主目的とする。

　AIが特に得意とするのは、予測と発見である。予測は、過去の膨大なデータからソフトウェアがデータの関係性、パターンを抽出しそのアルゴリズムをもとに新たなデータに対して予測を行う。レコメンデーションはその典型だ。一方、教師なし学習が担うことの多い発見とは、対象を似通ったデータ同士のグループに分けるなど、データの背後にある本質的な構造を発見、抽出することである。たとえば顧客を属性、購買行動などから似たような顧客群（クラスター）にセグメンテーションするなどがある。人間にはまず思いつかない（一見）クリエイティブな発見がなされている。

　近年の機械学習のレベルを格段に上げたのが人間の脳のニューロン構造を参考としたディープラーニングの技術だ。この技術を用いた囲碁や将棋のソフトはすでに人間のプロより強く、「昨年の自分に90％以上勝つ」という驚異的な性能向上を遂げている。

　AIの進化はますます加速することが予想されているが、それゆえに人間の仕事を大きく置き換えるのではないかという懸念も生まれている。感情労働など、人間にしかできない仕事は残ると言われているが、知識労働であっても、単純なものはどんどん価値を失うと見られている。10年後には大きく仕事は変わっているという心構えが必要だ。

関連用語

機械学習、ディープラーニング、AIでなくなる仕事

より詳しく知りたい方

グロービス『テクノベートMBA基本キーワード70』PHP研究所、2019年

⓭ 指数関数的変化

1、2、3、4、5、6、7、8……といった線形の変化とは異なり、1、2、4、8、16、32、64、128……と指数関数に従って増えていく（あるいは減っていく）変化。人間の通常の感覚を上回る変化と言える。

指数関数的変化の例としては、経験曲線（累積生産量が増えるに従って、単位当たりのコストが低減すること）などが古くから知られていたが、特に近年はIT関連のビジネスで「急激に変化する」例が多く発見されている。その理由としては、ITビジネスの基盤となる半導体そのものに「ムーアの法則」が働き、あっという間に処理速度が上がり、同時にコストが低減すること、またネットワーク効果（数が便利さにつながり、さらに数につながるメカニズム）が働きやすいことなどがある。

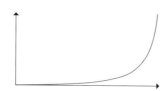

指数関数的変化が予測される分野では、たとえば1000倍の性能向上やコストの1000分の1への削減をイメージして何ができるかを描く想像力が求められる。たとえばつい20年前には数千億円かかった人間1人のDNA解析は、いまや数千円のコストで行うことも可能だ。今後は高額の量子コンピュータも徐々に個人が買えるレベルに下がるかもしれない。

また、それが5年後なのか10年後になるのかについても、過去のトレンドを参考にして予測を立てることが必要だ。これをどのくらいの精度で行えるかによって、数年後のあるべき姿の設定や、今行うべき業務も大きく変わってくる可能性があるからだ。

関連用語

ムーアの法則、ネットワーク効果、ゼロコスト

より詳しく知りたい方

サリム・イスマイルほか『シンギュラリティ大学が教える飛躍する方法』日経BP、2015年

⓮テクノベート・シンキング

グロービスが提唱している、コンピュータ（機械）を適切に活用した思考法。人間の得意な部分とコンピュータの得意な部分を分業し、効率的な問題解決を行うことを主眼とする。

　コンピュータ（機械）の長所として、膨大な数の計算をどれだけ行っても疲れない、命令したことは確実に実行する、感情に左右されないなどがある。たとえば数学の4色問題（詳細は割愛）は、人間ではあまりに時間がかかるため証明できなかったが、コンピュータによって証明された。

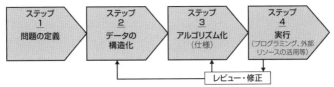

出所：グロービス経営大学院『ビジネススクールで教えている武器としてのITスキル』東洋経済新報社、2018年

　一方でコンピュータには弱点もある。それは命令したとおりにしか動かないという点、そして自ら課題を設定することはできないという点だ。
　それゆえ、上図で示したステップの3までは人間がしっかり考える必要が生じる。特に問題定義については、ベンダーに期待要件だけを丸投げすると「虻蜂取らず」の微妙なものにしかならなかったり、完成までのコストや納期がどんどん増加したりすることになる。
　テクノベート・シンキングの視点を身につけ仕事の生産性を高めることは、新時代のマネジャーの必須スキルなのだ。プログラミングは自分でできないまでも、ステップ3くらいまでの意義を理解し、最低限のテクノロジー関連の素養は持っておきたい。

関連用語

問題定義、データの構造化、アルゴリズム

より詳しく知りたい方

グロービス経営大学院『ビジネススクールで教えている武器としてのITスキル』東洋経済新報社、2018年

カテゴリー｜テクノベート

⓯アルゴリズム

コンピュータに計算を行わせる際の手順や計算方法のこと。どのように計算を行えば効率良く課題が解けるか、プログラミングに先立って考える必要がある。アルゴリズムを工夫することで、計算時間が長くなったり、目的に添わない計算結果が出ないようにしたりする必要がある。

　アルゴリズムを工夫するシーンとして、たとえば、100個の数字を昇順に並び変えるシーンを考える。まず考えられるのは、隣の数値と大小比較をし、交換を繰り返していく方法だ。これをバブルソートという。これはすぐに思いつく単純な方法ではあるが、処理数が増えるにつれて時間を要するようになる。

　バブルソートでは、計算量は、数量をnとするとn^2に比例することが知られている。つまり、nが10倍になると計算量は100倍、nが1000倍になると計算量は100万倍になるということだ。nが小さいうちは大きな問題ではないが、nの桁数が増えるにしたがって、莫大な計算量を要するようになり、ユーザーを長時間待たせてしまう。

　一方、クイックソートと呼ばれるアルゴリズムでは、以下の方針で組む（詳細は略）。
・適当な数（ピボット。データの群の中央値が良いとされる）を選択する
・ピボットより小さい数を前に、大きい数を後に移動させる
・2分割された各々のデータを、それぞれソートする

　この方法では、計算量はnlognに比例する。nが1000倍になってもたかだか数千倍の計算量になるにすぎないため、より良いアルゴリズムとされる。

　巨大なテック企業では、ユーザーに最適な経験をもたらすようなアルゴリズムが組まれ、個々のユーザーのニーズにあつらえた画面が表示されるようになっている。検索エンジンなどでは、アルゴリズムを微調整することで、検索結果の最適化を図ったり、悪質な「騙し」を排除したりするなどの努力がなされている。

関連用語
テクノベート・シンキング、プログラミング

より詳しく知りたい方
グロービス経営大学院『ビジネススクールで教えている　武器としてのITスキル』東洋経済新報社、2018年

カテゴリー | **テクノベート**

⓰顧客経験価値

ある製品・サービス自体の金銭的、物質的価値ではなく、それを実際に利用した際の心理・感情的な価値。顧客体験価値という場合もある。顧客経験価値を重視したマーケティングが（顧客）経験価値マーケティングである。

経済が成熟してモノが行きわたり、モノそのものへの欲求が相対的に低下すると、顧客はより包括的かつ情緒的要素の比重の高い経験の価値を重視する。そのため、マーケティングも顧客の経験から得られる情緒的価値を最大化する方向にシフトしている。

たとえば、企業は、単に購買後の消費のみではなく、その製品・サービスを知った後のあらゆるタッチポイント（顧客との接点）における経験の価値を高めることで、顧客との関係強化を図ることができる。

バーンド・シュミットのSEM（戦略的経験価値モジュール）というフレームワークでは、下記5つの経験価値がトータルとしての経験価値を形成すると唱えている。

1. Sense（感覚的価値）：五感を通じて感じる価値。CMやパソコンのBGMが変わるだけでも、顧客の感覚的経験価値は変化する。
2. Feel（情緒的価値）：愛着や感情移入などの価値。ゲームであれば、どれだけ主人公に感情移入できるかが非常に重要になる。
3. Think（創造的・認知的価値）：顧客が、「この商品は自分に合っている」と考える価値。動画サービスなどはこうした要素が比較的強い。
4. Act（肉体的・行動的価値）：実際に行動したり日常生活を送るうえで感じたりする価値。ダイエットアプリであれば、どのくらいエンタメ性を入れるかなどで行動も変わるため感じる価値は大きく変わる。
5. Relate（関係的価値）：何らかの集団に属しているなど、その製品・サービスとの関与から得られる価値。SNSの活用などで高めることができる。

関連用語

カスタマージャーニー、UX、UI、FMOT、SMOT

より詳しく知りたい方

グロービス経営大学院『グロービスMBAマーケティング［改訂4版］』ダイヤモンド社、2019年

カテゴリー｜労務

⓱労働基準法

労働基準法（労基法）は、労働者（従業員）を使用する使用者（会社）が守らなくてはいけない最低限の労働条件を定めた法律のことである。労働組合法、労働関係調整法と合わせて労働三法と呼ばれる。

　労働基準法にはさまざまな項目がある。マネジャーが特に理解しておくべき代表的なものとして、均等待遇（第3条）、男女同一賃金（第4条）、労働条件（賃金や労働時間など）の明示（第15条）、賠償予定の禁止（第16条。ミスをしたら給与から控除などは違法）、解雇の予告（第20条）、最低賃金（第28条）、労働時間（第32条）、時間外・休日労働（第36条）、年次有給休暇（第39条）、労働者の安全及び衛生（第42条）などがある。

　これらは全従業員が対象になるものであり、ミドルマネジャーもその対象となる。マネジャーは自分がその対象であることを理解すると同時に、部下を監督するマネジャーとして、これらを遵守する責任がある。

　「時間外・休日労働に関する協定届」としてマネジャーも意識しておきたいのは36協定である（労働基準法第36条によることからこう命名されている）。これは、会社が法定労働時間を超える時間外労働や休日勤務などを命じる場合、労組などと書面による協定を結び労働基準監督署に届け出ることを義務付けるものである。

　かつては労使間の合意があれば労働時間を無制限に延長することも可能であったが、近年大幅に労働基準法が改定されたことから、原則これは不可能になっている。ただ、実際には、残業代のつかない「サービス残業」が暗黙的に行われている職場もある。家への仕事の持ち帰りも同様だ。労働時間（231ページ）が重要な課題となる中、遵法意識を持ちながら、結果を残す工夫がマネジャーには求められている。

関連用語

36協定、労働時間、時間外・休日労働

より詳しく知りたい方

望月建吾ほか『「労務管理」の実務がまるごとわかる本』日本実業出版社、2019年

❶⑧ 労働時間

雇用主の指揮命令下で労働者が企業のために働く時間のこと。就労時間から休憩時間を差し引いたものとなる。残業時間（法定時間外労働）は、勤務時間の上限（1週間40時間、1日8時間）を超える労働時間のこと。

　勤務時間について問題になるのは、しばしば長時間労働を部下に課してしまうというものだ。情報ソースにもよるが、日本企業は先進国の中では労働時間が長く、労働者のQOLが低いこと、さらには時間当たりの生産性が低いことが問題視されてきた。2019年の労働基準法の改定や、「働き方改革」（241ページ）の推進は、これらを解消することを一つの目的にしている。その背景には、日本の労働者が減る一方で、介護や育児の負担は増しており、多様な働き方に対応しなくてはならないという問題もある。従業員の労働時間が長くなることは、以下のようにさまざまな弊害をもたらす。

・肉体的にも精神的にも異常をきたしやすい。結果、自死につながる可能性が高まる

・リフレッシュやスキルアップの機会が減り、従業員や企業の国際競争力をそぐ

・会社に対するロイヤルティやエンゲージメントが下がる

・プライベートでも問題を抱えやすくなる

　特に日本独自の問題として指摘されてきたのが「過労死」だ。過労死は該当する言葉が海外にはなく、そのまま「Karoshi」として紹介されている。過労死ラインは月80時間の残業とされているが、実態として100時間を超える「実質的な残業」が生じている職場は少なくない。アメリカでも起業家や一部のプロフェッショナル職はそのくらい働いて健康を壊すケースはあるが、通常のビジネスパーソンではまれである。

　日本企業の長時間労働の原因は多々あるが、周りからの同調圧力やプアなマネジメントも原因と言わざるを得ない。マネジャーは、時間を希少な資源と認識し、その中で最大のパフォーマンスを出すことが求められているのだ。

関連用語

就労時間、働き方改革、過労死

より詳しく知りたい方

望月建吾ほか『「労務管理」の実務がまるごとわかる本』日本実業出版社、2019年

⑲年次有給休暇

労働基準法第39条で認められた従業員の権利であり、賃金が支払われる休暇のこと。雇い入れの日から6カ月時点で10日間付与され、その後は1年ごとに付与される。

　有給休暇の取得は労働者に認められた権利であり、特別な理由を除いて企業側は拒否できない。ただ実際には、日本における有給休暇の取得率は概ね半分程度で、世界的にも低い水準にある。これは長時間労働同様、「周りに迷惑をかけたくない」という忖度や「自分だけ有給休暇を多く取るのは気が引ける」と同調圧力による部分が大きい。

　こうした状況を重く見た政府は、2019年4月より、すべての企業において、「年10日以上の年次有給休暇が付与される労働者に対して、年次有給休暇の日数のうち年5日については、使用者が時季を指定して取得させる」ことを義務化している。

　マネジャーとしては、経営の意向も理解したうえで、部下が有給休暇を取りやすい職場の風土づくりをすること、そして誰かが休暇を取ったからといって仕事が滞らないような業務マネジメントを行うことが期待される。

　有給休暇の取りやすさは、長い目で見ると人材獲得に関しても競争力を持てることになる。もちろん、それだけで人材獲得の競争力は決まらないが、プライベートを重視する昨今の若手にとって、魅力の1つになることは間違いない。

　長時間労働がなく、有給休暇も取りやすい企業は俗にホワイト企業などとも呼ばれる（なお、真にホワイト企業であるためには、後述するパワハラやセクハラがないことも必要である）。『CSR企業総覧（雇用・人材活用編）』2019年版（東洋経済新報社）掲載の1501社のうち、有給休暇取得率を開示している1244社を対象とした有給取得率ランキングによれば、トップはホンダ、2位はホンダ系の部品メーカーであるショーワとなっており、いずれも99.5%の有給消化率となっている。基本的に働き方の改善に理解のある大手企業ほど「ホワイト度合い」は高いと言えよう。

関連用語

有給休暇取得率、ホワイト企業

より詳しく知りたい方

望月建吾ほか『「労務管理」の実務がまるごとわかる本』日本実業出版社、2019年

カテゴリー｜労務

❷⓪ジョブ型雇用

職務記述書（ジョブ・ディスクリプション）に合わせ、適材を雇用し、成果で評価する雇用方式。欧米で広く普及している。人が仕事に合わせるのではなく、仕事に合った人間を採用する、また労働時間ではなく成果で評価するという発想に基づく。

　日本企業では長らく（特にホワイトカラーの雇用において）メンバーシップ型雇用が採用されてきた。これは、企業に合う人材を新卒中心に採用し、そこで採用した従業員をさまざまな職に就かせ、ゼネラリストとして育成するというものである。

　一方で欧米では古くからジョブ型雇用が広く実施されてきた。近年、日本でもジョブ型雇用が注目されてきた背景には、時間ではなく成果により注目しようという機運が高まったこと、新型コロナウイルスの影響などでリモートワークが広がる中、時間での管理が難しくなったこと、日本でも雇用の流動性が高まってきたことなどが挙げられる。

　ジョブ型のメリットとしては、最初から専門性を持っていることを前提にするので、戦力化までの時間が短くて済むこと、また、スキルアップへのプレッシャーがかかるため、従業員自らが自己研鑽に励むこと、成果達成への意欲が向上することなどが挙げられる。逆にデメリットとしては、自分の仕事にしか目がいかず、協力しようという姿勢が薄れがちなこと、特定のジョブで積める経験が限定されること、会社にその能力が不要になったら居場所がなくなることなどが挙げられる。

　現実的には、日本型のメンバーシップ型雇用が完全にジョブ型に置き換わることはないだろう。欧米でもゼネラルマネジャーとして昇進昇格する人間は少なからずいるし、日本の場合、以前に比べると進んだとはいえ、人材の流動性がまだまだ低いからである。それゆえ、企業はどのくらいの比率が自社に合うか、手探りで検討しなければならない。マネジャーも、メンバーシップ型雇用の部下とジョブ型雇用の部下が混じっている場合、衝突や不公平感を避けつつ、いかに良いチームにしていくか、手腕が問われる。

関連用語

メンバーシップ型雇用、成果給、職務給

より詳しく知りたい方

柴田彰ほか『ジョブ型人事制度の教科書』日本能率協会マネジメントセンター、2021年

㉑ 副業

本業とは別に仕事を持ち、そこで金銭を稼ぐこと。サイドビジネスなどともいう。かつて多くの企業では副業は禁止されていたが、近年、これを認める企業が増えてきている。

　副業は上記の定義に示したように、金銭収入を伴う仕事を指すのが一般的だ。それゆえ、ボランティアやPTAの役員などは通常、副業とは呼ばない。たとえば就業時間後の夜間にアルバイトを行う、あるいは他企業の社外取締役に就くなどである。

　かつて多くの企業で副業が禁止された理由は、自社の仕事に専念してほしいということと、副業でトラブルが起きた場合、その従業員のパフォーマンスが下がる懸念があったことなどが挙げられる。これは厳密には憲法の職業選択の自由に反するものであったが、従業員も面倒ごとを避けるため、あえて副業を申請したり、行ったりする人間は少なかった。

　こうした流れを大きく変えたのは、2018年に厚生労働省から発表された「副業・兼業の促進に関するガイドライン」である。日本の労働人口が減少する中、より効果的にその時間を活用すべきという意見が強くなってきたのである。企業にとっても、副業を認めることは、従業員のスキルアップや人脈強化、あるいは優秀な労働力を獲得するうえで有利に働くと判断するところが増えてきた。それゆえ、無制限の副業までは認めないとしても、届けを出し、基準を満たせば副業を認める流れが加速してきたのである。

　企業側から見た副業の難しさとしては、労務管理が難しくなること、あるいは会社の機密情報流出のリスクなどがある。どこまで従業員に強制できるかは法的に微妙な部分もあるが、法律事務所などとも相談のうえ、副業での勤務時間等を把握するとともに、情報漏洩防止などは厳しく実施していくことが求められる。

関連用語

秘密保持義務

より詳しく知りたい方

田村裕一郎『企業のための副業・兼業労務ハンドブック』日本法令、2018年

❷❷ セクハラ

セクシュアルハラスメント（性的な嫌がらせ）の略。職場において、性的な言動をとることによって相手に不快感を与えたり、降格や意にそぐわないアサインメントの変更をしたりする等、相手に不利益を与えること。

　セクハラが大きく取り上げられるようになったのは1980年代である。当初は男性から女性に対するセクハラが人権問題として問題視されたが、現在では性別に関係なく、女性から男性、あるいは同性間でもセクハラは成り立つものとされている。

　セクハラは、大きく対価型セクハラと環境型セクハラに分類される。対価型セクハラとは、たとえば「自分と付き合わないと職場にいられないようにしてやる」といったように、性的な対価を求めるものである。往々にして立場の違いに起因することが多く（例：上司と部下、正社員と派遣社員など）、パワハラ（236ページ）と同時並行的に起こることも多い。それに対して環境型セクハラとは、職場に水着モデル（男女関係なく）のポスターを飾る、大声で性的な話題を話し合う、結婚の意向をしつこく聞くなど、職場環境を悪化させ、人々の感情を害するタイプのものを指す。

　2006年の法改正により、セクハラに関しては、事業主は雇用管理上の問題としてこれに適切に対処することが義務付けられるようになった。具体的には職務規定に明確にセクハラ禁止をうたい、啓蒙することでセクハラを未然に防ぐ、あるいは被害者が不利益を被ることなく相談できる窓口をつくり、加害者を適切に罰する必要がある。

　特に環境型のセクハラについては「どこからがセクハラになるのかが曖昧」という指摘もある。これについては社会常識にもよるが、よく言及される、（男性から女性に対するケースであれば）「自分の妻や恋人、姉妹、娘にされて嫌と感じることは自分もしない」という考え方は理に適っていると言えるだろう。マネジャーは、自分自身がセクハラを行わないのは当然のこと、部下の言動にも注意することが求められる。

関連用語
パワハラ、男女雇用機会均等法

より詳しく知りたい方
鈴木瑞穂『現場で役立つ! セクハラ・パワハラと言わせない部下指導』日本経済新聞出版、2016年

カテゴリー | 労務

❷❸パワハラ

パワーハラスメントの略。上司と部下など、職務上の有利な立場を利用して、相手に罵声を浴びせる、過剰に仕事を与えるなどして精神的苦痛を与えたり、場合によっては身体的な苦痛を与えたりすること。

　パワハラはセクハラに比べてもまだ新しい概念であり、企業においても十分な対策がなされていないケースが多い。その理由としては、もともといわゆる「体育会系」の組織文化などの場合、パワハラ的な指導が常態化していること、ノルマのきつい組織などではどうしても物言いがとげとげしくなりがちなこと、そしてセクハラとは異なり、雇用者にパワハラ防止を強制するような法律がないことなどが挙げられる。

　ただし近年では、SNSの発達などもあって個人が情報発信しやすくなったなどの背景もあり、過度なパワハラは訴訟の対象になることも増えてきた。パワハラはメンタルヘルスに悪影響を及ぼすことも多く（最悪のケースは自死）、それゆえ、企業としてもパワハラを看過すると、大きく企業イメージを損なう可能性がある。

　企業としては、セクハラ同様、マネジャー等に対し、指導を行うことが望ましいが、一方で先述したように、ある程度部下にプレッシャーをかけざるを得ないケースもある。また、暴言を吐いたり極度の大声で罵ったり、「徹夜してでもやれ」といったパワハラが明確なケースばかりではなく、仮に訴えられても立証が難しいという問題もある。たとえば、能力が足りない部下のアサインメント変更はしばしば行われることであるが、それだけをもってパワハラと訴えられたら関係者も困るだろう。

　こうした事態を避けるためにも、マネジャーは日頃から部下と密にコミュニケーションをとるとともに、自分のマネジメントスタイルを客観的に見つめる冷静な視点が必要となる。また、先輩から後輩に対する「イジメ」的な行為が行われていないかなど、チームの様子にも目を光らせることが必要だ。

関連用語

セクハラ、アカハラ、メンタルヘルス

より詳しく知りたい方

鈴木瑞穂『現場で役立つ！セクハラ・パワハラと言わせない部下指導』日本経済新聞出版、2016年

カテゴリー｜労務

㉔アファーマティブ・アクション

少数民族や女性など、それまで不当な差別を受けてきた人々に対し、差別的待遇を止め、雇用や昇進などにおいて積極的な措置をとること。なお、EU諸国ではポジティブ・アクションと呼ばれることが多い。

　この制度の先駆けと言えるアメリカでは、公民権運動が盛んだった1960年代頃から積極的に推進されるようになった。1969年からは、雇用機会均等委員会が、職場や大学における少数民族や女性の占める割合を報告させるといった施策を実施している。多数派からは「逆差別ではないか」との批判もあったが、裁判でも「一定の枠内での是正措置は合理的」ということで今日に至っている。

　日本では欧米ほど人種問題がクリティカルではないことから（人種問題がないわけではないが、アメリカにおけるアフリカ系アメリカ人等に対する差別とはかなり趣を異にする）、アファーマティブ・アクションは主に女性の積極登用の文脈で語られることが多い。日本では1985年になってようやく男女雇用機会均等法が定められ、雇用の分野での男女の均等な機会・待遇の確保、女性労働者の職業能力の開発・向上、再就職の援助、職業生活と家庭生活の調和を図ることなどが企図された。ただし、現在に至るまで男女の雇用機会が均等であるとは言い難い。平均賃金格差は縮小傾向だが、2019年度で74.3％と、依然として欧米（80％～90％）に比べると大きい。

　それを大きく変えるかもしれないのが近年のESG（243ページ）の重視である。特にG（ガバナンス）の観点から、女性取締役比率が一定レベルにないと、海外の機関投資家からは「遅れている」と見なされる環境が生まれつつある。「女性管理職比率」の目標を設定することで、積極的に女性を登用しようとする企業も急増している。特に男性のミドルマネジャーにとっては、第4章でも触れたダイバーシティ＆インクルージョンを意識したマネジメントが必須の時代になったことは意識すべきである。

関連用語

男女雇用機会均等法、ESG、ダイバーシティ

より詳しく知りたい方

辻村みよ子『ポジティヴ・アクション』岩波書店、2011年

❷❺ 労働組合

労働者の連帯組織であり、組合員の雇用を維持し、労働環境を改善することを目的とする。そのために会社側と労使交渉を行い、場合によっては労働者の利益につながる行動を起こすこともある。略して「労組」あるいは英語でユニオンと呼ばれる。

　通常、労働組合に参加するのは管理職以下の従業員であり、管理職になると脱退することが多い。ただし、1990年代以降、経営環境が厳しくなる中で、組合員の範囲の見直しも検討されている。また、「管理職ユニオン」など、管理職からなる組合組織も誕生しており、参加者も増えている。課長クラスのミドルマネジャーは、経営側というよりも労働側に近いケースが多いという実態に合わせたものとも言える。

　日本では欧米諸国などとは異なり、伝統的に企業ごとの組合が基本であった。業界によって、自動車総連や電機連合といった連合体を組織している場合もある。

　組合の活動は、日本国憲法第28条の「勤労者の団結する権利及び団体交渉その他の団体行動をする権利は、これを保障する」に基づく。そしてそれをベースに労働組合法などの法律が組合活動の手続等を定めている。これらの法律の範囲を逸脱しない組合活動は合法である。したがって、マネジャーが組合員の部下の法的に正当な要求や行動に対して、それを無視した命令は出せない（例：「ストライキに参加するな」など）。

　従業員が組合に参加するかは原則的には本人の意思に任されている。近年は多くの組合で参加者が減る傾向がある。理由としては、「組合費を支払って参加してもあまりメリットがないと感じる層が増えた」といったものから、「政治的な活動と距離を置きたいと感じる層が増えた」というものまでさまざまである。後者は、組合によっては、特定の政治信条との結びつきが強い場合もあり、それが敬遠されているのである。

　組合の弱体化は経営に対するガバナンスの弱体化にもつながるという見方もあり、組合の新しいあり方が模索されている。

関連用語
労働組合法、労働争議、ガバナンス

より詳しく知りたい方
木下武男『労働組合とは何か』岩波書店、2021年

カテゴリー｜労務

❷❻オンボーディング

新たに採用した人材をサポートして、組織に馴染んでもらい、戦力化し、さらにリテンションしていくうえでの一連の人事的受け入れプロセス。一過性のものではなく、継続的に実施される。

かつては、人事部の採用後の仕事と言えば、入社から数カ月のオリエンテーション（人事制度の説明や労務関連事項、就業規則の説明など）がメインで、後は配属部署にお任せというケースが少なからずあった。ただ、このやり方では、配属部署にフィットできた従業員はモチベーションを高く保ちながら働ける一方で、部署やそのマネジャーと合わない従業員、あるいは何らかの理由でマネジャーや先輩に放っておかれた従業員は、モチベーションも下がり、スキルも身につかず、戦力化する前に辞めてしまうことも少なくなかった（本来はそうした行動をマネジャーがとってはいけないはずだが、マネジャーの自覚が弱いと、そうした事態がしばしば生じる）。

そこで、人事部が音頭を取り（関与する程度は組織によって異なる）、所属部署と連携して、より継続的に新入社員のケアをしていこうというのが趣旨である。なお、対象は新卒社員のみならず、中途採用などあらゆる従業員である。

オンボーディングでは、初期のオリエンテーションを行うことはもちろん、「入社3カ月面談」「入社1年面談」「入社3年面談」など、折を見て従業員が組織に馴染んでいるか、あるいは部署にしっかり受け入れられているかを確認し、もしそうでない場合は関係者が議論して対応を考える。

オンボーディングはややもすると制度的な部分に目はいきがちであるが、やはり最も新人の即戦力化やリテンションに影響を与えるのはマネジャーのマネジメントである。新人をあずかるマネジャーとしては「人事が手伝ってくれるから」と油断するのではなく、自分こそがオンボーディングの主役であることを改めて認識すべきと言えるだろう。

関連用語

リテンション、オリエンテーション、研修

より詳しく知りたい方

尾形真実哉『中途採用人材を活かすマネジメント』生産性出版、2021年

カテゴリー｜労務

❷❼ 退職率

従業員が一定期間（通常は1年）の間に退職した比率。離職率とも言う。一般には低いことが望ましい指標である。退職率が高いと採用に費用もかかるし、戦力化するまでの教育にも大きなコストが生じるからだ。

退職率は、従業員の職場に対する満足度と関連の深い指標である。企業がどれだけ従業員の働きやすさに配慮し、オフィス環境をはじめ、金銭的報酬、評価の制度、福利厚生などの面で働きやすい環境を提供しているかによって、この数値は変わってくる。

また、退職の大きな原因となるのは人間関係の悩みでもあるため、ミドルマネジャーのマネジメントの巧拙によってもこの数字は変わってくる。もしある部署の退職率が突出して高い場合、「そもそも危険な業務である」といった要因でもない限り、マネジャーに原因がある可能性は高いと言えよう。

退職率は一般的には低い方が良いことが多いが、低すぎることもしばしば問題となる。必要な新陳代謝が促されておらず、パフォーマンスの低い社員も会社にしがみついているという見方もあるからだ。部署ごとの退職率の他にも、世代別の退職率、入社期間別の退職率なども併せて測定しておくと、問題点などがより正確に捕捉できる。たとえば、新卒採用の社員が入社3年以内に半分以上辞めているのに対し、中年層では退職率が低いとしたら、若手には働きにくい一方で、中年層に優しすぎる職場環境の可能性がある。

この数字は、競合との比較が大事な指標でもある。現実的には同業他社の正確な数字をとることは容易ではないが、業界水準より明らかに高いとしたら、そこに明確な企業方針でもない限り（例：人材の要求水準が高く、ふさわしくない人にはどんどん辞めてもらう方針を採っている）、あまり好ましい状態とは言えない。

また、単に退職率だけを見るのではなく、どのくらいキー人材が辞めているかなども固有名詞レベルで同時に捕捉しておくことが望ましい。

関連用語
人事制度、1人当たり人件費、採用費用

より詳しく知りたい方
グロービス経営大学院『グロービスMBA組織と人材マネジメント』ダイヤモンド社、2007年

カテゴリー｜経営

❷❽働き方改革

一億総活躍社会実現の文脈の中で、これまで非生産的で、硬直していた働き方のあり方を見直し、日本全体としてより良い働き方を追求していく考え方や運動のこと。

　2019年には政府、厚生労働省主導のもと、「働き方改革関連法案」の一部が施行されたこともあり、働き方改革は企業にとって待ったなしのものとなっている。

　厚生労働省のホームページによれば、「働き方改革」が提唱され、立法化までされた背景は以下のようになる。

　「我が国は、『少子高齢化に伴う生産年齢人口の減少』『育児や介護との両立など、働く方のニーズの多様化』などの状況に直面しています。こうした中、投資やイノベーションによる生産性向上とともに、就業機会の拡大や意欲・能力を存分に発揮できる環境を作ることが重要な課題になっています。『働き方改革』は、この課題の解決のため、働く方の置かれた個々の事情に応じ、多様な働き方を選択できる社会を実現し、働く方一人ひとりがより良い将来の展望を持てるようにすることを目指しています」

　法制化はされたものの、企業の現場で働き方が一気に変わったかと言えばそうとは言えない。比較的進んだのは労働時間の短縮や長時間労働者の減少、育児・介護等による離職の低下といった、外形的にも取り組みやすい項目である。一方、イノベーションや新事業の進展などについては目立った結果はまだ出ていない企業が多い。

　従業員やマネジャー側からも、残業代が減る、「サービス残業」が増える、部署による不公平感が増す、マネジメントの難易度が上がるなど、さまざまな懸念が提示されている。これらは1人のマネジャーのみでクリアできる課題ではなく、まずは経営者が考えるべき課題である。ただ、マネジャーも、一億総活躍という命題の中、自分がそこにどう貢献できるかを当事者意識を持って考え、より良い職場づくり、働き方を模索していくことが必要だ。

関連用語

労働時間、離職率、イノベーション

より詳しく知りたい方

水野元気『Valuesist（バリューシスト）働き方改革時代に社員のやりがいと生産性を高めるバリュー経営法』インプレス、2020年

㉙ パーパス経営

「自分たちの組織がなぜ（何のために）存在しているのか」という目的や存在意義を改めて問い直し、それをベースとして10年先、20年先の自社のあるべき姿を追求していこうという経営の姿勢。

パーパス（Purpose）は日本語では「目的」と訳されることが多いが、単に「ユニコーン企業になる」「世の中に記憶される企業になる」といった内容ではここで言うパーパスに合致しない。昨今言われるパーパス経営のパーパスの要件としては、社会に対する貢献を含むこと、多くの人々の共感を得るものであること、そしてそれが真にその会社の理念や経営哲学として根付いており、一過性でないことなどが求められる。

パーパスに近い言葉にミッションや経営理念がある。これらも組織の存在意義や、社会に対する約束という意味ではほぼ同等の意味を持つ。その中に社会全体への貢献がうたわれているなら、それはほぼパーパスに近いものと言えよう。たとえばジョンソン・エンド・ジョンソンには「クレド（我が信条）」という有名な経営理念があり、それが難しい意思決定を行う際の判断材料になったり、人材の獲得や育成上の指針にもなっており、同社の長期にわたる成功のバックボーンになってきた。

『パーパス経営』の著者で、経営学者でコンサルタントの名和高司は、心の内側から湧き出てくる強い思いであってほしいという意図を込めて、パーパスを「志」と定義づけている。「企業としての高い志」もパーパスの意味としては妥当と言えよう。

パーパス経営が注目された背景には、SDGs（243ページ）やESGが重視されるようになったこと、良きパーパスを持っている企業が長期的には繁栄し、投資効率も良いと投資家が考えるようになったことなどがある。マネジャーとしては、企業のパーパスを自分が正しく理解し、常日頃からそれを言動として実践しているかを改めて自問すべきと言えよう。また、そのパーパスに沿わない部下の指導も仕事である。

関連用語

経営理念、ビジョン、ミッション、志

より詳しく知りたい方

グロービス『競争優位としての経営理念』（PHP研究所、2016年）

カテゴリー｜経営

❸⓪ SDGs

国連サミットで採択された「持続可能な開発目標（Sustainable Development Goals）」の17項目のこと。「エス・ディー・ジーズ」と呼ばれる。SDGsを強く意識した経営をSDGs経営と呼び、近年のトレンドになっている。

SDGsは持続して人類が環境などを守りながら発展するために世界的に取り組むべき課題を示したもので、具体的には17の目標と169のターゲット、232の指標よりなる。当面の目標は2030年までにこれらを達成することだ。

企業も地球市民の一員である以上、これに適切に取り組むことは当然と言える。また、昨今の若者世代はこうしたことに関する企業の取り組みに敏感とされており、これを推進することが人材獲得やエンゲージメント向上に役立つという見方もある。

SDGsをより絞り込んだと言えるのがESGだ。これは環境、社会、ガバナンスの英語の頭文字をとったものだ。昨今では機関投資家の株主もESGに関する株主提案に賛成することが多くなっており、企業も無縁ではいられない。

「ESGを意識した経営は儲かるのか？」という疑問については、現時点では明確にポジティブな結果は出ていない。一方で、特にガバナンスを良好に保つことはキャッシュフローのバラツキを減らし、結果として企業価値向上につながるという研究結果もある。

関連用語

ESG、パーパス経営

より詳しく知りたい方

田瀬和夫ほか『SDGs思考』インプレス、2020年

● 参考文献

■全般

ピーター・F・ドラッカー著、上田惇生編訳『マネジメント【エッセンシャル版】』ダイヤモンド社、2001年

ピーター・F・ドラッカー著、上田惇生編訳『プロフェッショナルの条件』ダイヤモンド社、2000年

ピーター・F・ドラッカー著、上田惇生訳『ドラッカー名著集13 マネジメント［上］』ダイヤモンド社、2008年

ヘンリー・ミンツバーグ著、池村千秋訳『エッセンシャル版 ミンツバーグ マネジャー論』日経BP社、2014年

ヘンリー・ミンツバーグ著、池村千秋訳『マネジャーの実像』日経BP社、2011年

ヘンリー・ミンツバーグ著、奥村哲史、須貝栄訳『マネジャーの仕事』白桃書房、1993年

グロービス経営大学院編著『[新版] グロービスMBAリーダーシップ』ダイヤモンド社、2014年

グロービス経営大学院編著『グロービスMBAマネジメント・ブック［改訂３版］』ダイヤモンド社、2008年

グロービス経営大学院編著『グロービスMBAマネジメント・ブックⅡ』ダイヤモンド社、2015年

スティーブン・P・ロビンス著、髙木晴夫訳『【新版】組織行動のマネジメント』ダイヤモンド社、2009年

ジョン・P・コッター著、DIAMONDハーバード・ビジネス・レビュー編集部、黒田由貴子、有賀裕子訳『第２版 リーダーシップ論』ダイヤモンド社、2012年

ラム・チャラン、ステファン・ドロッター、ジェームズ・ノエル著、グロービス・マネジメント・インスティテュート訳『リーダーを育てる会社 つぶす会社』英治出版、2004年

アンドリュー・S・グローブ著、小林薫訳『HIGH OUTPUT MANAGEMENT（ハイアウトプット マネジメント）』日経BP社、2017年

■第１章

テレサ・アマビール、スティーブン・クレイマー著、中竹竜二監訳、樋口武志訳『マネジャーの最も大切な仕事』英治出版、2017年

マーカス・バッキンガム著、加賀山卓朗訳『最高のリーダー、マネジャーがいつも考えているたったひとつのこと』日本経済新聞出版社、2006年

ケヴィン・レーマン、ウィリアム・ペンタック著、川村透訳『頑固な羊の動かし方：１人でも部下を持ったら読む本』草思社、2005年

佐々木常夫著『そうか、君は課長になったのか。』WAVE出版、2010年

出口治明著『図解 部下を持ったら必ず読む「任せ方」の教科書』KADOKAWA、2016年

ジョン・P・コッター著、梅津祐良訳『変革するリーダーシップ』ダイヤモンド社、1991年

ロバート・ケリー著、牧野昇監訳『指導力革命』、プレジデント社、1993年

ロバート・L・カッツ「スキル・アプローチによる優秀な管理者への道　〈HBR著名論稿シリーズ〉」DIAMONDハーバード・ビジネス、1982年6月号

P・ハーシィ、D・E・ジョンソン、K・H・ブランチャード著、山本成二、山本あづさ訳『入門から応用へ　行動科学の展開【新版】』生産性出版、2000年

ケン・ブランチャード、パトリシア・ジガーミ、ドリア・ジガーミ著、田辺希久子訳『新1分間リーダーシップ』ダイヤモンド社、2015年

■第2章

マーカス・バッキンガム「エクセレント・マネジャーの資質」DIAMONDハーバード・ビジネス・レビュー、2005年11月号

グロービスケース「日本電産株式会社　売上高10兆円の道　電機立国　日本株式会社の未来図」2020年

グロービス著、嶋田毅執筆『KPI大全』東洋経済新報社、2020年

グロービス著、嶋田毅執筆『グロービスMBAキーワード　図解　基本ビジネス分析ツール50』ダイヤモンド社、2016年

グロービス著、嶋田毅執筆『MBA生産性をあげる100の基本』東洋経済新報社、2017年

市谷聡啓、新井剛、小田中育生著『いちばんやさしいアジャイル開発の教本』インプレス、2020年

ラリー・ボシディ、ラム・チャラン、チャールズ・バーク著、高遠裕子訳『経営は「実行」』日本経済新聞社、2003年

ロバート・サイモンズ著、伊藤邦雄監訳『戦略評価の経営学』ダイヤモンド社、2003年

■第3章

上淵寿、大芦治編著『新・動機づけ研究の最前線』北大路書房、2019年

フレデリック・ハーズバーグ「モチベーションとは何か」DIAMONDハーバード・ビジネス・レビュー、2003年4月号

ビクター・ブルーム著、坂下昭宣訳『仕事とモチベーション』千倉書房、1982年

L. W. Porter and E. E. Lawler, *Managerial Attitudes and Performance,* Homewood, 1968

Allan Wigfield and Jacquelynne S. Eccles, *Development of Achievement Motivation*, Academic Press, 2002

C. Ames and J. Archer, "Mothers' beliefs about the role of ability and effort in school learning," *Journal of Educational Psychology*, 79, 409-414, 1987

C. Ames and J. Archer, "Achievement goals in the classroom: Students' learning strategies and motivation processes," *Journal of Educational Psychology*, 80, 260-267, 1988

E・L・デシ著、石田梅男訳『自己決定の心理学—内発的動機づけの鍵概念をめぐって』誠信書房、1985年

ダニエル・ピンク著、大前研一訳『モチベーション3.0』講談社、2015年

G. T. Doran, "There's a S.M.A.R.T. way to write management's goals and objectives," *Management Review*, 1981

Resily株式会社著『図解入門ビジネス 最新目標管理フレームワーク』秀和システム、2020年

佐藤隆著、グロービス経営研究所監修『ビジネススクールで教えるメンタルヘルスマネジメント入門』ダイヤモンド社、2007年

グロービス経営大学院著『グロービス流ビジネス基礎力10』東洋経済新報社、2014年

Maxine Dalton, *Learning Tactics Inventory*, Center for Creative Leadership, 2016

ヘンリー・キムジーハウス、キャレン・キムジーハウス、フィル・サンダール、ローラ・ウィットワース著、CTIジャパン訳『コーチング・バイブル（第4版）』東洋経済新報社、2020年

グロービス著、鎌田英治執筆『自問力のリーダーシップ』ダイヤモンド社、2007年

■第4章
ジャック・トラウト、スチーブ・リブキン著、島田陽介訳『ユニーク・ポジショニング』ダイヤモンド社、2001年

John R.Schemerhorn Jr., J.G.Hunt and Richard N.Osborn, *Basic Organizational Behavior 2nd Edition*, Wiley, 1997

石井遼介著『心理的安全性のつくりかた』日本能率協会マネジメントセンター、2020年

リスト・シラスマ著、渡部典子訳『NOKIA　復活の軌跡』早川書房、2019年

荒金雅子著『ダイバーシティ＆インクルージョン経営』日本規格協会、2020年

Chris Argyris, "Teaching smart people how to learn," *Harvard Business Review*, May-June 1991

ピーター・M・センゲ著、枝廣淳子、小田理一郎、中小路佳代子訳『学習する組織』英治出版、2011年

Fred Luthans, *Organizational Behavior 8th Edition*, Irwin McGraw-Hill, 1998

グロービス・マネジメント・インスティテュート著『個を活かし企業を変える』東洋経済新報社、2002年

Shannon L. Marlowa, Christin N. Lacerenza, Jensine Paoletti, C. Shawn Burke and Eduardo Salas, "Does team communication represent a one-size-fits-all approach？：A metaanalysis of team communication and performance," *Organizational Behavior and Human Decision Processes*, 2018

Kenneth Thomas, "Conflict and Conflict Management," in Marvin D. Dunnette, ed., Handbook of Industrial and Organizational Psychology, pp.889-935, 1976

■第5章
グロービス著、田久保善彦執筆『社内を動かす力』ダイヤモンド社、2011年

グロービス著『グロービスMBAで教えている 交渉術の基本』ダイヤモンド社、2016年

ジェフリー・フェファー著、奥村哲史訳『影響力のマネジメント』東洋経済新報社、2008年

ジェフリー・フェファー著、村井章子訳『悪いヤツほど出世する』日本経済新聞出版社、2016年

グロービス経営大学院著、田久保喜彦執筆『[増補改訂版] 志を育てる』東洋経済新報社、2019年

グロービス経営大学院著、嶋田毅監修『グロービスMBAビジネス・ライティング』ダイヤモンド社、2012年

リンダ・キャプラン・セイラー、ロビン・コヴァル著、三木俊哉訳『GRIT 平凡でも一流になれる「やり抜く力」』日経BP社、2016年

■第6章

J・A・シュンペーター著、八木紀一郎、荒木詳二訳『シュンペーター 経済発展の理論』日本経済新聞出版、2020年

ゲイリー・ハメル著、有賀裕子訳『経営は何をすべきか』ダイヤモンド社、2013年

クレイトン・M・クリステンセン著、DIAMONDハーバード・ビジネス・レビュー編集部訳『C. クリステンセン 経営論』ダイヤモンド社、2013年

出川通著『技術経営の考え方』光文社新書、2004年

エドワード・デボノ著、藤島みさ子訳『水平思考の世界』きこ書房、2015年

Robert F. Eberle, *Scamper Games for Imagination Development*, Dok Pub, 1971

グロービス著、嶋田毅執筆『グロービス流「あの人、頭がいい！」と思われる「考え方」のコツ33』ダイヤモンド社、2021年

ジェフリー H. ダイアー、ハル B. グレガーセン、クレイトン M. クリステンセン「イノベーターのDNA」DIAMONDハーバード・ビジネス・レビュー、2016年9月号

チャールズ・A・オライリー、マイケル・L・タッシュマン著、入山章栄監訳・解説、渡部典子訳、冨山和彦解説『両利きの経営』東洋経済新報社、2019年

■第7章

ジョン・P・コッター著、梅津祐良訳『企業変革力』日経BP社、2002年

ジョン・P・コッター著、ダン・S・コーエン著、高遠裕子訳『ジョン・コッターの企業変革ノート』日経BP社、2003年

John P. Kotter, *Leading Change*, Harvard Business School Press, 1996

R. H. Waterman, T. J. Peters and J. R. Phillips, "Structure is not organization," *Business Horizons*, 1980

春田泰徳、小澤善哉、金本光博著『ハンドブック 企業再生』NTT出版、2005年

許斐義信編著、慶應ビジネススクール・ターンアラウンド研究会著『ケースブック企業再生』中央経済社、2005年

許斐義信編著、ターンアラウンド研究会著『ケースブック事業再生』中央経済社、2012年

ジーニー・ダック著、ボストン コンサルティング グループ訳『チェンジモンスター』東洋経

済新報社、2001年

■付録　ミドルマネジャーのためのキーワード30
ページ下の「より詳しく知りたい方」の書籍を参照してください。

● 索引

執筆・監修者紹介

嶋田毅（しまだ・つよし）

東京大学理学部卒業、同大学院理学系研究科修士課程修了。戦略系コンサルティングファーム、外資系メーカーを経てグロービスに入社。累計160万部を超えるベストセラー「グロービスMBAシリーズ」のプロデューサーも務める。

著書に『グロービス流「あの人、頭がいい！」と思われる「考え方」のコツ33』『グロービスMBAキーワード 図解 基本フレームワーク50』『グロービスMBAキーワード 図解 基本ビジネス分析ツール50』『グロービスMBAビジネス・ライティング』（以上ダイヤモンド社）、『KPI大全』『MBA 生産性をあげる100の基本』『MBA 100の基本』（以上東洋経済新報社）、『テクノベートMBA 基本キーワード70』『[実況] ロジカルシンキング教室』（以上PHP研究所）、『MBA 心理戦術101』（文藝春秋）、『ロジカルシンキングの落とし穴』（グロービス電子出版）、共著書に『[新版] グロービスMBA経営戦略』『グロービスMBAマネジメント・ブック [改訂3版]』『グロービス

MBAマネジメント・ブックII』『グロービスMBAアカウンティング [改訂3版]』『グロービスMBAクリティカル・シンキング [改訂3版]』（以上ダイヤモンド社）、『ビジネススクールで教えている武器としてのITスキル』（東洋経済新報社）、『ケースで学ぶ起業戦略』『ベンチャー経営革命』（以上日経BP社）など。その他にも多数の共著書、共訳書がある。

グロービス経営大学院や企業研修において経営戦略、マーケティング、ビジネスプラン、管理会計、自社課題などの講師を務めるほか、各所で講演なども行っている。

また、グロービスのナレッジライブラリ「GLOBIS知見録」（https://globis.jp/）に定期的にコラムを掲載するとともに、グロービスが提供する定額制動画学習サービス「GLOBIS学び放題」（https://hodai.globis.co.jp/）へのコンテンツ提供・監修も行っている。

編著者紹介

グロービス経営大学院

社会に創造と変革をもたらすビジネスリーダーを育成するとともに、グロービスの各活動を通じて蓄積した知見に基づいた、実践的な経営ノウハウの研究・開発・発信を行っている。
- ●日本語（東京、大阪、名古屋、仙台、福岡、オンライン）
- ●英語（東京、大阪、オンライン）

グロービスには以下の事業がある。（https://www.globis.co.jp）
- ●グロービス・マネジメント・スクール
- ●グロービス・エグゼクティブ・スクール
- ●グロービス・コーポレート・エデュケーション
　（法人向け人材育成サービス／日本・上海・シンガポール・タイ）
- ●グロービス・キャピタル・パートナーズ（ベンチャーキャピタル事業）
- ●出版／電子出版
- ●「GLOBIS知見録」／「GLOBIS Insights」（オウンドメディア、スマホアプリ）

その他の事業：
- ●一般社団法人G1（カンファレンス運営）
- ●一般財団法人KIBOW（震災復興支援活動。社会的インパクト投資）
- ●株式会社茨城ロボッツ・スポーツエンターテインメント（プロバスケットボールチーム運営）

グロービスMBAミドルマネジメント

2021年11月30日　第1刷発行

編著者　グロービス経営大学院
監　修　嶋田毅

©2021　Graduate School of Management, GLOBIS University

発行所　ダイヤモンド社

郵便番号　　　　　　150-8409
東京都渋谷区神宮前6-12-17
編　集　03(5778)7228
販　売　03(5778)7240

https://www.dhbr.net

編集担当／DIAMONDハーバード・ビジネス・レビュー編集部
校正／加藤義廣（小柳商店）、鴎来堂
製作進行／ダイヤモンド・グラフィック社
印刷／ベクトル印刷（本文）・加藤文明社（カバー）
製本／ブックアート

ISBN 978-4-478-11495-7　Printed in Japan